全国教育科学"十二五"规划课题国家社科基金项目"失地农民创业培训机制及政策支持系统研究（CKA120160）"课题成果

SHIDI NONGMIN CHUANGYE XINGWEI
TEZHENG YU CHUANGYE PEIXUN DUICE

失地农民创业行为
特征与创业培训对策

鲍海君　袁定欢　韩　璐　等 / 著

ZHEJIANG UNIVERSITY PRESS
浙江大学出版社

图书在版编目（CIP）数据

失地农民创业行为特征与创业培训对策／鲍海君，
袁定欢，韩璐等著. —杭州：浙江大学出版社，2016.11
ISBN 978-7-308-15486-4

Ⅰ.①失… Ⅱ.①鲍… ②袁… ③韩… Ⅲ.①农民—
劳动就业—研究—中国 Ⅳ.①F323.6

中国版本图书馆 CIP 数据核字（2015）第 308510 号

失地农民创业行为特征与创业培训对策

鲍海君　袁定欢　韩　璐　等著

责任编辑	葛　娟	
责任校对	李　晨	
封面设计	春天书装	
出版发行	浙江大学出版社	
	（杭州市天目山路 148 号　邮政编码 310007）	
	（网址：http://www.zjupress.com）	
排　版	杭州中大图文设计有限公司	
印　刷	临安市曙光印务有限公司	
开　本	710mm×1000mm　1/16	
印　张	15.25	
字　数	210 千	
版 印 次	2016 年 11 月第 1 版　2016 年 11 月第 1 次印刷	
书　号	ISBN 978-7-308-15486-4	
定　价	42.00 元	

前　言

　　现代意义上的失地农民问题首先出现在西方国家，其中以英国通过"圈地运动"实现农民"强制性转移"最为典型。二战后，拉美国家失地农民问题曾成为社会的焦点。中国在城镇化进程中，城郊集体土地的征收转用产生了众多的失地农民。当前，中国进入了一个从规模扩张到品质提升的转型期，即新型城镇化时期。这一时期，中国将从土地城镇化转向人的城镇化，将更多地关注人的社会性需求和精神层面需求的满足，促进人的全面发展和城镇的可持续发展，因此失地农民问题也越来越得到政府及学术界的广泛关注。近年来，中国一直处于农村劳动力转移就业的加速期、新生劳动力就业的高峰期、失业人员再就业的凸显期，就业岗位供需矛盾十分突出。以非市场方式征收农民的土地，而让他们以市场方式参与就业竞争，这是中国转型期特有的处理方式。随着劳动力市场制度的逐步完善，失地农民参与就业市场竞争的机会越来越小、参与市场竞争的能力越来越弱，他们对失地后的工作、生活的担忧持续加大。因此，解决失地农民今后的生存、发展问题将成为城镇化进程中征地矛盾的焦点，其结果必然会影响到社会的安定和长远发展。

　　在理论上，多数学者在提出解决失地农民问题的对策思路主要聚焦于补偿和保障上。事实上，简单的补偿和保障并不能保护失地农民多方面受损的权益，因此，要从根本上解决失地农民问题，应转变思路，从保障生存转向促进发展。从国际经验来看，采取各种措施鼓励和支持弱势群体创业，从而使他们摆脱弱势地位进而走上发展之路是许多国家通行的做法。当前,在"大众创业、万众创新"浪潮中,以创业促进就业将成为解决中国失地农民发展问题的新思路。而在实践中,虽然部分地区提出了失地农民创业就业培训计划,但其本质上属于保障性培训的范畴,效果并不显著。现有研究成果为政府出台相关扶持政策提供理论依据较为有限,难以对失地农民创业提供有效指导。因此,迫切需要探索失地农民创业的理论体系及政策支持系统,建立失地农民内在的保障生存与发展的动力机制。

本书通过质性分析描述了失地农民边缘化及社会排斥的表现形式,梳理了反社会排斥的国际公共政策实践和经验,通过借鉴英、美等发达国家支持弱势群体的发展政策提出促进失地农民可持续发展的启示。从保障生存到促进发展的视角,本书系统总结了国内有关失地农民管理政策的演进路径,论述了国内失地农民保障性补偿模式和发展性补偿模式的优缺点。通过定量分析研究了失地农民创业意识对创业行为的影响以及失地农民创业行为特征及其影响因素;运用扎根理论方法建立理论模型,在问卷调查基础上通过大样本数据来验证理论模型,探究失地农民创业意向的构成维度、创业意向对创业行为的影响以及征地情境因素对意向和行为的调节作用;运用 Multinomial Logit 和二元 logistic 回归等方法分析失地农民创业行为特征,从行业划分、创业性质和创业动机三个方面得出研究结论。

创业培训对创业活动有重要的推动作用,培训能够营造良好的创业氛围,提升创业意识,帮助创业者提高自信和创业技能,有助于新企业的创办。失地农民是城镇化进程中产生的一类特殊群体,这类群体的培训应不同于一般的创业培训,创业培训体系建设也有其特殊性。在理论分析及田野调查基础上,本书构建了失地农民创业培训体系,包括培训资金、培训内容、培训机构以及培训监督等,并提出了学徒辅导式、伙伴式、个人领悟式等非正式培训方式嵌入失地农民创业培训的模式,以改善和健全失地农民创业培训体系,提升失地农民的创业能力和创业技能。

然而，失地农民由于其所处的社会层次较低，各界普遍关注的是这一弱势群体的生存与保障问题，忽视了他们的发展机会与创业途径。在当前经济增长放缓、就业岗位不足的背景下，借鉴国际经验，在完善征地补偿机制和失地农民社会保障体系的基础上，政府应积极创建服务平台，建立失地农民创业培训体系，大力支持失地农民自主创业，加大培训力度提升失地农民人力资本，培养一批懂技术善经营的创业型失地农民，以创业带动就业，解决失地农民的长远生计并促进失地农民的持续发展，这是当前民生领域中公共政策的新动向。建议采取以政府职能转变为核心的生产性政府行为、以税收制度改革为核心的调节性政府行为、以融资政策扶持为核心的保护性政府行为，形成全方位失地农民创业政策支持系统，提高失地农民的自身发展能力和参与市场竞争能力，以创业促进就业，推动转型期社会的和谐与发展。

本书是在全国教育科学"十二五"规划课题国家社科基金项目"失地农民创业培训机制及政策支持系统研究（CKA120160）"成果（结项成绩：良好）的基础上提炼而成，是课题组成员合作研究的成果。课题组成员袁定欢、韩璐、周望月、赵佳茜、岑盈盈、贾金水等参与了课题调研、资料收集和整理、研究报告撰写等方面的大量工作。由于时间仓促，且作者经验和水平所限，书中难免有不当之处，请广大同仁批评指正。

本书的顺利出版，还要感谢浙江大学出版社葛娟编辑的辛勤劳动和提供的帮助。

鲍海君

2015 年 11 月

目　录

图目录

表目录

第一章 | 绪　论

第一节　研究背景

一、现实背景

国家的经济现代化过程是工业化与城镇化互动发展的过程,工业为城镇化提供了产业基础,城镇为工业化提供了优质要素和广阔的市场。社会各界对工业化和城镇化的关系基本达成了如下共识:在社会发展过程中,要强调工业化对城镇化的带动作用,但更要强调城镇化通过推动创新集群形成、促进服务业发展、扩大内需等方面对工业化的推动作用(徐维祥、唐根年、陈秀君,2005;郭克莎,2002)。与发达国家相比,中国城镇化水平较低。2010 年中国人均 GDP 达到 4682 美元,2011 年突破 5000 美元,而 2010 年城镇化率仅为 49.5％,2011 年也只是略超过 50％,达到 50.5％,远远低于美国人均 GDP 在 5000 美元发展阶段的城镇化水平[①]。事实上,自 2000 年以来,中国城镇化迅速发展,城镇化率每年以一个百分点逐步提高。大部分地方政府将城镇化工作绩效纳入政府绩效管理体系,例如为加快推进新型城镇化进程,湖南省于 2008 年建立了新型城镇化统计指标体系及考核评价体系[②]。目前存在的问题是在考核过程中,各地政府比较普遍遵循的是 GDP 导向,重点关注城镇化率的提升以及土地财政的获取,缺乏对人的关注。

2013 年以来,中国城镇化进入了一个从规模扩张到品质提升的转型期,即新型城镇化时期。这一时期,中国将从土地城镇化转向人的城镇化,将更多地关注人的社会性需求和精神层面需求的满足,共同促进人的全面发展

[①] 数据引自中国社科院发布的《工业大国国情与工业强国战略》。

[②] 参见 http://news.hexun.com/2008-08-25/108348897.html。

和城镇的可持续发展。人的城镇化是中国现阶段新型城镇化的核心(刘海平,2012),但由于传统的城乡二元制度,城乡居民在文化素质、生产技能、生活方式、价值观念等方面存在着较大的差距。在城镇化进程中,与主动城镇化人群(即进城务工人员)相比,被动城镇化人群(即失地农民)进入城镇生产、生活的准备不够充分。因此,政府在绩效管理中关注人的需求在城镇化中的重大作用时,必须区分主动城镇化人群与被动城镇化人群,关注两类人群的城镇化效应。对于被动城镇化人群,应该高度重视失地农民的城市融入,重点推动以失地农民市民化为主体的制度改革,创新社会管理体制,完善教育培训制度,提升城镇化质量。

随着中国经济的快速发展,城镇化进程的不断推进,工业用地和城市建设用地需求迅速扩张,农村被征收征用土地日渐增多,产生众多失地农民。事实上,自 20 世纪 80 年代以来,中国经济发展中曾经出现了三轮土地非农化热潮:1986 年出现了第一轮热潮;1992 年之后,出现了第二次热潮;2000 年开始,出现了占用耕地数量最多的第三次热潮。据统计,1987—2001 年,全国非农建设占用耕地 226.307 万公顷,其中 70% 的耕地是通过行政手段征用,尚不包括违法占地情况。而当时违法占地占征地总量的比例一般为 20%~30%,有的地区甚至高达 80%,这意味着 1987—2001 年实际占农地数为 271.6 万~294.667 万公顷,如果按人均占有土地 0.053 公顷计算,中国实有失地农民总数约为 5093 万~5525 万(楼培敏,2011)。根据国土资源部调查显示,中国耕地从 1996 年后的 13006.667 万公顷降至 2002 年的 12593.333 万公顷,平均每年减少耕地 59 万公顷。按照征地数量和人均土地面积变化测算(不包括违法占用耕地情况),2008 年我国失地农民数量已达 5000 余万,而且未来还将持续增加(鲍海君,2009)。按照目前城镇化进程的步伐,今后每年至少需要征收征用耕地 33.333 万公顷。若按城郊农民人均 0.047 公顷地计算,就意味着每年增加 700 多万失地农民(宋青锋、左尔钊,2005)。

失地农民大量且集中地从农业转移出来,给就业带来了巨大的压力,且其再就业压力大、难度高。从现有失地农民的处境来看,他们既不是传统意义上的农村农民,又无法融入真正的城市生活,很多失地农民游离于"市民"和"农民"、"城市"和"农村"之间,沦落为"种田无地""就业无岗""社保无份"的"三无游民",这类群体在失去土地后所面临的风险是多样的,主要表现为有失业风险(收入不稳定)、大病风险、养老风险、"入乡随俗"的风险(见图1-1)。

(一)失业风险(收入不稳定)

收入不稳定直接导致失地农民生活水平的波动。更明确地理解收入不稳定,实际上更多地包含了正常收入水平下降的含义。由于失地农民的收

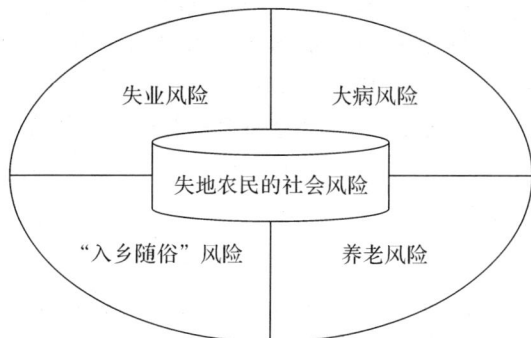

图 1-1 失地农民的社会风险

入来源已形成从传统的农业收入转变成非农经济活动收入的格局,这意味着相对于传统的农业收入而言,失地农民现时的收入具有更大的不确定性,将面临更大的市场风险。除了赋闲在家,失地农民一般在中小企业和城市打工,但由于文化素质、知识技能相对较低,在城市中能从事的一般都是低声望、低技术劳动和低社会参与的职业。随着世界经济形势的变化,中国工业面临更加激烈的市场竞争,面临结构调整和第二次创业的严峻挑战。从市场竞争角度分析,中小企业在各方面都更易陷入劣势地位,如市场信息、生产技术与设备,现代企业管理、人才资源等。因企业效益下降而导致职工收入减少,因亏损而宣告破产或发生兼并,或因企业缺乏订单迫使职工"暂时休工",都已经不是新闻。同时由于失地农民生活消费方式的转变,从传统的自给自足的生活消费方式转变为以市场商品消费为主、自给消费为辅的形态,收入影响生活水平的重要性大大增强。因此,一旦失去了工资收入,那么他们的生活将难以为继。

(二)大病风险

随着医学科学技术的进步,新的医疗设备和医疗技术方法的应用、药品的更新换代以及医疗服务水平的提高,在保障和提高居民健康水平的同时,医疗费用也大幅攀升。大病高额的医疗费用支出,对失地农民而言,显然有巨大的压力。对大多数不发达地区的农村居民来讲,健康不是生活的目的,而是生活的手段;是提高生活水平的资本。人们担心大病医疗费用支出将侵害其生活水平的提高,更担心的是家庭收入来源的主要供给者患有大病,不仅需要支付大量的医疗费用,同时家庭的经济收入急剧减少,从而走上"一去不回头"的贫困路,导致因病致贫。

(三)养老风险

首先,养老风险是客观存在的。由于劳动能力下降或机会丧失,老年人不再具有收入来源或收入明显减少,其消费远大于产出。其次,失地农民目前的养老方式主要依靠传统的家庭养老模式。这种以约定俗成的规则,依赖子女供给的养老模式,不可避免面临部分子女漠视养老义务的现实生活冲击。同时,尽管当前已经放开了"二胎政策",但中华人民共和国成立后长期实行的独生子女计划生育政策,形成了"421"家庭结构,客观上也增强了这种担忧。最后,失地农民由于文化素质较低,面临很大的失业风险,这又冲击着传统的家庭养老模式。随着生活水平的提高,人们对未来老年生活水平也有了更高的要求和期望,而未来究竟能否实现期望目标具有很大的不确定性。

(四)"入乡随俗"的风险

长期以来,我国实行的是城乡分割的二元化政策。在这种政策的牵引下,城市居民和农村居民有着显著的区别,他们的生产方式和生活方式都有着明显的差异。失地农民由于长期生活在农村,其生产、生活方式带有明显的农村色彩。进城后,失地农民难以在短期内融入城市之中,而城市对其融入也有较大的排斥。因此,失地农民面临着"入乡随俗"的风险,他们在城市对于社会地位提高的期望是微乎其微的。

此外,由于相关法律法规不完善,给失地农民的安置带来了法律上的风险(许宝健,2006)。涉及征地安置的只有《中华人民共和国土地管理法》和《中华人民共和国土地管理法实施条例》。从内容看,规定过于原则和笼统,缺乏可操作性。首先表现在对征地安置费的分配和使用的规定上。《土地管理法》规定:"被征地的农村集体经济组织应当将征地的补偿费用的收支状况向本集体经济组织的成员公布,接受监督。""禁止侵占、挪用被征地单位补偿费用和其他相关费用。"但对包括安置补偿费在内的征地补偿费如何使用未作明确规定,致使许多农民的"货币安置"的"货币"经常被截流、克扣、挪用,损害了农民利益。其次表现在安置途径和责任主体上。法律对征地安置的目标、原则未作规定,对安置途径、操作程序也未作规定。同时,法律还没有规定究竟谁是安置失地农民的责任主体,是用地单位、农村集体经济组织,还是政府?安置纠纷如何解决,未负责的如何追究,等等,都没有相应的规定。

在城乡分割的二元政策下,土地征收使得农民失去农民的身份与土地保障,同时又被城市所排斥,难以在城市立足。所以,如果没有对这一庞大的失地群体进行妥善安置,将会产生一系列的社会问题,进而可能陷入学术界所称的"拉美陷阱",其实质是大量失地农民被动进城后,由于政府在社会与社会保障体系构建的制度缺失导致贫富差距进一步扩大,从而产生的一系列社会经济问题(朱劲松、陈浩,2010)。

为解决失地农民这一弱势群体问题,学者们提出了完善征地程序,保障农民的知情权和参与权(曲福田等,2002;周其仁,2004;程洁,2006),逐步按市场经济规律补偿失地农民以彰显农民的土地财产权(黄祖辉、汪晖,2002;钱忠好,2007),建立失地农民社会保障体系确保失地农民的长远生计(鲍海君、吴次芳,2002)等策略;政府部门根据理论研究成果,采取了区片综合地价、实施失地农民基本生活保障制度以及留地补偿与安置等改革措施。

二、理论背景

在理论方面,学术界对农民在失去土地后所引发的一系列次生问题基本达成共识,主要表现在现实生活中确实存在的失业问题、养老问题、市民化问题等方面;但在提出解决失地农民问题的对策思路上,则主要聚焦于补偿和保障上,而对这一庞大弱势群体的持续发展关注不够。简单的补偿和保障并不能保护失地农民多方面受损的权益;另一方面,在各类高校毕业生、城镇下岗职工就业压力较大的情况下,若不及时提升失地农民的人力资本,将很难实现失地农民的可持续生计。因此,要从根本上解决失地农民问题,应转变思路,从保障生存转向促进发展(郑风田、孙谨,2006)。只有给失地农民提供一种发展机会,维护失地农民的发展权才能更好地解决问题。

研究发现创业是个人摆脱劳动力市场上受歧视地位的重要发展战略(Lundstrom,2005),是一种摆脱地区或群体经济困境的有效途径,它比提供工作会有更多福利,也更为有效。目前,从国际上看,几乎所有国家和地区政府都通过鼓励失业人群走自我创业之路,来解决比较棘手的失业难题,例如,政府对青年群体的创业活动进行支持(澳大利亚、加拿大、芬兰、爱尔兰、西班牙、荷兰、瑞典、英国和我国台湾地区),削减女性群体创业所遭遇的壁垒(芬兰、瑞典和英国),提高少数民族群体的企业所有者比率(美国、英国和瑞典),促进原著居民的创业活动(加拿大和澳大利亚)。从国际经验来看,采取各种措施鼓励和支持弱势群体创业,从而使他们摆脱弱势地位进而走上发展之路是许多国家通行的做法。从 20 世纪 60 年代开始,美国颁布了许多关于职业培训和职业教育的法令(Cledy,2002),通过职业培训,提高了劳动者素质,有利于劳动者就业,而且在一定程度上缓解了失业问题(吴岩,2005),创业培训对创业活动有重要的推动作用,培训能够营造良好的创业氛围,提升创业意识,帮助创业者提高自信和创业技能,有助于新企业的创办(Ehrlich,2000)。目前,美国、日本以及欧洲发达国家又将创业培训推广到弱势群体和失业群体,并制定了较为完善的创业支持体系(Maria,2003),促进了弱势群体的发展。

从国内实践来看,党的十七大报告提出了"以创业带动就业"的发展方略,把创业作为带动就业的核心动力,党的十八大以来中国更是进入了"大众创业、万众创新"时代。借鉴国际经验,以创业促进就业可能成为解决我国失地农民发展问题的新思路。目前,我国各地针对失地农民的就业培训在零星地开展,也取得了一定的效果。但目前的就业培训主要着眼于技能培训、城市适应等保障层面,与发展性的创业培训有着本质不同。失地农民可能由于其所处的社会层次较低而容易被社会各界忽视(柯春晖,2011),政府部门及社会组织为失地农民提供的创业培训及后续服务还不能满足他们创业的需求。

尽管亦有学者意识到创业对解决失地农民长远生计有重要意义,但已有研究主要局限在论述失地农民创业的必要性、分析失地农民创业现状和提出促进失地农民创业的对策,整体上处于零星的探索性研究阶段。现有研究成果为政府出台相关扶持政策而提供理论依据较为有限,难以对失地农民创业提供有效指导,因此迫切需要构建失地农民创业的理论体系。首先,需要理清创业意识与创业行为的关系,本书尝试从主观意识的视角出发,把失地农民培养成主动型创业而非被动创业的群体。另外,注意到失地农民群体自身的独特性,对其开展的创业培训不同于企业职工等其他成人群体的创业培训,更不同于大学生的创业教育,因而亟须厘清失地农民创业行为特征及其影响因素,在此基础上,依据各地产业特色,有针对性地设计失地农民创业培训体系及政策支持系统,以建立失地农民内在的保障生存与发展的动力机制,以创业促进就业,推动转型期社会的和谐与发展。

第二节　研究目的及意义

一、研究目的

失地农民就业难本质上是中国城乡二元结构、征地安置政策等制度设计与制度安排缺陷所导致,是外力推动下超速发展的中国城镇化、地区产业结构及经济发展战略与失地农民可持续生计保障没有协同发展的结果。快速城镇化进程中失地农民失业是在一定程度上处于结构性失业、非自愿性失业和自愿性失业相混合的错综复杂的状态。政府目前所采取的公共政策并没有取得良好的运行效果,不能有效地保障失地农民被征地后的生活水平,这成为征地矛盾演化成征地冲突的导火线。目前来看,化解失地农民就业难题的出路之一是实现失地农民的创业型就业。通过失地农民创业研究,引导更多的失地农民通过创业解决可持续生计问题。现有关于失地农民创业的研究,大多从政府角度出发探究促进失地农民创业的政策措施,研究结论停留在宏观层面,而关于失地农民创业活动本质的探究较少,因而缺少有针对性的策略。

在总结相关理论与研究综述的基础上,本书的研究目的是:①剖析失地农民的边缘化情境,特别是在经济、政治、福利制度、社会关系网络、文化与心理上的表现,继而梳理国际上采取的反社会排斥的公共政策,以期从中获取一些经验借鉴,促进失地农民自身发展。②梳理不同的历史阶段,我国政府对失地农民实施的管理政策变化过程,即从保障生存到促进发展的演变过程。③厘清失地农民创业意向与创业行为之间的关系,并在此基础上构建失地农民创业意向—行为理论模型,以探明失地农民创业行为的产生机制,深化对失地农民创业行为的理解,根据研究结论分析现有政策局限性并提供公共政策建议。④调研当前我国失地农民创业行为特征及其表现形式,并构建影响我国失地农民创业行为选择的影响因素模型,以挖掘哪些具体因素对失地农民创业行为选择存在显著的影响作用,研究结果以期为创业培训和失地农民公共政策管理提供启示。

二、研究意义

(一)理论意义

失地农民的产生,有着特殊的历史和地域背景。失地农民创业同样是一个复杂的过程,该过程起源于失地农民自身有计划的行动,反映出他们对创业的认知过程。然而,关于失地农民创业活动本质,即失地农民创业意向范畴,进行研究的文献数量较少,现有研究大多从宏观视角研究失地农民创业的影响因素及相关对策建议,鲜有文献通过实证研究,分析当前失地农民创业的行为特征及其影响因素,如行业分布、创办企业的所属性质,创办企业的动机等方面特征,相关研究结果也仅仅停留在局部的描述性分析上,缺乏深入剖析。

在研究方法层面,大多数文章仅限于静态规范性研究、个案分析和经验性总结,研究成果缺乏实证检验,制约了对失地农民创业理论的深度挖掘,且失地农民创业行为的产生机理与演化规律、创业行为特征选择、具体培训需求等方面研究仍处于黑箱状态。虽然有学者采用定量研究方法提出了个体背景、个人特质等失地农民创业意向影响因素(刘斌,2011),并基于计划行为理论研究了创业态度、主观规范、感知行为控制和创业禀赋对失地农民创业意愿的影响(佘赛男,2014),但现有文献仅停留在创业意向的影响因素层面,将创业行为作为因变量的研究并不充分。现有研究成果为政府出台相关扶持政策而提供理论依据也较为有限,难以对失地农民创业提供有效指导。本书进行两方面的实证研究:一是探究失地农民创业意向的构成维度,以及创业意向对创业行为的影响,并在此基础上探究征地情境因素对意向和行为的调节作用;二是探究失地农民创业行为特征及其影响因素,从调查得出的集中行业分布情况、企业性质、创业动机上进行分析,进一步完善失地农民创业行为特征选择及其影响因素的论证,弥补从微观视角研究失地农民创业行为的缺憾,深化对失地农民创业行为的研究。

(二)现实意义

在市场经济条件下,就业市场逐步由政府计划转变为通过市场来优化配置劳动力资源。由于失地农民文化程度普遍较低,就业技能仅限于简单工种,农民在失去赖以生存的土地后,很难再加入到劳动市场队伍中。然而,创业作为一种摆脱地区或群体经济困境的有效途径,比参加就业享有更多的福利,更为有效,以创业促进就业可以真正摆脱失地农民就业困境。目前很多地方政府,特别是浙江各地,在融资、减少税费等方面做了诸多富有成效的工作,出台了鼓励与支持失地农民创业的相关政策,为失地农民创业提供了较好的宏观政策环境。

在以创业富民为主要特征的"浙江模式"中可以看出,创业不仅使浙江人积累了可观的个人财富,还激发了社会的经济发展动力。20世纪80年代,浙江农民率先"洗脚上田",务工经商,在全省迅速出现了"百万农民创业,千万农民就业"的局面,形成了整个江浙地区农民创业氛围相对浓厚的现象,如早期义乌农民的"鸡毛换糖"精神在当代义乌依旧存在。同样,失地农民的创业活动不仅可以解决当前由征地引起的各种社会矛盾,而且能够创造新的经济实体,为地方经济发展注入新的活力,使地方社会经济保持高度灵活性与自我更新能力。失地农民自主创业的意义还在于完成了他们从需要政府"输血"到自身可以"造血"的改变,让他们从一个弱势群体变成了一个富有生命力和创造力的新市民阶层,成为当地经济发展的新增长点。

因此,对失地农民创业意识与行为的关系、创业行为特征选择及影响因素进行研究,可以更好地厘清失地农民创业行为发生的作用机理和选择创业行为路径,通过实证研究,可以真正了解失地农民需要的是什么样的培训。研究结论可为政府制定政策提供参考,不仅可以为已经正在创业的失地农民提供帮助和指导,还可以为尚未创业的失地农民提供创业培训,使得他们能够成功地进行创业,以更好地达到促进失地农民的自身发展和提高其市民化认同的目的。

第三节 基本概念

一、失地农民

从世界历史来考察,现代意义上的失地农民问题首先出现在西方国家。农民大规模失地最早可追溯到 15 世纪末到 19 世纪中叶的欧洲"圈地运动"或"羊吃人运动",以英国"圈地运动"最为典型。马克思讲的"圈地运动"是指:大领主把在自己土地上享有传统封建权利(土地占有权)的佃户赶走,将土地用于牧羊业(杨杰,2009)。通过暴力手段大规模剥夺农民土地,实现农民的"强制性转移",农民转化为工人,部分农民由于离开了土地进入城市,在一定程度上推动了城镇化和工业化的快速发展,因此又被经济学家称为"农业革命"。德国的农业劳动力转移以在家乡附近的小城间与近邻的乡村之间流动为主,近距离人口流动占主要地位,这和德国人有着较强的文化认同观念有关,而且这种农民失地更多地具有主动性。美国失地农民进城转移用了大约一个半世纪,其失地农民进城转移类型属于自由迁移模式。总体来看,在欧美发达国家,农民失地并转入城市的历程肇始于三四个世纪之前,并在 20 世纪 50 年代左右基本完成。

第二次世界大战以后,拉美国家进入了快速城镇化和工业化的时期,产生了大量失地农民。他们涌向城市,又难以在城市立足,因此只能生活在城市外围一些简陋的生活居所中,形成了著名的"贫民窟"。在"贫民窟"生活的失地农民既享受不到公共服务,也无法获得正规的工作机会,更无法参与政治,从而被"边缘化"。众多拉美学者将研究目光聚焦于"贫民窟"、"边缘化"问题,认为失地农民既不属于已迁出的农村,又不属于无法融入的城市,因而被遗忘在现代化进程中。

在中国,"失地农民"作为一种现象,最早出现于改革开放初期(陈绍军,2010)。而"失地农民"一词较早见于 1994 年李励华的《决策者在加快经济发展中的理性把握》中,他指出"开发区热"导致许多农民失去土地。中国在 1986 年、1992 年和 2000 年,分别兴起了三次土地非农化浪潮,全国数以千计的开发区、工业园区等迅速占用了大量耕地。城镇化进程的迅速推进不可避免地会导致农村集体土地被征收并转为建设用地,从而导致农民利益受损,失地农民问题也逐渐突显出来。一般来说,失地农民利益是指与失去土地前相比,农民在财产、收入、就业、社保等层面的切身利益。农民一旦失去土地,丧失的不仅仅是土地权利,农民的生存权、经济权、就业权、社会保障以及政治、文化、受教育等方面的权利利益,均会受到不同程度的影响(李蕊,2009),农民不断从土地上剥离出来,转化为游走于城市和农村边缘的失地农民,即国家政策文件表述为"被征地农民"这一特殊群体。

目前学术界关于"失地农民"的论述非常多,但均没有给出明确的定义。从词源构成来看,失地农民主要是指城镇化进程中由于开发建设用地而失去土地的农民(杨涛、施国庆,2006),它表明"失地农民"群体的身份属性是农民,失去作为生存和发展资源的土地是这一群体的主要特征。也有学者认为此类群体是指农民的土地被国家依法征后而丧失土地的农民,部分失地农民按照相关政策完成了由农业户口向非农业户口的转化,被称为"农转非人员"(陈映芳,2003)。陈建明、陈忠浩(2005)认为所谓的失地农民就是指因非农业建设(农村村民建住宅用地除外)需要占用农民集体用地而丧失土地耕种份额的农民。孙秋明、叶海平(2006)将失地农民界定为因征用而失去部分或全部土地的农民。孙旭友和秀涓(2006)将其解释为在城镇化进程中,由于土地产权不清、征地法律不健全、政府管理体制不完善等造成的,主动或被动地丧失土地的"前农民"和"后农民"交叉存在的弱势和受歧视的多个群体的聚合群众。赵蓉(2006)从法学角度将失地农民界定为具有城镇户籍、因失去土地而失去基于土地而产生的相关权利,而赋予他们的权力未能很好地得到保障的特殊社会群体。王益峰(2006)的界定则使"失地农民"的范畴更加宽泛,他认为失民农民主要是指因国家征地、开发区圈占、乡村集体非农利用、土地流转、新乡村运动用地等原因而失去土地的农民人口。把上述界定加以归纳,失地农民的概念主要包含 3 个要素:①起因于城镇化发展;②最显著的特征是土地的丧失;③身份发生改变。所以,城镇化过程中的"失地农民"确切地说是指:因承包的土地被国家征收征用,土地利用形式由农村用地转变为非农用地和非农村建设用地,土地所有权由村集体所有转变为国家所有,且这种土地利用形式的转变符合国家法定程序,失去土地承包权和土地使用权,户籍因此由原来的农村户口转为非农村户口的人群(楼培敏,2011)。

随着国家城镇化步伐的加快,失地农民由农村向城市转移,转变为市民的趋势越来越明显,成为现代化进程中的常态化现象。但事实上,中国大多数失地农民并没有成功地向城市转移,更没有真正地融入市民生活。农民失去土地后就成为一个"新发弱势群体"和无保障的城市"边缘群体"(雷寰,2005)。

就目前来说,中国农民具有职业和身份两种含义,即农村从事农业生产的劳动者和户籍管理制度决定的"农业人口"身份,即户籍意义上的农民。失地的结果存在完全失地和不完全失地两种情况。对于完全失地的农民,在现行政策下可以转化为非农业人口,即现在已不是农民身份。而不完全失地的农民,主要是指还留有部分土地的农民,可分为三种情况:一是仍然从事农业工作的;二是从事非农业工作的;三是有时从事农业工作,有时从事非农业工作的。此外,失地还包括房屋是否被拆迁的情况。因此,失地农民可以分为五种对象:①部分失地,不失房农民;②完全失地,不失房农民;③失房,不失地农民;④部分失地,又失房农民;⑤完全失地,又失房农民(陈广华,2012)。以上几种情况的失地农民均为本文的研究对象,具体如表 1-1所示。

表 1-1　失地农民的类型

类型	失地		不失地
	完全失地	部分失地	
失房	√	√	√
不失房	√	√	

注:失地是指失去除房屋宅基地之外的其他土地。

就农民个人意愿而言,失地可分为主动性失地和被动性失地。主动性失地主要是指农民为得到户口变更、职业转换、经济补偿等而自愿放弃土地使用权以及附着在土地上的一切权利。被动性失地则是指由于公共利益的需要,依据相关法律规定农民被迫放弃土地经营承包权以及其他衍生权。与主动进入城市的农村迁移劳动力相比,当前的失地农民基本属于被动城镇化群体,劳动力的转移具有非自愿性、彻底性和不可逆性。

在被动失地的概念范畴内,就农民失去土地的速度与程度而言,农民失去土地又可分为"蚕食性失地"与"革命性失地"。"蚕食性失地"是指农民分为若干次逐渐失去土地。"革命性失地"是指农民一次性失去土地。当"蚕食性失地"达到某个临界点(例如农民所剩土地低于当地人均耕地面积),农民无法依靠所剩土地继续从事农业生产并支持其家庭生活,被迫转向其他的谋生方式,此时"蚕食性失地"与"革命性失地"二者概念的内涵趋于一致(杜伟、黄善明,2009)。

同时,通过课题组对浙江、江苏等地的调研情况来看,失地农民主要有以下四个特点:

(1)受教育程度、文化水平较低。目前失地农民受教育的程度普遍较低,多为初中毕业或小学毕业,高中或中等专业学校毕业的失地农民极少,见识不广、文化水平不高。

(2)职业技能比较单一。失地农民多以从事农业为生,除农业生产外,很少有二、三产业等其他方面的生产技能,失地农民的职业技能比较单一,缺乏转换职业的能力。

(3)缺少冒险精神,难以融入市场经济。失地农民长年从事农业生产,长期过着小农生活。自植农产品可满足自给自足,生活相对稳定,一旦失去土地转而在市场经济里从事其他行业,农民心理难以承受,畏惧风险,缺乏从事其他工作的冒险精神。

(4)土地情结深厚,不愿离开故乡。失地农民过去长期以农用土地为生,过惯了农村安定的生活,对本乡土地及村民有着深厚的情感,不愿意离开故乡。

二、创业与创业者

长期以来,创业都被下列术语所定义:新颖的、创新的、灵活的、有活力的、有创造性的,以及能承担风险的。E. G. Flamholtz 和 Y. Randle 等认为,发现并把握机遇是创业的一个重要部分。

20 世纪 80 年代,创业研究开始作为一个学术研究领域出现。但对其定义,至今没有达成共识。经济学大师熊彼特认为创业是实现创新的过程,将创业者的活动看作是一种"创造性破坏行为",指出创业者的创新活动是使用和执行新生产要素组合,包含:新产品引进、新市场开拓、新生产方式引进、新原料来源以及采用新生产组织形式五种方式。以下是不同学者从多个视角对创业进行的定义(见表 1-2)。

表 1-2　创业的定义

荣斯戴特 Robert C. Ronstant	创业是一个创造、增长财富的动态过程。财富是由这样一些人创造的,他们承担或提供产品或服务。他们的产品或服务未必是新的或惟一,但其价值是由创业家通过获得必要的技能与资源并进行配置注入的。
霍华德·H. 斯蒂文森 Howard H. Stevenson	创业是一种管理方式,即对机会的追逐,与当时控制的资源无关。创业可以由发现机会、战略导向、资源配置过程、资源控制的概念和回报来理解。
杰弗里·A. 帝蒙斯 Jeffry A. Timmons	创业是一种思考、推理和行为方式,这种方式是机会驱动、注重方式和领导平衡。创业导致价值的产生、增加、实现和更新,不只是为所有者,也为所有的参与者和利益相关者。
郁义鸿	创业是一个发现机会和捕捉机会并由此创造出新颖的产品或服务,实现其潜在价值的过程。
宋克勤	创业是创业者通过发现和识别商业机会,组织各种资源提供产品和服务,以创造价值的过程。

创业的本质在于是否创造新的价值,而不仅仅在于是否设立新的公司。创业的本质体现在机会导向、创造性的融合资源以及创造价值三个方面。

创业者(entrepreneurs)是活动的具体实施者,是创业活动必不可少的核心因素,也称之为从事创新与发展的实施者(赵绚丽,2011)。

按照创业主体划分,创业者可以分为以下五种:勤奋型创业者、智慧型创业者、关系型创业者、机会型创业者、冒险型创业者。

按照创业内容划分,创业者可以分为以下五种:生产型创业者、管理型创业者、市场型创业者、科技型创业者、金融型创业者(罗天虎,2004)。

根据人格特质划分,创业者可以分为:成就上瘾型、推销高手型、超级主管型、创意无限型(约翰·麦纳,2004)。

创业者在识别创业机会的过程中,必须拒绝很多机会而后抓住少数的机会,拒绝或抓住机会的依据是机会的重要特征(Timmoms,1999)。另有学者从创业的本质和根源入手探讨了机会特征,认为作为一个商业领域,创业致力于理解创造新事物的机会是如何出现并被特定个体发现或创造的,这些人如何运用各种方法去利用或开发它们,然后产生各种结果(Shane & Venkataraman,2000)。苗青(2006)提出创业机会识别对于创业者而言是一个多维度的特征模型:根据识别内容可以推演得到六个因素,即新颖性、潜在值、持续性、实践性、独立性、可取性,进一步可以概括为二阶因素——机会的盈利性和机会的可行性,从而构成了二阶六因素模型。

创业机会是创业过程的开始也是创业成长的基础,商业机会代表了创业者成功满足一个相当大却尚未满足的市场需求的可能性。亚历山大和理查德的机会识别过程如图 1-2 所示(赵绚丽,2011)。

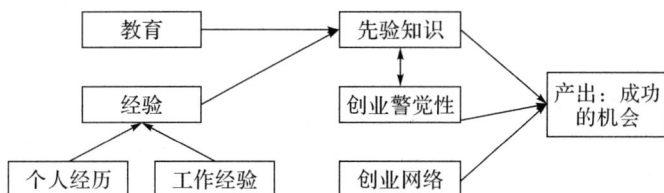

图 1-2　机会识别过程模型

从图 1-2 中可以看出,创业者的先验知识是机会识别的重要因素之一,先验知识来自于创业者接受的教育和经验,经验可以在创业者相关工作或个人活动中积累。创业者需要意识到先验知识的存在并试图理解和运用这种先验知识。创业警觉性和创业网络是机会识别过程中的另两个因素,并且创业警觉性与先验知识之间相互影响。在这三个因素的作用下,创业者能成功识别出商业机会。

三、失地农民创业

失去土地的农民,他们既不同于主动进城的"农民工",也不同于在家务农的"传统农民"。在城乡分割的二元政策下,土地征收使得他们的农民身份不复存在,失去了最重要的土地保障和最基本的生活保障,失去了低成本的生活方式和发展方式,同时又难以适应城市生活,大都会表现出对生活前景的彷徨、焦虑,甚至失去信心,最终只能成为游走于城市和农村的"边缘人"。以非市场方式征收农民的土地,而让他们以市场方式参与就业竞争,这是我国转型期特有的处理方式。随着劳动力市场制度的逐步完善,失地农民参与就业市场竞争的机会越来越小、参与市场竞争的能力越来越弱,他们对失地后的工作、生活的担忧持续加大。有些学者意识到对失地农民进行补偿和保障只能解决他们最基本的生存问题,提高的补偿费不可能完全支撑失地农民物质和精神的双重需求。简单的补偿和保障不能保护失地农民多方面受损的权益,从根本上解决失地农民问题,应转变思路从保障生存转向促进发展转变(郑风田、孙谨,2006)。

而就业和自主创业是解决失地农民自身发展的有效途径。不少学者在对失地农民就业现状分析的基础上,探讨了影响就业的制约因素(翟年祥、项光勤,2012),分析了就业难的主要原因如征地使用效率低,就业贡献率不足;工业发展短视,就业容量受限;失地农民就业观念陈腐,劳动素质和技能偏低等具体因素(张媛媛,2004)。部分学者在此基础上提出构建就业保障机制以及在自身层面和政府层面都提出了相关政策建议(黄建伟,2012)。"创业型"就业作为缓解目前失地农民就业压力的出路之一,失地农民创业对策研究日益成为学者们的关注焦点。失地农民创业离不开政府的公共政策引导,但当前我国失地农民创业的公共政策还存在不足,可从政策的制定机制、政策执行机制、政策内容、政策执行情况监督四个方面来完善失地农民创业的公共政策(陈世伟、张淑丽,2007)。要促进失地农民实现创业型就业,还应建立失地农民创业的政策引导体系,搭建失地农民创业平台(刘晓燕,2013)。政策引导体系可从创业观念、创业培训、创业融资、政策扶持、社会保障五个方面来引导失地农民(李祥兴,2007)。如通过对失地农民提供创业培训服务,能提升失地农民人力资本,从而促进失地农民发展(鲍海君,2012)。目前,我国各地针对失地农民的就业培训在零星地开展,也取得了一定的效果。可能由于失地农民所处的社会层次较低,容易被社会各界忽视(柯春晖,2011),政府部门及社会组织为失地农民提供的创业培训及后续服务还不能满足他们创业的需求。通过设计失地农民创业潜力评价的指标体系来对失地农民的创业潜力进行评估,择优培训,可以优化培训资源,提高学员创业比率和创业成功率(鲍海君、黄会明,2010)。政策支持体系可从失地农民自主创业过程(创业机会识别、社会关系网络、创业机会开发及创业结果)入手,对每个环节进行支持以促进失地农民进行自主创业,走出一条以创业带动就业、以就业促进增收的富民之路(郭金云、江伟娜,2010)。

失地农民创业是农民由于失去土地,必须通过一定的生产资本投入,从事新的生产活动或开展一项新的事业,以期谋求自身发展,实现财富增加的过程(李素娟、张明,2012)。促进失地农民进行创业可以完成这类群体的职业转业,并且创业带来的就业效应还可以提供更多的就业岗位(赵春燕、周芳,2012)。另有学者指出,失地农民创业有利于调整产业结构,加快城镇化进程及增加农民的个人收入和财政收入(陈兴敏,2008)。

第四节 研究思路及路线

本书首先通过梳理国内外失地农民创业行为及培训相关文献、典型案例,揭示失地农民创业的理论和现实意义;然后简述相关理论基础,主要是边缘化理论、社会排斥理论、征地补偿理论、社会网络的核心理论、人力资本理论、现代培训理论、创业理论及治理理论,为进一步的深度研究做好铺垫;通过借鉴国外反社会排斥的公共政策和经验,为我国失地农民弱势群体的政策研究提供启示;接着归纳我国失地农民管理政策的演进过程,政策实践从保障生存向促进发展转型,即从初始的就业安置、货币安置、资股安置、留地安置、社会保障安置及住房安置转向就业创业培训方向;运用扎根理论的质性研究方法,将实地调研、深度访谈所获得的资料作为原始资料进行编码,分两个方向来研究失地农民创业行为:一是失地农民创业意识对创业行为的影响研究,二是失地农民创业行为特征及其影响因素研究。分别建立上述两个理论研究模型,并提出相应的研究假设;在调查问卷的基础上,运用 SPSS、AMOS 等软件分别进行相应的统计分析,通过大样本数据来验证所建立的理论模型;最后,结合相关的研究理论及笔者先前的研究成果,提出促进失地农民创业的对策。本书的技术路线如图 1-3 所示。

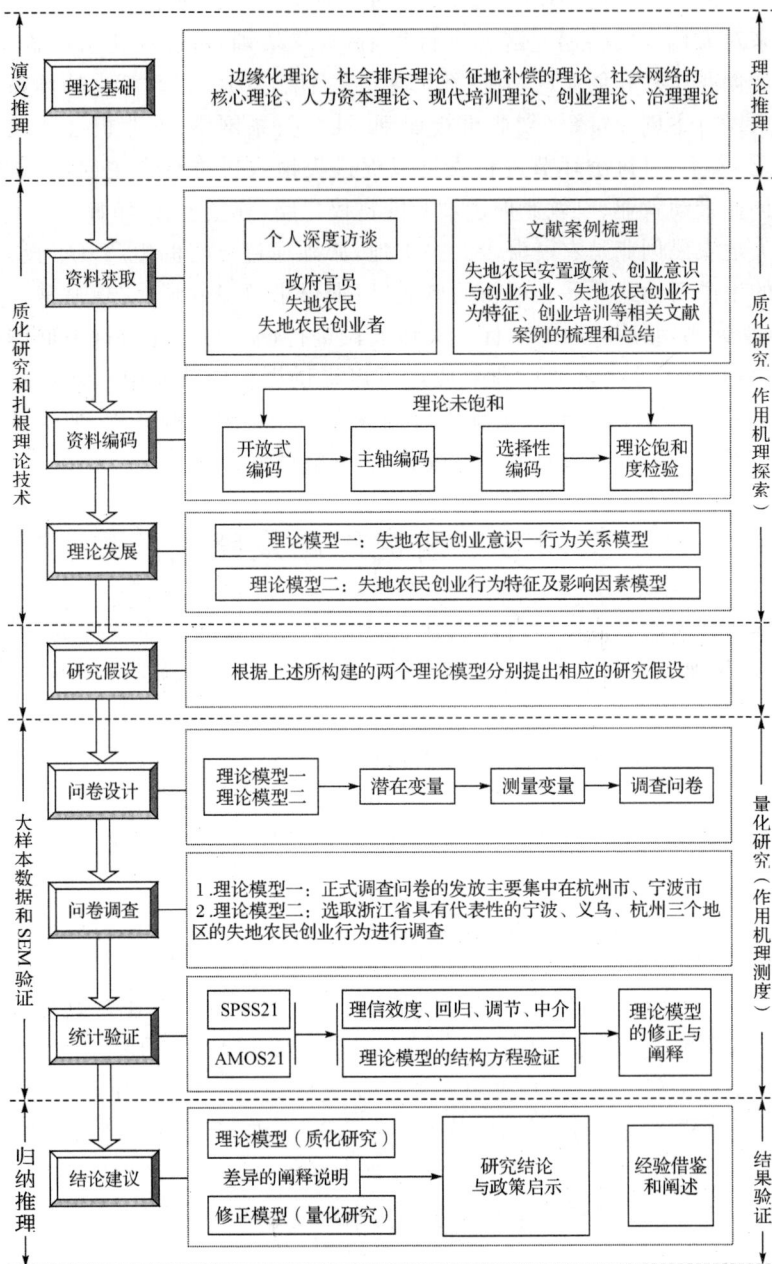

图 1-3　技术路线

第五节 研究内容

本书共分 7 章,章节内容安排如下:

第一章为绪论。本章提出本书研究的问题,阐述理论与现实意义,对研究涉及的核心概念进行界定,并进一步介绍研究思路和研究方法,最后提出本书的创新之处。

第二章为研究基础:相关理论与研究综述。本章首先阐述本书的相关基础理论,主要包括:边缘化理论、社会排斥理论、征地补偿的理论、人力资本理论、现代培训理论、创业理论及治理理论,然后从国内外视角分别梳理失地农民创业研究的现状及进展。

第三章为反社会排斥:国外的公共政策实践与经验。本章第一部分描述了失地农民的边缘化现象,当前其面临的社会排斥主要表现在经济、政治、福利、社会关系网络及文化与心理上;接着梳理了国际反社会排斥的公共政策实践和经验;最后借鉴英美等发达国家支持弱势群体的发展政策,得出促进失业农民可持续发展的启示。

第四章为从保障生存到促进发展:国内失地农民管理的政策演进与评价。本章首先阐述我国一直以来采取的失地农民保障性补偿模式,主要包括:就业安置、货币安置、资股安置、留地安置、社会保障安置及住房安置政策,并在每种安置模式后采用案例进行补充说明,以便读者更好地理解。然而,随着城镇化的不断发展,失地农民这一弱势群体数量不断增加,他们在失去土地后生活方式与身份的迅速转变使得其难以融入市民生活,仅仅保障性安置方式显然已不符合新型城镇化对人的发展要求。因此,本章还阐述了近年来国内政府对失地农民采取的发展性补偿模式,主要包括技能培训与创业培训,以使农民在失去土地后能实现其自身的发展。

第五章为失地农民创业意识对创业行为的影响研究。这部分内容主要是研究农民在征地情境的调节作用下,创业意识与创业行为间的关系。首先是采取扎根理论的质性研究方法,建立失地农民创业意识—行为关系理论模型,然后通过实证数据来验证本章所建立的理论模型,并得出相应的研究结论。

第六章为探索失地农民创业行为特征及其影响因素。本章主要研究基于行业划分、企业性质及创业动机的失地农民创业行为特征及其影响因素。首先,运用扎根理论建立失地农民创业行为特征及其影响因素理论模型;然后,运用多分类项 logit 回归和二元 logistic 回归来分析实地调查所获得的实证数据(通过调查问卷所得);最后,依据统计分析得出结论。

第七章为失地农民创业对策研究。本章首先论述失地农民创业培训体系的构建,并阐述失地农民创业培训运行机制,然后提出嵌入非正式培训的失地农民创业培训的优化体系,接着分别根据第五章和第六章研究所得结论提出促进失地农民创业的对策。最后,从政府行为视角提出促进失地农民的政策支持系统。

第六节 研究方法

一、规范研究

本书拟采用质化研究与量化检验相结合的研究方法来探究失地农民创业行为理论。

质性研究可以被认为是以研究者本人作为研究工具,在自然情境下采用多种资料收集方法,对社会现象进行整体性探究,主要使用归纳法分析资料和形成理论方法,通过与研究对象互动,对其行为和意义建构获得解释性理解的一种活动(陈向明,2000)。该研究的历史渊源可以追溯到人类文明发源地之一的古希腊。在我国,质性研究的最早萌芽在20世纪初的社会调查,起初由一批外籍传教士、学者和教授发起(埃文·塞德曼,2012)。本研究拟通过个人深度访谈、文献与案例梳理来收集有关失地农民创业意识与创业行为关系、创业行为特征及创业培训等相关资料,采用扎根理论的质化研究方法对所收集的资料进行开放式编码(open coding)、主轴编码(axial coding)、选择性编码(selective coding)、理论饱和度检验(theoretical saturation)和模型构建。整个分析过程将运用定性分析软件 NVivo10 来操作完成,即把所收集的资料导入 NVivo10,并对资料逐字逐句的分解、贴"标签",提炼初始概念和范畴,挖掘概念范畴之间的内在联系,通过创建节点、分类、集合、查询、导出报表和创建模型这六个步骤来厘清失地农民创业意识对创业行为的发生机理影响和失地农民创业行为特征及影响因素的作用过程。

二、实证研究

本研究方法主要是基于事先设计好的调查问卷而进行的实证调查研究。调查问卷根据事先建立好的理论模型中的潜在变量来设计测量题项,主要是通过参考前人的研究成果和访谈来进行设计。调查对象主要涉及失地农民和失地创业农民这两类群体。为保证调查数据的信度和效度,在正式调查前,通过课题组的多次讨论和反复修改,在预调研的基础上,选择合适的调查地点进行大规模的正式调查以收集所需数据。在调查方式上,由于大多数农民学历较低,特别是年龄较大的失地农民,为方便其理解,由调查者与受访失地农民进行面对面访谈并替代他们填写或辅助解释来完成调查问卷的填写。

在计量分析方面,由于本书是独立研究两个层面的理论模型,除了均运用统计软件 SPSS21 进行信效度分析、相关性分析外,两个理论模型采用的其余研究统计、研究方法存在差异。如理论模型一要进行多重线性回归、调节变量分析及运用 AMOS21 统计软件进行结构方程模型(SEM)的验证性分析和路径分析。理论模型二主要是运用 Multinomial Logit 和二元 logistic 回归来分析失地农民创业行为特征及其影响因素,因变量创业行为特征主要基于行业分类、企业性质及失地农民创业动机三个方面来分析。

第七节 可能的创新之处

本书可能存在的创新之处主要表现在以下三个方面:

第一,在研究对象上,本书聚焦于失地农民如何从生存到发展的过程。在我国城镇化迅速发展的背景下,失地农民这一弱势群体将会越来越庞大,而这一群体的创业活动也日益受到政策制定者的重视,从中央到地方,各级政府纷纷出台了许多促进被征地农民创业的政策措施。从理论和现实来看,创业是失地农民摆脱贫困和促进自身发展的有效途径。但从当前现实发展情况来看,除江浙等沿海发达地区外,失地农民创业的现象并不普遍。现有研究也仅仅是从宏观层面来提出当前失地农民创业或创业培训遇到的困境,鲜有学者从微观层面对失地农民创业行为进行研究。学者对失地农民创业行为特征的研究相当匮乏,相关的文章也仅仅是对创业行为这一现象进行简单的描述性表述,显然缺乏深入的研究。因此,本书要对失地农民创业意识对创业行为的影响关系、失地农民创业行为特征及影响因素进行实证研究。

第二,在研究框架上,摆脱了以往多数失地农民创业研究文献从宏观层面上构建失地农民创业扶持体系,本书基于相关基础理论,构建了涵盖失地农民自身特有变量的理论模型,如第五章中的征地情境变量,第六章中的安置用地面积因素,等等。这些理论模型能够更加深入地探索失地农民创业活动的内在机理和创业影响因素是如何作用于失地农民创业行为特征的。

　　第三，在研究方法上，本书采取定性与定量相结合的研究方法来展开研究，以往失地农民研究中比较普遍的是采用定性的研究方法进行阐述性研究，难以展示不同变量的作用关系机理和刻画每个自变量对因变量所发挥作用的大小。因此，本书先采用扎根理论质性研究方法较科学地建立理论模型，然后通过实证调研，收集数据，再运用统计分析方法来验证理论模型，在部分章节还加入了翔实的案例分析，一方面丰富了本研究的分析方法，另一方面也为今后的深入研究积累了一定的经验。

第二章 | 研究基础：相关理论与研究综述

第一节 边缘化理论

一、拉美学者的理论

边缘化理论的研究对象是第三世界内部的贫困化，它是 20 世纪 60 年代在拉丁美洲学术界产生的。拉美学者对边缘化理论的研究中，主要有两个派别：一是受现代理论影响的"二元论"派，其代表人物主要是智利的拉丁美洲经济社会发展中心的学者，因此又叫"拉美经济社会发展中心派"；二是主张用马克思主义理论方法，并对"二元论"派持批评态度的"结构主义"派，也称"新马克思主义派"（张汝立，2006）。

"二元论"派以现代化理论为基础，把"边缘化"看成是一种多方位现象，认为"边缘化"通常出现在向现代化过渡的进程中，而这同过渡是不同步或不平衡的，因为社会中普遍存在传统和现代化的两种价值观、信念、行为、体制和社会范畴。这意味着在现代化进程中，有些人、团体和地区落伍了，或难以参与这一进程，同时也不能从这一进程中受益，因而只能处于"边缘"地位。"二元论"派将社会参与不足视作"边缘化"的主要特征，并认为经济地位低下是政治地位得不到提高的主要原因。他们认为，处在"边缘化"中的人不仅包括大多数农村人口，而且还包括为数不少的城市人口。"二元论"派将这些城市人口称作"次无产者"，其组成部分主要包括：从事低生产率经济活动的自谋职业者；从事低技术、低工资经济活动的无固定职业者（江时学，1992）。"二元论"派指出，为了消除"边缘化"，必须努力克服影响一体化的两个障碍：一是僵硬的社会结构；二是部门之间的失调或失衡，这种失调或失衡在城乡之间以及大城市与边远地区的关系中尤为明显。为了克服上述障碍，"二元论"派主张，首先要建立广泛的基层组织，以促进内部一体化和使社会中的每一个成员都能团结在共同目标的周围；其次要在体系方面创造出一种能将所有人结合进入整个社会的机制；再次要对社会进行一次激进的变革，从而彻底改变吸纳那些人的障碍（江时学，1992）。

"结构主义"派认为"边缘化"反映的是社会一体化和社会参与的特殊方式，而不是"二元论"派所说的"非一体化"或"非参与"方式，并将城市和农村中"边缘化"现象的根源归结为以下三点：①垄断部门的扩大迫使一些竞争性部门破产，从而导致失业；②垄断部门和竞争性部门在其发展过程中都破坏了传统的小手工艺、作坊、小商贩和小规模服务业；③资本主义渗入传统农业部门，从而排挤出劳动力。所有这些失业者和其他一些劳动力都在基哈诺所说的"边缘极"中谋求生存之路，随着"边缘极"的出现，整个经济结构变得更加不稳定，具有更多的异质性，同时也更加矛盾，从而使整个制度中各个层次（垄断、竞争和"边缘化"）之间的失衡更为严重（江时学，1992）。

拉美学者提出的"边缘化"理论认为产生"边缘化"的根本原因是资本积累的产物，这与我国城镇化进程中的失地农民边缘化问题具有天壤之别。但是拉美学者提出的上述边缘化理论中的一些观点无疑对我国失地农民问题的研究是具有启发意义的。

二、沃勒斯坦的理论

美国社会学家伊曼纽尔·沃勒斯坦认为16世纪以来，以西北欧为中心形成了世界性经济体系，它由中心区、半边缘区和边缘区三个组成部分连接成一个整体结构。这三个不同的组成区域承担着不同的经济角色：中心区利用边缘区提供的原材料和廉价劳动力，生产加工制品向边缘区销售牟利，并控制世界体系中的金融和贸易市场的运转。边缘区除了向中心区提供原材料、初级产品和廉价劳动力外，还提供销售市场。半边缘区介于两者之间，对中心区部分地区充当边缘区角色，对边缘区充当中心区角色。三种不同的经济角色是由不同的"劳动分工"决定的，在这种分工中，世界体系的不同区域被派定承担特定的经济角色，发展出不同的阶级结构，因而从这种体系的运转中获利也不平等，即最终导致不平等交换现象的产生（伊曼纽尔·沃勒斯坦，1998），这种不平等交换的现象也存在于国家之内的贸易，如都市与乡村之间。

三、埃利亚斯的理论

英国社会学家诺贝·埃利亚斯根据一定地域内群体之间特定的权力关系，将群体区分为内局群体和外局群体。内局群体是指居于内核、把持文化表达的群体；外局群体是指处于边缘、接受并巩固文化表达所体现出的权力关系的群体。

在埃利亚斯看来，20世纪以来，许多昔日的弱势群体（外局群体，比如工人、殖民地人民、黑人、妇女、同性恋者）开始意识到这种不均衡关系的不合理性，这背后是权力关系格局的改变，而权力关系格局反过来又受到这种意识改变及文化表达渠道拓展的进一步推动。这和功能民主化的过程也是分不开的。相互依赖的链条越来越长，越来越分化，群体之内与群体之间的权力分化差别也逐渐减少，特定角色的承担者之间的相互依赖程度愈益增强，乃至彼此间都有所控制（李康，1999）。

第二节　社会排斥理论

社会排斥理论最初是西方学者在研究贫困问题的过程中发展起来的概念。它源自20世纪六七十年代的法国，80年代在欧洲其他地区迅速传播开来，此后在北美一些发展中国家和中国引起了广泛的关注。学术界公认"社会排斥（social exclusion）"这个概念最早于20世纪70年代出现在法国，由法国学者拉诺尔（Ren Lenoir）明确提出，是用来指当时占法国人口的1/10、没有受到社会保障的保护，同时又被贴上"社会问题"标签的不同类型的"受排斥者"（the excluded），他们包括精神和身体残疾者、自杀者、老年患者、受虐儿童、药物滥用者、越轨者、单亲父母、多问题家庭、边缘人、反社会的人和社会不适应者。其原意是指针对大民族完全或部分排斥的少数民族的各种歧视或偏见的，这种偏见和歧视建立在一个社会有意达成的政策基础上，当主导群体已经握有社会权力，不愿和别人分享时，社会排斥便发生了。现在社会排斥理论已被广泛接受，且由于欧盟的推动，社会排斥理论内涵不断丰富，应用领域也不断扩大（景晓芬，2004）。

社会排斥的概念自从被提出来以后，其含义就不断地得到更新和扩展。在20世纪80年代以后，欧洲各国开始了经济全球化的重建过程，结构性失业的增长引发了日益严重"新贫困"，社会冲突日益加剧，社会团结削弱和社会分化的危机来势凶猛。此时，社会排斥成为描述和分析在个人和群体以及更大的社会之间建立团结上所存在的障碍与困难的一个新的方法，它是个人与整个社会之间诸纽带削弱或断裂的一系列过程（Silver，1995），社会排斥是人的基本权利遭到否定的结果，是对民主社会的诸项原则和民主社会本身的严重破坏，是对公民的、政治的和社会的诸项权利的否定，也是对公民身份的否定（Silver，1995；皮埃尔·斯特罗贝尔，1997）。

社会排斥这个概念在被社会理解和接受的同时,欧洲一些政府与机构也根据各自的理解对它作出了不同的解释。例如,①英国"社会排斥办公室"认为,"当一些人或地区遭遇诸如失业、歧视、技能缺乏、收入低下、住房条件恶劣、罪案高发的环境、丧失健康以及家庭破裂等交织在一起的综合性问题,陷入一种恶性循环时,就发生了社会排斥现象"(石彤,2002)。②法国官方则基于传统的共和思想和社会团结的观念,把社会纽带的断裂定义为社会排斥。③欧洲理事会1994年认定被排斥者就是"部分或完全处于人权的有效实施范围之外的一个个群体"。④欧盟委员会为了整合各成员国在意识形态方面的差异,采用折中的办法,基于公民资格(citizenship)的权利实现与否来定义社会排斥,认为对公民资格的权利,主要是社会权利(social rights)的否认,或者这些权利未充分实现即为社会排斥。⑤欧盟统计署认为社会排斥是指某些劣势导致某些排斥,这些排斥又导致更多劣势和更大的社会排斥,并最终形成持久和多重的剥夺劣势(侯志阳,2004)。

国外学者,尤其是欧洲学者,在对社会排斥进行概念探讨的同时,对社会排斥的测量和应用也展开了研究。这一概念被广泛运用于研究教育、医疗、失业、住房、儿童、老年人、女性以及贫困等社会问题,尤以运用于贫困研究。

而国内学者在对社会排斥的定义上,也持不同的看法。如我国社会政策研究专家唐钧认为:社会排斥是游戏规则造成的。而社会政策研究的目标就是要修订游戏规则,使之尽可能地惠及每一位社会成员,从而趋于更合理、更公平。所有的游戏规则都是双刃剑,在它使一部分人成为"赢者"时,另一部人就会成为"输者"(孙炳耀,2001)。李斌博士(2002)认为:社会排斥主要是指社会弱势群体如何在劳动力市场以及社会保障体系中受到主流社会的排挤,而日益成为孤独、无援的群体。石彤认为社会排斥是指某些个人、家庭或社群缺乏机会参与一些社会普遍认同的社会活动,被边缘化或隔离的系统性过程。社会排斥概念演变的历史过程,也是其含义被不断拓宽、更新、多样化和广泛化的过程。

社会排斥理论的一般研究表现在对社会排斥的范式、社会排斥的生成原因和社会排斥的维度或表现三个方面的研究。

一、社会排斥范式

西尔弗(Silver,1995)和德汉(De haan,1998)将社会排斥划分为三种不同范式:"团结型(solidarity)"、"特殊型(specialization)"和"垄断型(monopoly)"。"团结型"范式的前提是基于共和思想与集体意识的种种形式和对主流文化的归依,强调社会整合与融合以及互相团结合作,认为社会排斥是指个人与整个社会之间诸纽带的削弱与断裂过程,是一种不利于社会生活和福祉的现象。"特殊型"范式受英美自由主义传统的影响认为个人的差异会导致市场与社会群体间的不同分工以及社会生活圈的划分,这种分工和划分导致并强化了专门化。由于"不适当地划分社会圈子,对某个社会圈子实行不恰当的规则,阻碍了人们充分进入或参与社会交换、互动的权利",因此排斥成为一种歧视的表现,是群体性差异的体现,它是社会分化、劳动的经济分工和专门化的结果。分割的社会生活圈的存在使得社会排斥可能会有多重原因和面向。虽然同一个人不会在每个领域都受到排斥,但不同面向的社会排斥之间具备"积累性"。一个人一旦遭受到一种社会排斥,可能会因此加速和促进更多种社会排斥。市场失效以及未意识的权利都可能导致排斥。"垄断型"范式根源于马克思·韦伯的思想。韦伯认为,社会结构与秩序是通过等级性的权力关系来实现的,其中各社会群体按照其特殊利益相互影响,企图使权力的动作及资源的垄断变得对自己有利,占支配地位的群体通过社会关闭和对资源的垄断来维护它们的特权,限制外来者进入,使不平等现象永久化,从而产生社会排斥。垄断范式认为群体差异和不平等是重叠的,它将社会排斥定义为集团垄断所形成的后果之一(周林刚,2003)。

二、社会排斥生成原因

学者们在运用社会排斥概念分析研究各种具体社会问题时,对社会排斥的生成原因进行了探讨,形成了不同的观点。概括起来主要包括以下六个方面:

(一)自我生成或自我责任论

主张社会排斥是由弱势群体(社会下层人员)自身的行为和态度造成的。这种观点源于西方早期的社会福利思想,在持自由主义立场的学者身上尤为明显,他们把穷人受穷与受社会排斥的原因归于穷人无能或懒惰以及在面对困难时所做的行为选择结果。

(二)社会结构生成论

主张认为社会排斥是由社会结构本身的不平等性所造成,并非弱势群体自身不够努力、自暴自弃的结果,而是社会结构无意地将他们排斥在正常的社会生活之外所导致的,不平等的社会结构是造成社会排斥的主要原因。

(三)劳动过程生成论

当代社会的科学技术变化增加了经济部门内人际交往和信息交换,强化员工的参与趋势,但是,同时对不属于该群体的"场外人"又形成一种强烈的社会排斥趋势。这种劳动过程造成的社会生活圈的分割是社会排斥的主要原因。

(四)社会政策生成论

社会再生产导致社会群体以及个体的优势和劣势不断累积,加之制度政策的设计缺陷,造成制度系统化地向某些社会群体提供资源而拒绝向另一些社会群体提供社会资源,使之不能完全参与社会生活,出现生活困难的局面,就产生了社会排斥并且通常被强化。

(五)意识形态认可论

特定的社会群体取得相应的社会利益,这种现象被某些传统"道义"认为是公正的。个人的"所得"应该与个人的责任能力成正比,从而在一定程度上形成一种所谓的道义排斥,出现优惠政策对强势群体倾斜,即一个群体将人性的低劣强加于另一个群体并加以维持的过程。这种排斥源于传统的文化意识,同时又受影响于现行法律和政府安排。

(六)社会流动反映论

社会流动可以指人们在劳动力市场、"贫困"与"富裕"或"所得"与"不得"等社会类别之间的流进或流出。社会流动率越低,群体之间的社会排斥程度就越大。透过社会流动,可以从"阶级"分析方法、"消费主义"分析方法、国际比较分析方法三个维度揭示社会排斥。

三、社会排斥的维度或表现

社会排斥的现实表现是多种多样的,具有多维度的特性。国外学者对社会排斥维度的观点多以博查德、诺杰斯等学者的观点为代表,博查德(Burchardt et al.,1999)主张社会排斥有 5 个表现或维度:①低消费;②缺乏保障;③缺乏与他人的互动性的社会活动;④缺乏决策权力;⑤缺乏社会支持。而诺杰斯(Rodgers,1995)认为社会排斥的 5 个维度表现在 5 个不同领域:①商品和服务领域;②劳动力市场;③地域或区域;④人权;⑤宏观经济发展战略。

第三节　征地补偿的理论依据

土地征用制度是世界上许多国家和地区广泛采用的一项土地管理制度,具有目的性、强制性和补偿性等特点,且在土地征用过程中决定征用对象经济补偿的共同因素都是土地价格、土地交易价格和征用补偿制度(杜伟、黄善明,2009)。研究土地征用补偿工作,可以以土地地租理论、土地价格形成理论和土地征收征用补偿理论为基础进行研究。

一、土地地租理论

"地租"(rent)一词创于12世纪的法国,来自拉丁语rendita,意思是指报酬或者收益,就各种社会形态下地租的一般特征来讲,地租是直接生产者在农业或其他产业中所创造的生产物被土地所有者占有的部分,是土地所有权在经济上的实现形式。地租理论一直是经济学中最重要的理论之一,同时又是征地补偿的理论依据之一,历史上有很多关于这方面的学说和理论,所谓是仁者见仁,智者见智。

马克思、恩格斯创立了科学的地租理论,但对地租问题的研究并非起始于马克思和恩格斯。早在马克思和恩格斯之前,西方古典经济学家对地租问题就进行了一定的研究。

(一)古典政治经济学的早期地租理论

早在17世纪后期,英国古典政治经济学创始人威廉·配第(W. Peter)在其著作《赋税论》中首次指出,地租是土地上生产的农作物所得的剩余收入,并指出由于土壤肥沃程度和耕作技术水平的差异,以及产地距市场远近的不同,地租、地价因而也不同,这就为级差地租理论奠定了初步的基础。亚当·斯密是最早系统研究地租理论的古典经济学家,他认为地租是随着土地私有制的产生而出现的范畴,是资本主义社会地主阶级的收入,其在1776年出版的《国富论》中写道:"土地一旦成为私有财产,地主就要求劳动者从土地生产或采集的几乎所有物品中分给他一定的份额。因此,地主的地租,便成为要从用在土地上的劳动的生产物中扣除的第一个项目。"1817年,大卫·李嘉图在《政治经济学与赋税原理》一书中阐述了地租理论,他认为占有产生地租,地租是因使用土地而给土地所有者的产品,地租是由农业经营者从利润中扣除并支付给土地所有者的部分,是由劳动产生的。李嘉图认为,级差地租产生于土地数量的有限。同时,他还区分了三种不同形式的地租:丰度地租、位置地租、资本地租。

(二)新古典经济学的地租理论

克拉克认为地租是由土地的边际生产力决定的,是总产量扣除工资的余额,即"经济剩余"。阿隆索利用均衡分析的方法,提出了一个城市土地利用模型,该模型描述了在单中心城市中,居住用地以及多种产业用地距离城市中心的最优距离,该模型统称为"Thünen-Alonso"地租竞价模型。马歇尔认为地租理论不过是一般供求原理中的特定的一种主要应用而已,土地与其他生产要素的重要区别在于土地的供给受自然条件的限制,供给量缺乏弹性,地租的大小只受土地需求的影响,决定于土地的边际生产率。现代经济学的地租理论考察地租量分析方法,对于地租的来源并没有作深入分析。

(三)马克思的地租理论

马克思指出:"地租来自社会,而不是来自土壤。"地租是土地所有权在经济上的实现,在土地所有权还存在的条件下,只要出现土地所有权和使用权相分离,土地使用者就要向土地所有者交纳地租,这是地租理论的一般原理。马克思把地租分为级差地租、绝对地租和垄断地租,其中级差地租和绝对地租是资本主义地租的普遍形式,垄断地租是个别条件下产生的资本主义地租的特殊形式。

级差地租理论的实体是劣等土地产品(农产品)的社会生产价格与优等土地产品的社会生产价格之间的差额(徐熙泽、马艳,2011)。因土地肥沃程度和土地位置的不同,等量资本投在不同的等量土地上产生的超额利润转化而成的级差地租为级差地租Ⅰ,而在同一地块上连续追加投资,造成了不同的生产率所产生的超额利润转化而成的地租为极差地租Ⅱ。级差地租Ⅰ与级差地租Ⅱ,体现了资本主义农业发展从粗放到集约的两个阶段。

绝对地租是"土地所有权在经济上实现自己"最根本的形式,只要土地所有权存在,任何等级的土地(包括最恶劣的土地),也要支付地租,换句话说,任何地块的使用权出让都必须获得报酬。

马克思认为,垄断了特殊的自然条件会产生一种不仅高于生产价格,而且高于价值的垄断价格,这是由购买者的购买欲和支付能力所决定的价格,而与一般生产价格或产品价格所决定的价格无关。因此,垄断了特殊条件的土地经营者通过垄断价格会实现巨额的垄断利润,而这种垄断利润由于土地所有权的存在会转化为垄断地租。

马克思主义地租理论不管对资本主义社会还是对社会主义社会都具有指导意义。由于中国目前仍然存在着土地使用权与所有权的分离,存在耕地肥沃程度以及土地位置和交通便利程度等的差异,社会主义绝对地租和级差地租形成的客观物质条件仍然存在。该理论对于研究中国当前农民与土地关系,解决失地农民问题具有重要的现实指导意义。

二、土地价格形成理论

土地是一种生产要素,土地价格的形成具有特殊性。马克思认为土地价格是地租的资本化,自然状态的土地虽然不是劳动产品,没有价值,但有使用价值,在一定的关系下即产生地租。正是因为有了地租,才产生了土地

价格,而土地价格的实质是地租的资本化。因而,将地租按一定的利息率还原成一个资本量便是土地价格。用公式表示为:

$$土地价格 = \frac{地租}{土地还原利率}$$

西方现代地价理论形成于 19 世纪末,其核心观点是:持有土地可能得到的利益,不仅只有土地的利用收益,而且还应把卖掉土地产生的利益考虑进去,因此,不只是土地收益决定地价,而且资产市场也参与了土地价格的决定。西方现代土地价格理论又可分为土地收益理论和土地供求理论。土地收益理论是以土地收益在资本市场上如何决定土地价格来建立的。土地经济学开山鼻祖伊利(1982)认为土地所能带来的收益是确定其价值的基础。土地价格是土地收益的市场化,不是土地价格决定土地收益,而是土地收益决定土地价格。英国经济学家阿尔弗雷德·马歇尔是现代地价理论的创始人。他在边际效用价格理论基础上,应用古典学派的供应—成本模型分析地租地价,认为供给与需求同时对价格发生作用,完善的市场机制使价值、价格与成本达到均衡,构建了市场均衡价格理论。由于土地的自然供求是无弹性的,而土地需求是一种引致需求,因此,土地价格主要由土地需求决定(萨缪尔森,1986)。

影响地价的一般因素是指对土地价格的总体水平产生影响的因素,主要包括经济发展状况、财税体制、相关政策、城市规划、城镇化水平、土地资源禀赋、土地产权状况等宏观因素。影响土地价格的区位因素是指对区域地价有总体影响的自然、社会、经济因素,主要包括区段位置、基础设施条件、规划限制和环境质量。影响土地价格的个别因素是指宗地本身的条件和特征对宗地价的影响,如宗地面积、位置、形状、临街宽度、宗地开发程度、土地利用状况及规划条件、土壤肥力和地质条件等。

土地价格评估是指专业人员按照一定的土地评估目的,遵循科学的土地估价原则、程序与方针,在充分掌握土地交易资料的基础上,根据土地的经济和自然属性,按土地的质量、等级及其在现实经济活动中的一般收益情况,充分考虑社会经济发展、土地利用方式、土地预期收益和土地利用政策等因素对土地收益的影响,综合评定出某块土地或多块土地在某一权利状态下及某一时点的价格过程。土地价格评估必须坚持合法原则、公平原则、最有效利用原则、相关替代原则、预期收益原则、供需原则、估价时点原则和保证农民基本生活原则。土地价格评估的基本方法有市场比较法、收益还原法、成本逼近法等。市场比较法是土地估价中最基本、最常用的估价方法,也是国际上通用的基本估价方法。

三、土地征收征用补偿理论

世界各国失地农民社会保障制度的建设,主要是通过对失地农民的补偿安置体现出来的。而有关土地征收征用补偿的理论主要表现为:既得权说、恩惠说、社会职务说、公用征用说、公平负担说、特别牺牲说(雷利·巴洛维,2002)。

既得权说,认为公众的既得权应受到绝对的保障,即使由于公共利益的需要使公众利益受损,也应当基于公平的原则给予补偿。这种观点以自然法思想为基础,理论较为陈旧,而且对于既得权以外的权利所受的侵害,未能说明补偿的依据。

恩惠说,主张公益至上的原则,国家侵害个人权利提供损失补偿完全是出于国家的恩惠。因此,个人没有与国家相对抗的理由,甚至完全否认国家对私人有提供损失补偿的必要。这种观点具有专制色彩,难以说明现代的土地征用补偿制度。

公用征收说,认为国家法律固然有保障个人财产的一面,但也有授予国家征收私人财产权利的另一面,强调国家因公共利益的需要可以对私人财产进行合法征用,但应给予个人相当的补偿,以求公平合理。

社会职务说,此说摒弃权利天赋观念,认为国家为了使各人尽其社会一分子的责任,首先应承认各人的权利,认为承认个人的权利是国家使个人尽其社会责任的前提,也是实现社会职务的手段,因为权利的本质具有义务性,人民的财产被征收征用后,国家对人民应酌量给予补偿才能使其社会职务得以继续履行。

公共负担说,认为政府为了公共利益而实施活动的成本应由社会全体成员平均分担,即用全体纳税人缴纳的税收来补偿受害人所蒙受的损失。

特别牺牲说,该学说由 19 世纪末德国学者奥特·梅耶(Otto. Maye)提出。他认为,任何产权的行使都要受到一定内在的社会限制,这种内在的社会限制是所有公民都应平等地承受的一定负担,不需要补偿。只有当国家对财产的征收征用或限制超出这些内在限制,并将这种负担落到某个或某些公民头上,它就变成了一种特殊的牺牲。基于法的公平正义的精神,对这种特殊的牺牲必须进行补偿。换句话说,国家的合法征地行为对公民权利所造成的损失,与国家规定公民一般的负担(比如纳税、服兵役等)不同,是一种使无义务的特定人超出了行使所有权的内在社会限制的特别牺牲,这种特别牺牲应当由全体公民共同分担给其以补偿,才符合公平正义的精神。

上述六种学说中,特别牺牲说较有说服力,在实际中易为大家接受,所以成为征地补偿的通说。在我国,由于私有财产保护得不完善,以这种学说作为征地补偿的理论依据,也可促进私有财产的保护。

在征地补偿的各种学说,尤其是特别牺牲学说的影响下,各国征地补偿的措施趋向于合乎人道、公正、公平的原则,但鉴于各国对财产保护的内涵及因地制宜的措施不同,在补偿标准与原则方面发展了三种主要学说(李茂雄,2002)。

完全补偿学说。完全补偿是指以被征者完全恢复到与征前同样的生活状态所需要的代价为补偿标准,这种补偿不仅包括直接损失,如土地及土地改良物本身的损失,还包括因此而造成的间接损失,如期待利益的丧失、残余土地价值的减损、营业停止或缩小的损失、失业或转业的损失等,甚至还包括非经济上的损失,如新的生活环境的不适、精神上的痛苦等。目前发达国家的征用补偿以完全补偿居多。完全补偿主要是从"所有权神圣不可侵犯"的观念出发,认为征地是对所有权的侵犯,为矫正这一不平等的财产权侵害,应当给予完全的补偿,才符合公平正义的要求。

不完全补偿学说。根据不完全补偿的标准,补偿范围仅限于被征用的财产的价值:对可以量化的财产上的损失、迁移损失、营业损失以及各种必要的费用等具有客观价值而又能举证的具体损失,应当给予适当的补偿;对难以量化的精神损失、生活权损失等个人主观价值损失,应当视为社会制约所导致的一般牺牲,个人有忍受的义务,不应给予补偿。不完全补偿主要是从"所有权的社会义务性"观念出发,认为产权因负有社会义务而不只有绝对性,由于公共利益的需要,可以依法加以限制。但征地已经超越了对财产权限制的范围,剥夺了公民的财产权,应依法给予合理补偿,否则财产权的保障将成为一纸空文。

相当补偿学说。相当补偿标准认为"特别牺牲"的标准是相对的、活动的,因此对于征地补偿应视情况不同采用完全补偿或不完全补偿的标准。一般情况下,本着宪法对财产权和平等原则的保障,特别的财产征用侵害,应给予完全补偿,但在特殊情况下,可以准许给予不完全补偿:比如对于特定财产所给予的一般性限制(其中包括对非国有空地及荒地的征用,以及对私有建筑用地超过最高面积限额的征用等),由于该限制财产权的内容在法律的权限之内,因此要求权利人接受低于客观价值的补偿,并没有违反平等原则的要求。

各国关于征地补偿的原则与标准各不相同,即使是同一国家,随着经济的发展水平,国家、社会的意识转变也有不同的规定。例如德国在"一战"以前强调对财产权人的充分保障,因此在征收土地时采取了完全补偿的原则。

在"二战"后的国家重建时期,则采取不完全补偿法。到了经济复兴后,又恢复采取完全补偿的原则。另如日本等国也大多经历了完全补偿—不完全补偿—相当补偿的阶段。但从世界整体发展趋势来看,对于国家合法行为所造成的损失,其补偿范围与标准都呈现出逐渐放宽的趋势,采用完全补偿的居多,以使人们所遭受的损失能得到更充分、更完全的补偿。

不论是完全补偿、相当补偿还是不完全补偿,很多国家的政府和法院在实践中倾向于采用政府征地时的土地市场价值进行征地补偿(Giammarino, Nosal,1996;Nosal,2001),很多经济学家和法学家也支持这一观点,比如 Fischel 和 Shapiro(1988)认为以市场价值对征地加以补偿可以提高经济效益,而以低于社会成本取得土地将会影响土地的优化配置。

第四节　社会网络的核心理论

国外社会网络研究的代表性理论主要有:Granovetter 的"嵌入型"理论和弱关系力量理论,费孝通提出的差序格局理论,Bourdieu、Coleman、林南为代表的社会资本理论,Burt 提出的结构洞理论以及边燕杰提出的强关系理论。

一、"嵌入型"理论和弱关系力量理论

"嵌入型"理论提出,任何行为都是动态地嵌入在某个特定的网络结构之中的(Granovetter,1973)。这一理论使得行为研究打破传统的原子论观点,将社会人的行为置于网络中进行讨论。Granovetter(1973)首次提出了关系强度的概念,并将关系分为强、弱两种类型。强弱关系在人与人、组织与组织、个体和社会关系系统之间发挥着完全不同的作用。一般而言,强关系维系着群体、组织内部的关系,是内部性纽带,而弱关系则使人们在群体或组织之间建立了纽带联系。他用四个指标来测量关系的强弱:一是互动的时间及频率,花费时间长和互动次数多为强关系,反之则为弱关系;二是情感强度,情感较强、较深为强关系,反之则为弱关系;三是熟悉或相互信任的程度,程度高为强关系,反之则为弱关系;四是互惠交换的程度,互惠交换多而广为强关系,反之则为弱关系。在此基础上,他提出了"弱关系充当信息桥"的判断(任迎伟,2011)。

强关系是在性别、年龄、教育程度、职业身份、收入水平等社会经济特征相似的个体之间发展起来的,而弱关系则是在社会经济特征不同的个体之间发展起来的。因此,通过强关系获得的信息往往是雷同的、重复的、冗余的,相对有价值的信息也就较少,而弱关系主要是在两个不同的群体中建立

起的信息桥，所获得的信息异质性高、重复性更小(任迎伟，2011)。

二、差序格局理论

"差序格局"的概念最先由费孝通先生在《乡土中国》一书中提及，且十分契合中国社会人际关系的本质，与中国传统社会的基本特征相适应，与西方社会"团体格局"的社会结构和人际关系相区别。在差序格局中，社会关系的网络是以亲属关系为基础而形成的，亲属关系是"根据生育和婚姻事实所发生的社会关系，从生育与婚姻所结成的网络，可以一直推出去包括无穷的人，过去的、现在的和未来的人物"。这个网络就像蜘蛛的网，有一中心，就是自己，而社会中最重要的亲属关系如同这种丢石头形成同心圆波纹的性质，波纹一圈圈推出去，愈推愈远，也愈推愈薄(任迎伟，2011)。

"差序格局"这个概念揭示了中国社会的人际关系是以己为中心，逐渐向外推移的，表明了自己和他人关系的亲疏远近。社会关系是以家庭为核心的血缘关系，而血缘关系的投影又形成地缘关系。换句话说，中国传统社会的人际关系以血缘关系和地缘关系为基础，形成"差序格局"。这种"差序格局"模式，承载着中国传统社会人际关系的特点，它是以"以己为中心"来构筑人际关系网络的。儒家伦理是调整传统社会人际关系的行为规范的稀缺资源配置模式，其是以血缘和地缘关系为特征的传统社会人际关系赖以存在的基础和社会根源(任迎伟，2011)。

三、社会资本理论

这一概念首先由法国社会学家Bourdieu在1986年所发表的《社会资本的形式》一文中提出的：社会资本是现实或潜在的资源集合体，这些资源与拥有或多或少制度化的共同熟识和认可的关系网络有关，换言之，与一个群体中的成员身份有关。这个定义表明，社会资本由两部分构成：一是社会关系本身，它使个人可以摄取群体拥有的资源；二是这些资源的数量和质量(Portes，1998)。Bourdieu的分析重点在于强调经济资本、文化资本、社会资本及符号资本之间的相互转化。

林南首先提出社会资源理论，资源是在一个社会或群体中，经过某些程序而被群体认为是有价值的东西，这些东西的占有会增加占有者的生存机遇(林南，2005)。该理论把资源分为个人资源和社会资源。个人资源指个人拥有的财富、器具、自然禀赋、体魄、知识、地位等可以为个人支配的资源；社会资源指那些嵌入个人社会关系网络中的资源，如权力、财富、声望等，这种资源存在于人与人之间的关系之中，必须与他人发生交往才能获得。

第五节　人力资本理论

一、人力资本

亚当·斯密的《国富论》最早提出了人力资本的概念。其后，美国经济学家欧文·费雪在 1906 年出版的《资本和收入的性质》中进一步阐述了人力资本的概念。然而，到 20 世纪中叶，西方经济学家并没有把人力资源看成是一种资本，认为其是一种不包含技能和知识的自然形态的劳动力，而没有认识到劳动者的知识和技能所能够发挥的潜在创造性，这也直接导致了在很长一段时期内经济组织的粗放式经营（高越，2005）。现代人力资本理论的真正创立是在 20 世纪 50 年代末 60 年代初，理论先驱舒尔茨认为人力资本就是人的知识、技术和体力等的总称。人力资本是一种非物质资本，它是体现在劳动者身上的，并能为其带来永久收入的能力，在一定的时期内，主要表现为劳动者所拥有的知识、技能、劳动和健康状况（曾湘泉，2011）。它具有五个特性：①人力资本是一种无形的资本；②人力资本具有时效性；③人力资本具有收益递增性；④人力资本具有累积性；⑤人力资本具有无限的潜在创造性。

二、人力资本投资

20 世纪 50 年代，美国著名经济学家西奥多·舒尔茨指出，人的知识、能力、健康等人力资本的提高对经济增长的贡献远比物质资本、劳动力数量的增加重要得多（梁裕楷等，1999）。舒尔茨将人们获得的有用的技能和知识看作一种资本形态，并认为这种资本在很大程度上是慎重投资的结果，通过在职学习、在校学习及其他向人投资的方式来显著提高其能力和改善劳动力质量。以舒尔茨为代表的人力资本理论认为，在多种投资中最有价值的是对人本身的投资，认为"人口质量重于人口数量"，要"追加教育投资总量，提高人口质量，增强人口素质"（靳希斌，2001）。

三、在职培训的成本与收益分析

企业的人力资本开发活动具有多种形式，诸如在职培训、离职培训、从干中学、师傅带徒弟等。如果加以分类，则人力资本开发活动基本上可以分为两大类：其一是"从干中学"或积累经验；其二是培训，即给新雇员或现有雇员传授其完成本职工作所必需的基本技能过程，从定义可以看出，培训是人力资本投资的重要形式,是人力资源开发的重要方法。前者是一个自发的学习过程,在这个过程中,伴随着工作年限的延长和经验的积累,员工的操作技能、熟练程度以及工作技巧等方面会自然而然地提高。这种形式的人力资本开发一般不耗费多少直接成本,但是它肯定要花费机会成本和时间成本。后者的情况则不然,它基本上属于一种自觉的或有组织的学习过程。这个过程需要人为的组织与安排,它不仅要耗费受培训者的机会成本或时间成本,而且也需要花费各种必要的直接成本支出,诸如教员费用、教材与教具费用等等。在此,我们可以将"从干中学"视为是一种由员工对其自身进行的培训,而将培训视为一种由企业对员工进行人力资本开发的基本形式。

进行企业培训,一方面要花费成本,另一方面也会获得收益,这主要表现在受培训者因为技能的改善而导致其边际生产力的提高。边际生产力的提高意味着收入的提高,它不论是以利润增加的形式归于雇主,还是以工资增加的形式归于员工,都代表着人力资本投资的收益。均衡的企业人力资本决策显然应当确定在人力资本投资的边际收益与边际成本相均等的水平上。因为只有在这时,才能保证有人力资本投资收益最大化的存在。

(一)一般在职培训的成本与收益分析

假设员工在接受培训之前,其边际劳动产品价值为 VMP_0,按照员工工资率为 W,培训时间为 T,边际劳动产品价值(VMP_0)等于(W)的原则,该员工的工资应该为 W_0,如图 2-1 所示,如果经过一段时间的培训后,该员工的边际劳动产品价值提高为 VMP_2,企业应支付的工资率就必须相应地提高到 W_2,这是因为一般培训的技能可以适用所有的企业,如果企业支付给员工的工资率小于其边际劳动产品价值,那么受训员工就会离开其所在企业,而流向愿意付给其工资为 W_2 的企业。所以假定其他就业条件都相同时,一般在

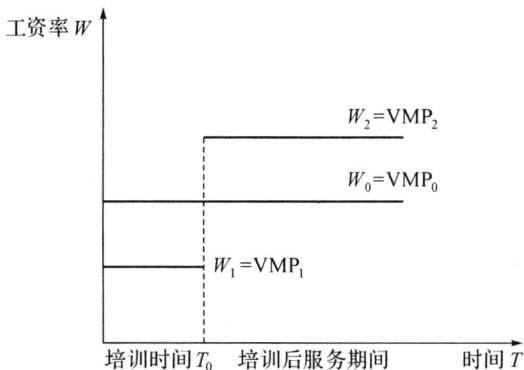

图 2-1 一般在职培训的成本与收益

职培训之后,企业为了留住员工,支付的工资必须等于 VMP_2。在这种情况下,企业是不愿意承担员工一般培训的成本,一般培训只能由员工自己承担而不是企业承担。在培训期间 T_0 内,由于受训人员参加培训要花一定的时间和精力,其边际劳动产品价值下降为 VMP_1,此时由雇主支付的工资率也相应下降为 W_1,$W_0 - W_1$ 的差额部分就是培训成本,即由员工承担的培训成本。

(二)特殊在职培训的成本与收益分析

由于特殊培训的员工只能在本企业发挥更大的作用,一旦他们被雇主解聘或辞职而去其他的企业,那么他们能拿到的工资就和接受培训前没有什么区别。所以,员工是不愿意为特殊培训支付费用的。如图 2-2 所示,在培训期间,企业支付的工资 W_0 高于受训员工的边际劳动产品价值 VMP_1,这个差额就是特殊培训的成本,由雇主承担。在培训后,企业基于利润最大化原则,不会支付给员工高于别的企业的工资(W_2 或 W_4),即企业支付的工资 W_0 低于受训员工的边际劳动产品价值 VMP_2,这个差额就是特殊培训的收益,由雇主获得,从而弥补了特殊培训的成本。

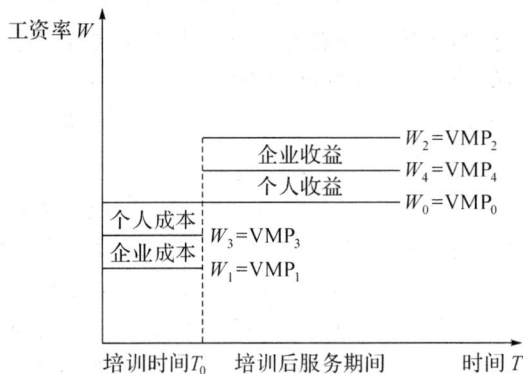

图 2-2 特殊在职培训的成本与收益

但如果员工在培训后很快的就出现了流动情况,这虽然对员工没有任何损失,但企业的特殊培训成本就收不回来了。因此,企业可以在培训期间向员工支付一个折中的工资率 W_3,这个工资率既低于其培训前的边际劳动产品价值 VMP_0,又高于培训期间的边际劳动产品价值 VMP_1。其中,$W_3 - W_1$ 的差额部分是企业承担的培训成本,$W_0 - W_3$ 的差额部分是员工个人承担的培训成本。同样,在培训后的服务期内,也可以向员工支付一个折中的工资率 W_4,这个工资率既低于培训后的边际劳动的产品价值 VMP_2,又高于其培训的边际劳动产品价值 VMP_0。其中,$W_2 - W_4$ 的差额部分是企业获得的培训收益,$W_4 - W_0$ 的差额部分是员工个人获得的培训收益。

在特殊培训的条件下,员工的辞职率要低于普通培训条件下的员工的辞职率,因为受训员工承担了一部分培训成本,而且由此得到的特殊技能还不被其他企业所接受。同样,企业也不愿意解聘员工,因为此类员工的离去会给企业带来损失。

培训开发则不仅是增强技能,还包括知识、能力以及价值观等方面的培养。培训开发的方法选择取决于培训开发需求分析。这个基本模式主要包括四个步骤,如图 2-3 所示。

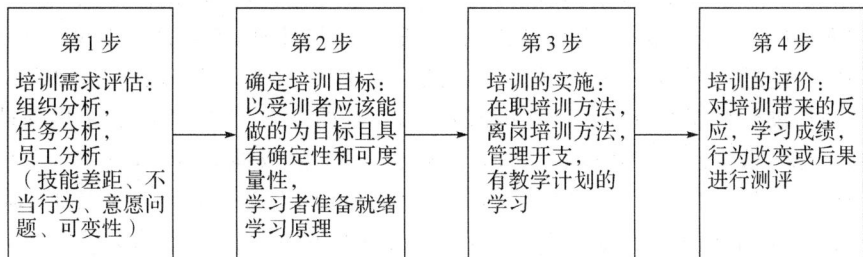

图 2-3 培训开发的四个基本步骤

第六节 现代培训理论

培训效果的最优化不仅与培训本身的体系有关,而且与所处的培训环境息息相关。因此,讨论培训问题应该从培训的内部层面和外部层面同时出发,即较为完善的培训系统建设应该按培训体系与培训环境支持体系来构建。失地农民职业培训系统也是如此。

一、培训体系

培训由四个要素构成:培训模式、培训者、学习者和培训内容。当前,对培训模式的界定仍有很大争议,主要有四种观点:一是培训形式论,持此观点者认为采用的培训形式即为培训模式,如离职培训、在职培训、半脱产培训等;二是培训流程论,持此观点者认为培训模式应该是培训管理的运作程序,如第一步先确定培训需求,第二步制定培训计划;三是学员本位论,持此观点者认为培训模式是由学员的接收情况、培训意愿的强烈程度和培训与工作的相关程度来决定的,如学员低意愿—低能力—高工作相关为一种模式,高意愿—高能力—低工作相关为另一种模式,等等;四是培训方法论(曲庆,2002),持此观点者认为培训方采用的具体教授方法即为培训模式,如课堂讲授模式、角色扮演模式等。本研究中,我们更倾向培训流程论。

二、培训模式

(一)系统培训模式

自 20 世纪 60 年代,系统培训模式开始形成,并得到最广泛的运用。该培训模式的雏形就是美国陆军部队培训新兵所采用的方法,后来在英国,随着工业培训局的成立,这种模式以及由此衍生的许多变形模式得到了极大的促进和完善。系统培训,是指通过一系列符合逻辑的步骤,有计划地实施的培训。在实践中,步骤的多少和具体细节会有差异,但通常包括以下几个方面:制定培训政策;确定培训需求;制定目标与计划;实施培训计划;对计划的实施进行评估、审核。系统型模式是在对个人或组织的培训需要和培训过程进行全面调查的基础上提出来的,具有两个典型的特征:一是培训被看作是一系列连贯的步骤;二是培训不仅是一个阶段性的过程,也是一个培训循环(田杨,2005)。系统培训模式的价值在于,它驱使培训者认识到有结构、有规则地从事培训的重要意义,最重要的是它强调了对培训活动实行有效评价的地位,以及它可以带给培训过程其他环节的益处(余飞,2001)。然而,系统培训模式显然只解决了培训过程的实际操作问题,并没有站在培训战略的高度说明现代培训职能对企业生存发展的重要性,也没有说明培训实施中相关各方之间的关系,例如培训者、受训者、企业领导等之间的关系,最重要的是它未突出培训职能在培养企业核心竞争能力,提高企业的应变能力方面应该起到的积极作用。

(二)过渡型培训模式

过渡型培训模式是由哈里·泰勒提出的(见图 2-4)。泰勒将其描述为公司战略和学习的双环路:内环是系统培训模式,外环是战略和学习。远景(期望设想)、使命(组织存在的意义)和价值(对前两者易理解的解释),都必须在对目标的具体关注之前确定。

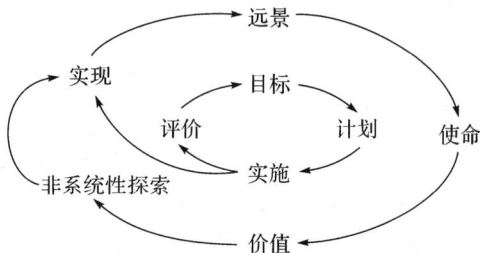

图 2-4 过渡型培训模式

(三)国家培训奖模式

"国家培训奖"模式是在 1987 年英国国家培训奖大会上提出的,又称"最佳培训实施模式"(陈天希,2007)。它注重公司培训实施过程中的政府介入,是对系统培训模式的发展,但更具有操作性。这种模式强调了培训与更广泛的组织战略之间的某种程度的关系,这种联系表明:可以将培训系统看作是组织内部的一个独立分支。从总体上看,该模式对系统型培训模式是持相当肯定态度的,并且在以下几点上,两种模式一致:第一,培训目标是组织战略要求的转换;第二,这一转换是有效的、一致的;第三,培训是一个系统连续的过程;第四,结果具有可考核性(刘宝发、杨庆芳,2004)。

(四)咨询型培训模式

咨询型培训模式(也称顾问式培训模式)是当前较受推崇的一种模式。它是以协议或合同的方式固化组织的需要和待解决的问题,然后展开调查分析,在此基础上实施相关培训,一旦项目评估完成随即解除协议或合同。咨询意味着对你为什么做,做什么,如何做,在哪里做,何时做等提供独立的建议或意见。提供咨询者既可以是组织外部顾问,也可以是组织内部顾问。一般而言,来自组织的内部顾问能够对问题提出有针对性的解决办法,而组织的外部顾问则往往具有更为专业和更为丰富的项目实施经验。

(五)持续发展型培训模式

鉴于系统型培训模式、过渡型培训模式、国家培训奖模式和咨询型培训模式都是为特定时期的培训实施服务,而并未为培训职能的持续发展提供指导的事实,人们又发展了一种着力于培训职能的长期强化和提高的新模式,称为持续发展型培训模式。该模式为组织发展提出了一整套建议,从而有助于组织资源的开发,且更能满足组织者方面的需要。这一模式提出了七个活动领域,都是实现组织学习和持续发展必不可少的因素:政策、责任与角色要求、培训机会及需求的辨识和确定、学习活动的参与、培训规划、培训收益、培训目标(马丁·所罗门,2002)。从某种意义上说,该模式更像是一个实践型模式。它是对组织持续发展目标的说明,而不是如何达成目标的勾画。

(六)阿什里德模式

这一模式是由阿什里德管理学院的研究人员在对英国一些优秀公司进行考察研究,并做了大量的文献检索后于1986年提出来的。研究人员按照等级水平将培训活动划分为三个阶段:离散阶段、整合阶段、聚集阶段。尽管其研究内容的说明性要强于实效性,但这一阶梯形式的培训模式对于培训经理来说,却极具参考价值。

(七)所罗门型培训模式

英国经济学家马丁·所罗门,在其所著的 *A Handbook for Training Strategy* 一书中,推荐了一些公司运用的两种培训模式。由于这两种培训模式目前尚无法找出其创始人是哪一位,目前称之为所罗门型培训模式。这种培训模式引进了"行为评估"概念,这是对培训需求界定方法的改革,同时也是将评估引入培训环节中每个环节的标志之一,由此可见改进型顾问式培训模式对此产生的影响。

第七节　创业理论

一、创业类型

按照不同的标准可将创业划分为不同的类型。从创业主体看,可分为大学生创业、农民创业、失业者创业、退休者创业、辞职者创业、兼职者创业、残疾人创业等;从创业的动机来看,可分为生存型创业和机会型创业;从创业项目来看,可分高新技术创业、传统技能型创业、知识服务型创业、体力服务型创业等。按照创办企业的渠道,可以将创业划分为三种类型:自主创业、母体分离创业和企业内创业。

Christian 和 Julien(2000)根据创业者个人改变的要求和新创造价值的多少把创业分为四种类型:复制型、模仿型、安定型和冒险型四种,具体如图 2-5 所示。

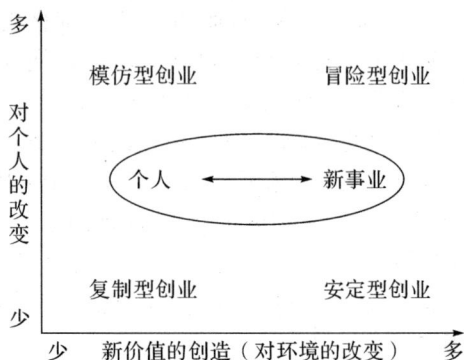

图 2-5　按照对市场和个人的影响程度划分的创业类型①

（一）复制型创业

复制型创业(entrepreneurial reproduction)是指复制原有公司的经营模式而创立新的企业,这种创业的创新成分较低。复制型创业在新创业中所占的比率是最高的,由于这种类型的创新贡献较低,相比之下缺乏创新精神的内涵,通常不受人重视。但是,由于复制型创业中创业者从事的还是原来的工作,同时拥有现成的市场模板,再加上本身的经验与资源优势,使得这种创业的成功概率较大。

---

① 梁巧转,赵文红.创业管理[M].北京:电子工业出版社,2013 年 3 月。

(二)模仿型创业

模仿型创业(entrepreneurial imitation)对于市场虽然无法带来新价值的创造,创新的成分也较低,但与复制型创业不同之处在于,创业过程对于创业者而言还是具有很大的冒险成分。不过,对于模仿创业,创业者有可学习的对象,可以通过同行获取相关的行业经验,或者通过系统的创业管理培训获得相关的知识和经验。这种类型的创业者如果具有合适的人格特质,掌握正确的市场进入时机,还是有很大机会获得成功的。

(三)安定型创业

安定型创业(entrepreneurial valorization)虽然为市场创造了价值,但对创业者而言变化不大,风险多来自市场。这种创业强调的是创业精神的实现,也就是创新的活动,而不是创造新的企业,它能够体现出稳健的创业精神,大部分创业多属于此种类型。

(四)冒险型创业

在所有创业类型中,冒险型创业(entrepreneurial venture)无论对于市场还是创业者个人来说所面临的不确定性最大,难度也最高。除此之外,对于新事业的产品创新而言,也将面临很高的市场不确定风险,但带来的回报是惊人的。对于这类企业来说,创业的成功需要在创业者能力、创业时间、创新精神的发挥、经营策略和创业过程管理等方面有很好的搭配。

二、创业者的心理特征

心理学家对创业者的心理特征做了大量的研究发现,成功的创业者不同于常人的共同心理特征主要包括成就需求、风险承担倾向和控制欲等。同时,也有学者指出企业家精神应当包括创新、冒险、合作、宽容、敬业、学习、执著、诚信等(张贵平,2011)。

成功的创业者大致都有些共同的特征,如图 2-6 所示。

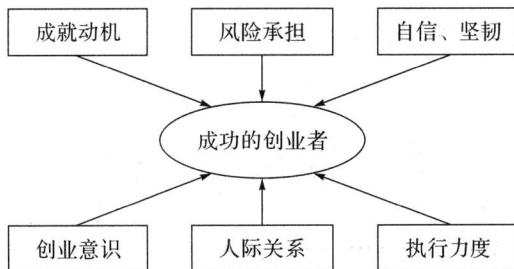

图 2-6　成功创业者的特点[①]

---

① 笔者稍做修改,原图来源于:梁巧转,赵文红.创业管理[M].北京:电子工业出版社,2013.

三、创业过程模型

(一)William 模型

William 试图对 Gartner 模型进行改进,他从新企业成败影响因素的视角提出了人、机会、环境、风险与报酬等要素与相互关系,如图 2-7 所示。

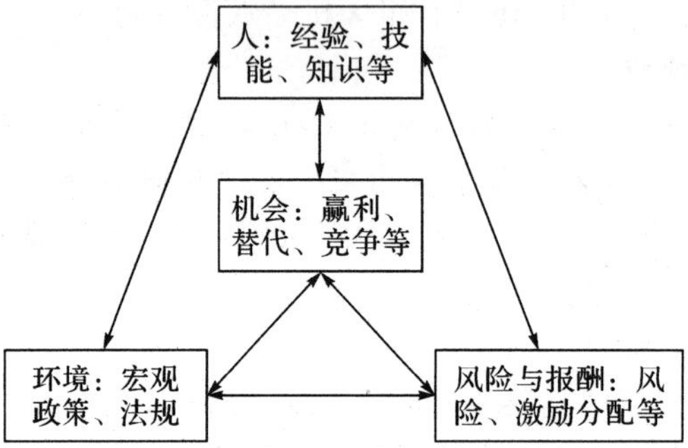

图 2-7　William 的创业模型核心要素①

创业过程是高度综合的管理活动,隐含着创业过程构成要素多样性的事实,并且创业过程的动态性进一步加剧了构成要素之间错综复杂关系的不确定性。

(二)蒂蒙斯模型

该模型认为创业过程始于商业机会,商机是创业过程的核心驱动力。工作团队(创始人)利用其自身的创造力在模糊、不确定的环境中发现商机,并利用社会资本、企业网络等外生因素组织和整合资源,以使得企业能够利用商机创造价值。在创业过程中,资源与商机间经历着一个适应—差距—适应的动态过程。商业计划则提供了创业者、商机和资源三个要素相互匹配和平衡的语言和规则,如图 2-8 所示。

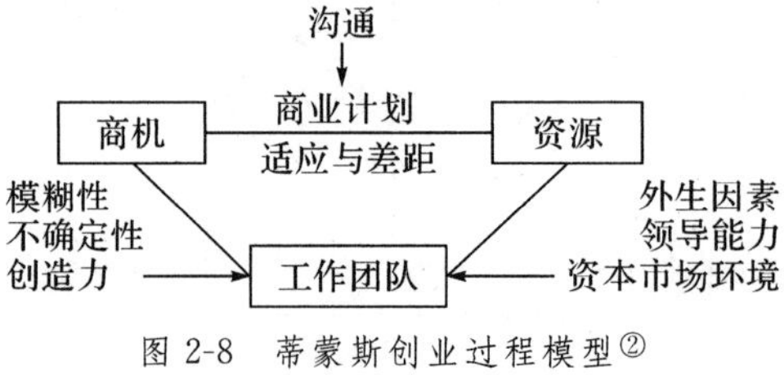

图 2-8　蒂蒙斯创业过程模型②

① 梁巧转,赵文红.创业管理[M].北京:电子工业出版社,2013.
② 迟英庆,陈文华,张明林.创业理论与实务[M].南昌:江西人民出版社,2004.

(三)Olive 模型

Olive 从个人事业发展角度,将创业过程分为八个阶段:决定成为创业者、精选创业机会、进行初步分析、组建管理团队、制订创业计划、拟定行动计划、早期的运营和成长、取得公司的成功,如图 2-9 所示。

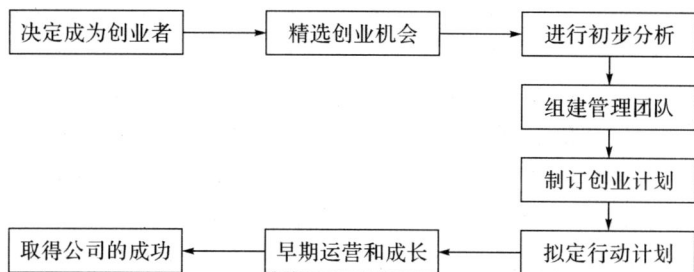

图 2-9　Olive 模型的八大创业阶段①

该模型显示了创业者从最初的一个想法,至创建新创业,再到新创企业成长为成熟企业的过程,归纳出了创业过程的一般规律。该模型始终围绕着组织成长的过程,基本按照时间顺序发展,是创业过程分析模型中一种简单的线性模型。

(四)威克姆模型

该模型认为创业者是创业活动的主导者,通过识别和确认商业机会,整合和管理创业资源,创立和领导创业组织,其基本任务就是有效管理机会、资源和组织之间的关系。创业型组织是一个学习型组织,即创业者不仅要对商机做出及时反应,而且还要根据变化的情势及时总结、积累、调整,使组织规则、结构、文化、资源等不断发展和改进,组织在不断的成功与失败中学习和锤炼,从而不断完善、发展和壮大,如图 2-10 所示。

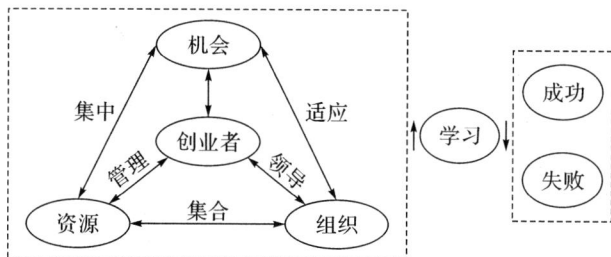

图 2-10　威克姆创业过程模型②

---

① 梁巧转,赵文红.创业管理[M].北京:电子工业出版社,2013.

② 迟英庆,陈文华,张明林.创业理论与实务[M].南昌:江西人民出版社,2004.

第八节　治理理论

治理(governance)最先出现在拉丁文和古希腊语中,其原意主要是指控制、引导和操纵,且其主要用于与国家公共事务相关的管理活动和政治活动中(滕世华,2002)。20世纪90年代以来,西方政治学和经济学家纷纷引入治理这一概念来发展和完善各自的学科理论,使其逐渐发展演变成一个具有丰富内涵的包括治理、善治与全球治理等内容的"治理理论"。

治理概念被广泛应用于诸多学科领域,而不同学科关注的侧重点又有所不同,归纳概括起来大致包含以下几层含义:①作为最小国家的管理活动的治理,指的是国家削减公共开支,以最小的成本取得最大的效益。②作为公司管理的治理,指的是指导、控制和监督企业运行的组织体制。③作为新公共管理的治理,指的是将市场的激励机制和私人部门的管理手段引入政府的公共服务。④作为善治的治理,指的是强调效率、法治、责任的公共服务体系。⑤作为社会—控制体系的治理,指的是政府与民间、公共部门与私人部门之间的合作与互动。⑥作为自组织网络的管理,指的是建立在信任和互利基础上的社会协调网络(罗伯特·罗茨,2000)。

第九节　国内外研究现状

一、国外研究现状

征地拆迁是大多数国家在城镇化发展中常经历的过程。在此过程中,各国政府实行征地拆迁程序、补偿安置政策、农民在失去土地后的就业创业情境等方面大相径庭,以下主要从失地农民保障和创业两方面展开阐述。

(一)失地农民保障研究

在埃塞俄比亚,土地征用必须满足两个条件:一是必须用于公共用途,二是必须有合理的补偿(Belachew,2013)。在美国、英国和英联邦大多数国家,存在着"公平补偿"原则。然而,公平补偿在每个国家的解释并不是一样的,如在美国,市场价值属性通常是实行赔偿给土地拥有者的依据(Eaton,1995)。这一原则是大多数中高收入国家所实行的原则,一般来说,所谓的公平市场价值是指在公开的市场上,卖方愿意出土地数量的价格和买方愿意接受土地数量价格得以实现的那个值(ADB,2007)。但问题是,在一般情况下,土地拥有者是不愿意卖掉他们所拥有的土地的,除非买方出让更高的价格,而这个差价就是土地拥有者的主观价值(Miceli,Segerson,2007)。相比之下,在英国,补偿是基于拥有财产的物主的价值原则来执行的,即包括市场价值与其他在征地拆迁过程中所造成的损失(Brown,1991;Denyer-Green,1994)。

当政府与农民在土地价格上不能达成一致时,往往会出现纠纷与矛盾,在荷兰,出现这种情况时,一般由法院来决定土地价格(Janssen,1996)。由此可见,在双方的土地价格博弈过程中,农民在国外也是处于弱势地位。

(二)失地农民创业研究

国外缺乏对失地农民创业主题的研究,这与其较早的工业历史背景是分不开的,15世纪末到19世纪中叶欧洲的"圈地运动"或"羊吃人运动"导致了大量的失地农民产生。另一方面,工业革命为又为这一庞大的失地群体提供了大量的就业岗位,也促进了欧美等国家的工业化和城镇化的进程,失地农民在这一特殊的历史时期反映的社会问题较少。事实上,国外学者十分重视通过增强补偿的合理性和科学性来维护失地农民的合法权益,且侧重于补偿标准模型的讨论(刘莉君、黄欢,2013),再加上国外对创业领域的研究起步较晚,因此国外学者鲜有对失地农民创业行为进行研究。

西方学者把创业类型分为城市创业和农村创业,并从农村创业环境的视角对农民创业进行研究。他们更倾向使用"农村创业"这一概念来研究农民创业的问题。国外所谓的农村创业,即指在农村创建新组织以生产新的产品或提供新的服务,或创建新市场,或采用新的技术(Wortman,1990)。对于农民创业领域,有学者通过理论和案例研究发现,发展农民创业所需技能不同于商业的创业技能,有些技能比其他技能更适合教授于农民(Jarkko et al.,2006)。另也有西方学者指出不同于多角化经营创业,传统的农民创业并不需要市场关系、专业技能,如销售、获得资源的能力等(Pyysiainen et al.,2006),并认为制约农民创业的根本问题是环境问题,要在不同的环境下制订不同的区域目标和政策(Nerys,Peter,Dennis,2006)。在芬兰,有研究者研究不同类型的农民在创业活动中的差别,如投资组合的农民与传统农民在经济活动中的差异,发现在成长导向、风险承担、创新程度、乐观程度、个人控制这五个维度都达到了显著的差异水平(Kari,Juuso,Gerard,2007)。在印度,有学者运用结构方程模型,研究印度西孟加拉农民农村工业创业的决定因素,发现年龄、教育程度、婚姻状况、孩子数量、作物数量、家庭金融支持、创新性、财富和职业地位为主要决定因素;另外,教育、培训项目被认为是外在的政策支持,可以鼓励农民开始进行创业(Henk,Subrata,Han,2010)。在乌干达,有学者研究女性农民的创业培训经验以促进乌干达创业,通过案例研究发现,存在一系列因素阻碍女性进行农村创业,如缺乏信任、性别不平等、基础设施差、缺乏教育、对女性的负面态度等(Cheng et al.,2014)。而在1998年,越南政府推行了全国法令,以推进女性能够更好地且不被歧视地融入国家发展的议程,女性创业作为国家计划的重要组成部分。女性拥有经济权力,尤其在农村地区,女性创业是摆脱贫困循环的有效途径,基于越南中部某区域的实证调查,发现女性创业者的成功是由于她们的价值观和创业感知,同样的,女性的创业动力也来源于这两个因素(Quan,Peter,2015)。

西方学者认为农村创业环境反映了不同的创业机会,并且受到不同条件的限制,而这种机会和限制最终会影响创业过程与结果(Stathopoulou,2004)。另有学者研究在欧洲中部地区,发现不同的制度元素(调节型、常规型、认识型)在支持或限制创业行为的影响也有所不同。基于此,通过翔实的案例研究,探究不同的当地制度背景是如何影响农村创业的,随着时间的推移,创业者又是如何直接或间接改变当时制度,由此发现在特定的区位下,不同的制度是创业实践出现的决定因素(Richard,Matthias,Ewald,2014)。

二、国内研究现状

失地农民创业研究起源于失地农民可持续生计问题研究,即农民在丧失土地后,对变化后的人力和资金资本在内的诸多生计资本进行配置,从而保持其现有生计水平不低于失地前水平(刘家强、罗蓉、石建昌,2007)。从资产配置效率的角度看,通过生计资本有效率的配置,使农民在失地后生活处于"帕累托改进"状态,即大部分人生活有改善而无一人的生活比征地前更差的状态。随着学者逐步认识到,失地农民的发展权与生存权同样重要,失地农民创业研究应运而生,而在创业研究领域,主要表现在创业影响因素研究、创业对策研究、创业意向与创业行为的关系研究这三个方面。

(一)失地农民创业影响因素研究

目前关于失地农民创业影响因素研究主要有个体和环境两方面,其中个体方面,关注到了失地农民的人力资本、社会资本和物质资本等有可能影响创业的资本条件,有些学者运用Logistic回归分析,研究结果表明了社会资本、人力资本对失地农民创业的重要影响(周易、付少平,2012);有些学者则运用Multinomial Logistic模型来分析失地农民雇佣就业、创业的影响因素,研究结果表明个人特征变量(包括年龄、性别、受教育程度和健康状况)和收入变量(包括家庭拆迁收入及家庭人均劳动收入)等都会对失地农民再就业造成影响(张晖、温作民等，2012)。也有学者主张对失地农民创业潜力优先度进行评估，设计失地农民创业潜力评价的指标体系，运用可拓理论建立优先度评价模型，为失地农民创业潜力评价提供一种科学可行的方法，从而有利于培训资源的优化配置(鲍海君，2012)。

环境方面，学者们的主要关注点包括经济环境、政策环境和社会文化环境三方面(李祥兴，2007；韩志新，2009；张晖等，2012)：经济环境包括了融资环境，主要是指目前失地农民创业资金缺乏与贷款难并存，因此需要构建失地农民创业的金融支持体系(关宏超，2007)。政策环境包括创业环境的宽松度以及相关政策扶持力度，另外包括对政府主办的失地农民创业培训及创业教育等。

(二)失地农民创业对策与创业培训研究

由于学者意识到对失地农民进行补偿和保障只能解决他们最基本的生存问题，提高的补偿费不可能完全支撑失地农民物质和精神的双重需求。简单的补偿和保障不能保护失地农民多方面受损的权益，从根本上解决失地农民问题，因此应转变思路从保障生存转向促进发展(郑风田、孙谨，2006)。

"创业型"就业作为缓解目前失地农民就业压力和促进其自身发展的有效途径之一，失地农民创业对策研究日益成为学者们的关注焦点。长期以来我国农民由于缺少教育培训机会，文化素质和知识技能低下，农民失去土地后，他们在社会上的竞争力十分有限，面临极大的风险。因此，必须强化失地农民职业和创业培训(刘和平，2005)。通过对失地农民提供创业培训服务，能提升失地农民人力资本，从而促进失地农民发展(鲍海君，2012)。

实践中，许多地方政府已经意识到失地农民职业技能培训的重要性，并且积极开展了以促进失地农民再就业为目的的相关职业技能培训项目。但从调查情况来看，培训的效果并不佳。如：浙江省遂昌县于2004年就举办了失地农民职业技能培训班，当时只设置了电动缝纫技术一个培训项目，培训内容单一，农民的参与规模比较小；杭州市余杭区东湖街道同样开展了针对失地农民的技能培训班，但失地农民的参与积极性也不高；杭州市西湖区的三墩镇在2005年也出台了全镇范围内的农民培训计划，但总体上收效甚微(黄祖辉、俞宁，2007)。

通过梳理已有的研究成果发现，创业培训在操作过程中存在着如下的问题：①多头领导，职责不明确；②管理机构不健全；③经费来源不稳定；④培训基地不完善(晁伟、王凤忠，2009)。有学者对徐州市农民创业培训进行调查，发现当地培训主要存在以下三个方面的问题：①学员需求多样化，应对不足；②培训时间短；③培训内容理论化，或技术含量高，农民难以消化

（张广花，2009）；另有学者在对襄阳市新型农民创业培训进行研究时发现，当地培训存在的问题主要表现在：①培训学员年龄差别大、文化基础、接受能力参差不齐；②培训时间不合理；③配套服务政策不到位（尹文清，2014）。再加上失地农民群体的独特性，对其创业或技能培训不同于企业职工等成人群体的继续教育，更不同于技校学生的学历教育，因此，要鼓励失地农民成功地进行创业，仅仅依靠当前并不健全的创业培训体系还是远远不够的。因而亟需深入研讨失地农民教育培训体系，以建立失地农民内在的保障生存与促进发展的动力机制并消除社会排斥，从心理、生活以及生产等方面全方位融入社会，以促进社会的和谐与发展。

有学者认为政府和社会要建立健全布局合理的人员培训网络，要根据不同的年龄阶段和文化层次进行有针对性的培训。不仅要提供免费培训，而且要对经济困难的失地农民给予补助，要让失地农民真正掌握一门非农职业技能（刘和平，2005）。在培训前，通过设计失地农民创业潜力评价的指标体系来对失地农民的创业潜力进行评估，择优培训，可以优化培训资源，提高学员创业比率和创业成功率（鲍海君、黄会明，2010）。陶志琼（2004）指出失地农民再就业展开的相关培训应以职业技术、岗位技能为重点，同时兼顾现代市场知识和经济理论知识等内容，而且失地农民的培训工作应该被纳入城镇下岗人员再就业的培训体系进行统筹安排。培训课程应分为三大模块：政策理论模块、创业相关知识模块与实用知识与专业技能模块（尹文清，2014）。喻萍（2004）则主要运用"供求理论"提出了培训的具体内容应该要"市场化"；朱敏（2005）在其基础上，将"需求"从单一的劳动力市场方进一步丰富为既包括劳动力市场方又包括失地农民自身的二元需求。

另有学者从政府的角度出发，对失地农民进行创业培训的政策支持进行了初步研究，指出由于"信息不对称"的存在，政府需要加大对城乡就业以及培训信息渠道的建设力度，以确保失地农民享受到和城镇失业人员一样的培训待遇（马驰、张荣、彭霞，2005）；也有学者建议加快制定保障农民，尤其是失地农民的培训法规，倡导和鼓励农民接受职业或创业培训，规范有关部门、涉农单位和农民自身的责任与义务，确保农业、劳动保障、教育、科技和财政等相关部门在职责范围内切实做好失地农民的培训工作等（丁国杰、朱允荣，2004）。还有学者指出可从政策的制定机制、政策执行机制、政策内容、政策执行情况监督四个方面来完善失地农民创业的公共政策（陈世伟、张淑丽，2007），构建政策引导与政策支持两个体系。失地农民创业政策引导体系可以从创业观念、创业培训等方面来引导失地农民创业（李祥兴，2007）。政策支持体系可以在创业信贷融资、创业平台建设、创业保障服务等方面支持失地农民创业,从失地农民自主创业过程(社会关系网络、创业机会识别与开发以及创业结果)入手,对每个环节进行支持以促进失地农民自主创业,走出一条以创业带动就业、以就业促进增收的富民之路(郭金云、江伟娜,2010)。

(三)失地农民创业意向与创业行为的关系

结合上述失地农民创业研究,本研究对失地农民创业意向与创业行为进行概念界定。失地农民创业即指那些在劳动年龄内,具有劳动能力和就业愿望的失地农民,没有选择打工,而是自雇就业,自己创业。

1.失地农民创业意向

创业意向反映了一个人将创业作为自己人生规划的意愿和偏好,是潜在的创业者在主观意愿上对自己要不要从事创业活动的一种态度(钱永红,2007)。"创业意向"(Katz,Gartner,1988)一直作为了解创业行为的重要变量(Bird,1988),它是潜在创业者是否会从事创业活动的一种主观倾向和态度(范巍、王重鸣,2006)。综合以上观点,本文所提出的失地农民创业意向是指潜在失地农民创业个体能够运用自身所能获取的资源实现创业行为的主观状态、想法和意愿。

2.失地农民创业行为

中国创业观察报告表明,未能充分就业的大学生、下岗工人、失去土地的农民占我国创业者总数的90%(韩志新,2009)。这类创业群体以解决生计为初衷,以模仿"尾随型"创业为主,往往是"小富即安"。本文所指的失地农民创业行为是指失地农民自主创办生产服务项目以实现市场就业的行为:既包括创办规范的企业,也包括个体经营和大量没有在工商管理部门登记注册、脱离政府管理的非正规劳动组织。

上述内容为本文主要研究问题的相关文献查询,虽然已有学者从创业认知视角对失地农民创业进行研究,如马鸿佳、孙红霞从失地农民的特征及创业环境的视角构建了关于转型期失地农民创业动机的概念模型,但其研究尚处于理论研究阶段,并没有得到有效的数据验证。有的学者以计划行为理论为研究基础发现创业态度、主观规范、感知行为控制和创业禀赋显著影响失地农民的创业意愿(佘赛男,2014)。

刘斌运用结构方程模型研究了背景因素、个性特质、创业态度、创业环境对创业意向的影响。但以上研究仅停留在对创业意向(或意愿)及其影响因素的研究,并未进一步探讨创业意向与创业行为之间的关系,也没有考虑到征地这一特定情境因素对失地农民创业意向—行为所产生的调节作用。

第三章　反社会排斥：国外的公共政策实践与经验

第一节　社会排斥与社会断裂：失地农民的边缘化

社会排斥（social exclusion）的概念最早产生于 20 世纪 70 年代欧洲学者对贫困以及剥夺和劣势的研究。现代意义上的社会排斥，则源于法国学者 Rene Lenoir 的研究。他在 1974 年指出："受排斥者"构成了法国人口的十分之一。"这些人（受排斥者）包括精神和身体残疾者、自杀者、老年患者、受虐儿童、药物滥用者、越轨者、单亲父母、多问题家庭、边缘人、反社会的人和社会不适应者。"（Sliver，Wilkinson，1995）随后，社会排斥概念和理论得到了进一步的发展，其涵义从最初个人与社会之间诸纽带的削弱或断裂的一系列过程，发展到对公民身份以及身份所赋予的公民政治与权利的否认，关注资源分配的不平等、社会参与的不足、社会整合和权利的缺乏等（Room，1995；De Hann，2000）。

阿马蒂亚•森（2005）认为"在农村，对一个没有土地的家庭而言，其处境是很艰难的……无论一个家庭是否重视其与'自己的土地'之间的关系，没有土地都会使该家庭遭受进一步的经济与社会剥夺"。在国内，土地一旦被征收转用，农民就失去了最基本的生存保障，从而使得他们遭受城市和农村的双重排斥。无论在劳动力市场、社会保障、政治、文化、教育还是心理上，他们都被排斥在社会的边缘，难以融入主流社会。这种严重的社会排斥现象不仅导致失地农民的边缘化地位，甚至可能波及后代，出现贫困的代际传递和边缘化地位的再生产。

近年来，失地农民遭受的社会排斥现象受到了部分社会学、心理学以及教育学等领域学者的关注（陈世伟，2007；Hui，2013）。他们根据社会排斥理论，分析并描述了失地农民所遭受的种种社会排斥。综合以往研究，笔者认为失地农民遭遇的社会排斥,主要包括经济排斥、政治排斥、福利制度排斥、社会关系网络排斥以及文化和心理排斥等。

一、经济排斥

一是低价征地补偿。我国现行征地补偿标准基本沿用 1953 年《政务院关于国家建设征用土地办法》(下称《办法》)的规定,不同的只是对补偿的倍数作了相应提高。而《办法》形成于计划经济时代,和当时实行的重工业优先发展的赶超战略密切相关。由于当时资本稀缺的资源状况与重工业资本密集的特征相矛盾,政府便人为压低利率、汇率、工资、生活必需品、能源和原材料价格,以扭曲的要素价格和计划手段推动重工业优先发展。土地在当时还根本不被认为是商品,不具有资产价值,因此对其补偿只是从安置人们生产和生活的角度来考虑的。在计划经济条件下,所有的社会经济运行活动都服从于国家的计划安排,国家是一切生产活动的投资主体,也是唯一的利益主体。国家为工业化进行原始积累,在征地政策上体现的是国家利益至上,牺牲农业和农民的利益,发展经济。国家以较低的费用征得土地,同时国家负责把农民的生活出路及其工作安排好,失地农民的社会排斥还不明显。

1998 年修订的《土地管理法》规定征地补偿费按照土地被征前三年平均产值的若干倍来计算。但由于农产品市场信息不完备、农民把握市场能力不高、缺乏政府的引导以及土地利用方式、种植制度、市场情况等条件的不确定性,农地利用往往并不一定能反映其最佳用途。所谓"前三年平均产值的 6~10 倍"并不能体现土地的最佳用途(汪晖,2002)。比如,由于种种原因在本来可以种植棉花的土地上种植水稻,在此情况下,按照稻田来测算地价本身就已经低估了土地的潜在价值,更不用说按照前三年平均产值 6~10 倍的计算方法来确定赔偿额了。显然,这种以现状用途产值为基数再乘以倍数的补偿费计算方法,只是计划经济体制下的补偿标准的延续,没有科学依据。

征地补偿标准低,已经成为社会各界的共识。1998 年《土地管理法》修订时提高了补偿的倍数,但是补偿标准提高的幅度难以与物价增长和地价上升的幅度相比,农民事实上得到的征地补偿还是偏低的,尤其是一些重点工程(如大型的水利、交通工程)的征地补偿。值得格外注意的是,《土地管理法》仍规定大中型水利水电工程征地补偿按照《大中型水利水电工程建设征地补偿和移民安置条例》规定的有关标准实施。《大中型水利水电工程建设征地补偿和移民安置条例》规定的补偿标准比《土地管理法》要低,以征耕地为例,该条例第 22 条规定,大中型水利水电工程建设征收耕地的,土地补偿费和安置补助费之和为该耕地被征收前三年平均年产值的 16 倍。土地补偿费和安置补助费不能使需要安置的移民保持原有生活水平、需要提高标准的,由项目法人或者项目主管部门报项目审批或者核准部门批准。征地补偿标准低、补偿方式单一,使得农民无法维持征地前的生活水平。一些重点工程用地,由于补偿费过低,有些农民(中西部农民最为突出,例如四川汉源地区因水电站建设征地而失地的农民)甚至无法维持正常的生活,失地农民面临着极大的经济排斥。

二是无权参与土地增值收益分配。按照现行的征地补偿制度,被征农地只能获得原用途年产值的若干倍的补偿,集体土地所有者无权将自己的土地向收益更高的城市土地用途转换,土地发展权被管制、剥夺。以土地原有用途作为补偿标准的参考依据,实际上排除了失地农民参与土地增值收益分配的机会。

二、政治排斥

一是对征地决策没有发言权。现行《土地管理法》第 48 条和《土地管理法实施条例》第 25 条规定:"征地补偿方案确定后,有关地方人民政府应当公告,并听取被征地的农村集体经济组织和农民的意见。"《征用土地公告办法》第 9 条规定:"被征地农村集体经济组织、农村村民或者其他权利人对征地补偿、安置方案有不同意见的或者要求举行听证会的,应当在征地补偿、安置公告之日起 10 个工作日内向有关市、县人民政府土地行政主管部门提出。"

由此可见,农民无权参与征地决策的谈判,对征地决定没有发言权,也无法提出异议。农民权利只能在方案确定后有所表现,不能在制订方案时发挥作用,这明显是自上而下的决策行为。农民是集体土地的拥有者,在土地所有权变更中应处于主体地位并参加方案的制订与修改,自始至终保持谈判的主要角色,而不是反主为客。显然,在征地中农民被定义为从属群体,政府排斥了农民和农民集体作为主体的身份。

二是救济措施不足,司法保障无力。根据《土地管理法》及其实施条例的规定,被征地农民对征地范围、征地补偿标准等有争议时,由县级以上人民政府协调,协调不成的由批准征地的人民政府裁决。显然,政府既是征地双方的当事人,又是出现征地争议时的裁判者,由于自身的利益驱使,其在裁判过程中很难保持公正,顾及被征地人的利益。另外,如果政府和用地需求者在征地过程中出现违法或者不履行法定义务的情形,致使被征地人的合法土地权利受到损害时,应当承担何种法律责任,现行法律法规的规定也比较模糊。

在相关法律缺失的情况下,司法保障显得特别无力。现行法律,对裁决征地纠纷的规定过于原则化,缺乏有力的法律依据。对于某些纠纷能否适用司法救济的态度不甚明了,发生纠纷后,法院往往以征地补偿案件不属于民事案件为由不予受理,导致纠纷无法解决,农民告状无门,司法保护不能实现。即使法院受理,在案件审理的过程中,也常常受到来自于地方保护主义的压力,加上法律本身的缺陷,失地农民也很难胜诉。

三、福利制度排斥

土地是农民工作和生活的重要场所和生存基础。拥有土地是农民与社会其他人群相区别的一个重要特征,也是农村家庭的核心秉性。由于农民拥有稳定的土地使用权,来自于土地的收入成为农民最基本、最可靠的收入来源,是家庭保障最基本的经济基础,也是农民最后的一道生活安全保障。

在城乡分割的二元政策下,土地是国家赋予农民社会保障的载体,然而在城镇化进程中,由于征地权的滥用,以及没有妥善处理失地农民的安置问题等,导致失地农民既丧失了土地所带来的社会保障权利,又无法享受与城市居民同等的社会保障权利,使得失地农民成为既有别于一般农民,又不同于城市居民的边缘群体——弱势群体,失地农民面临着社会福利制度排斥。

四、社会关系网络排斥

社会关系网络排斥是失地农民个人、家庭、社会关系的体系纽带断裂而导致社会关系疏离,失去社会地位的状况(曾群、魏雁滨,2004)。失地农民虽然在户籍上已经变为市民,但他们事实上是介于农民与市民之间的一个边缘群体。进城务工的失地农民,主要依赖同乡、工友等地缘关系和业缘关系的非正式网络来寻找就业机会,以解决生活困境。这种社会网络的脆弱性和一元化特征,一方面导致他们的社会网络规模缩小,加剧了资源、机会、信息获取的成本;另一方面,这种一元化特征的网络关系形成了"同质性"很强的交往圈,同样的遭遇和人生经历在进城务工的失地农民内部形成了一种凝聚力,反过来进一步阻止了他们与主流社会的融合。失地农民社会网络结构的这种单一化现象,莫瑞斯和加利称之为社会分割或社会网络分割,威尔森称之为社会孤立,由此造成了失地农民社会支持度降低(陈世伟,2007)。正是由于这种异质性低的单一社会关系网络无法满足失地农民的社会归属需要,使得他们在社会结构中缺乏明确的定位,伴随而来的身份认同危机和社会认同危机的概率将大大增加。

五、文化与心理排斥

失地农民群体与市民群体在文化和心理上存在明显的隔阂。根据社会学的群体理论,内群体中的成员往往对外群体及其成员抱有怀疑和偏见,甚至采取蔑视、厌恶、仇视、挑衅等敌对态度,导致其在心理上无归属感。内群体与外群体常常互相隔离,甚至处于对立的状态(郑杭生,2000)。失地农民作为进入城市的外来群体,与市民群体间就是这种外群体与内群体的关系。在长期的城乡二元社会结构下,城市产生了一种排斥农民的特权文化和心态,城市从社会心理和行为上将农民排斥在城市社会体系之外。而这种来自城市社会的心理和文化上的排斥,又强化了农民在社会心理和文化上的受歧视感和地位低人一等感,这使得处于边缘地位的失地农民普遍产生了"过客心理"和"城市畏惧症"。反过来,他们也无法真正从心理和文化上接纳城市社会,更难以融入城市的主流社会。城市对失地农民的排斥在社会心理和文化上形成了一堵无形的屏障,阻止了失地农民对城市社会的认同。

以上是我国失地农民群体遭受社会排斥最突出的五个方面。事实上,失地农民群体所遭受的社会排斥绝不仅仅是这五个方面。社会排斥的诸方面并不是孤立的,多种排斥相互作用,构成了独特、复杂的社会排斥体系,从而导致失地农民发展机会和能力的弱化与丧失,最终陷入了"社会断裂"困境(孙立平,2002)。那么如何消除社会排斥,弱化失地农民的边缘性特征,便成为公共政策的逻辑起点。

第二节　反社会排斥的公共政策实践:国际经验

遍观海外经验,不难发现援助性社会政策的制定是一种通用的反社会排斥方法,诸如建立社会保护体系、推行最低收入计划、提供资金支持、提供公共服务等。但是,这并不能够从根本上解决弱势群体的发展问题,只有给弱势群体提供一种发展的机会和能力,才能改变其生存的困境和代际传递的魔咒。教育无疑是一种最好的解决方式,因此西方国家的反社会排斥政策中往往把补偿教育(compensatory education)作为一项重点内容严格执行,以提高弱势群体的素质和技能,并使其摆脱"社会断裂"困境进而走上发展之路。

一、美国的补偿教育政策

美国的补偿教育计划是在 20 世纪五六十年代民权运动的推动下产生

的。整项内容主要涵盖两部分:学前和中小学补偿教育计划、大学补偿教育计划。前者主要针对处于经济困境、文化困境和残障儿童展开,并相应制定了一系列的法案予以规范;后者的实施范围主要涵盖二战、朝鲜战争和越战服役的老兵以及部分大学生,影响较大的有复员军人助学金、学院工读计划、教育机会助学金等(赵晶,2008)。观其脉络,可知美国对弱势群体的教育补偿主要体现了3项要义:①对弱势群体的教育机会均等的追求;②对弱势群体享有的教育资源公平分配的追求;③对弱势群体的教育效果平等的追求以及由此而形成的对弱势群体的教育进行补偿(李永生、高洪源,2007)。这与瑞典教育学家托尔斯顿·胡森的教育平等思想不谋而合。此外,资金的保障也是非常重要的,美国政府本着"弱势者优先"的原则,重视用贷学金、助学金等助学计划来加强对弱势者的教育救助。而且,还建立了以中央政府为主导,与地方政府共同分担的多层次、多形式的解决社会弱势群体教育问题的责任格局。

美国的补偿教育方案也存在许多亟待改进的问题:①经费分配不合理,未能专款专用,甚至出现被一般行政支出挪用之情形;②补偿对象的选取不够准确,有些不属于服务对象的学生也被纳入方案,突增资源消耗;③各级政府间的沟通不畅;④繁重的书面报告加剧了行政人员的工作负担;⑤联邦政府的相关规定太过复杂和僵化,降低了执行效率;⑥方案的制定与执行人员的能力未能综合均衡,以至于方案功能无法充分发挥;⑦对方案实施的有效策略共识不足(李新乡、张俊钦,2006)。

二、英国的教育优先区政策

英国的"教育优先区"(educational priority area)政策和美国的补偿教育理念基本一致,即追求教育平等。该理念最早出现于1967年英国的卜劳顿报告书(The Plowden Report),主要指被政府列为物质或经济相当贫乏和落后,需要优先予以改善,以利于教育机会均等的地区。而政府则会优先拨付教育经费给这些地区,同时为鼓励优秀教师到教育优先区服务,特别提供优惠教育津贴,以补救这些地区教育之不足,使文化不利或资源不足地区的教育能够得到适当的发展。该政策的具体制定主要依据8项因素:儿童家长从事的职业较多为非技术性(劳力性)的与非专业性的;家庭人口较多;依赖社会福利津贴较多者;居住情况较拥挤者;辍学率与缺席率较高者;智能不足、身体残障与问题行为的出现率较高者;单一父母的家庭或离异家庭较多者;儿童或其家长的母语为非英语的家庭(李新乡、张俊宗,2006)。其实施的内容也非常丰富,包括采取小班制、给予教师额外津贴、配置教师助理、更新校舍、充实硬件设备、增设托儿所、充实师资、加强教育优先区与其他师范院校之间的联系、为师资提供在职进修机会、设立"小区"学校、加强学校与社会之间的联系、进行定期评估、经费援助等等（高卉、左兵，2007）。然而，整项计划的实施过程却举步维艰，由于受到经费、法令、监管以及多方质疑的影响，并没有达到预期的效果。但教育优先区方案中对教育机会均等的理想追求和为确立"积极差别待遇"理念所做的努力，对英国后来的教育改革产生了重要的影响，即使到了今天，源自卜劳顿报告的教育优先区方案在英国某些地区仍不断地发展延续。例如：英国教育优先区指标从问世到现在都在进行定期更新或修改，一些教育优先区的政策也因为接收到诸如来自Coventry 小区教育发展中心的补助而继续推行。同时，教育优先区的观念也传递到小区发展地区（community development areas，CDAs）、社会优先区（social priority areas，SPAs）及都市优先区（urban priority areas，UPAs）等不同的领域。

三、其他国家的教育援助政策

荷兰也积极推动了"教育优先方案"（Educational Priories Programme）的实施，从而拥有了大量贫困或不利儿童的学校，通过增加教师数量，并给予额外设备补助的方式进行积极补偿；法国左派政府亦于1981 年提出了"教育优先区"（les zones d'éducation prioritaire，ZEP）政策，在学业失败率较高的城区或乡村划分一定的地理区域，实施特殊的教育政策。在这些区域内，以"给与最匮乏者更多，特别是更好"的思想为宗旨，采取强化早期教育、实施个别教学、扩大校外活动、保护儿童健康、加强教师进修等措施，并为区域内各级中小学追加专门经费，为其教师增加补贴，以保证教育质量有所提高（王晓辉，2005）。

第三节　从排斥到融合：启示与借鉴

考虑到城镇化进程所处的阶段迥异，国内外弱势群体的对象界定范围也存在些许差别。相对西方来说，国内的特点在于"失地农民"这一庞大弱势群体的存在，而这在国外的反社会排斥实践中并不多见。但是，同为弱势群体，其遭遇的社会排斥大致相同，形成机制也基本相同，所以国外的相关经验具有重要的参考价值。

首先，美国、英国以及其他国家，政府都有消除社会排斥、支持弱势群体的强烈社会责任观，这点从其众多的会议及法规就可以明显地看出。而在国内,长期以来,对弱势群体的管理基本流于形式上的服务,对其社会伦理及精神情感的关注度不足。王思斌(2003)曾指出:"承担起对弱势群体应有的责任,而非歧视与排斥,也不是出于怜悯,而是把它视为一种责任,并成为制定和执行社会政策的价值基础。"因此,确立符合时代要求的支持弱势群体的社会责任观,不仅要求政府强化对弱势群体的服务责任,也要求政府着力倡导整个社会成员承担起相应的道德责任,将其作为社会生活的一项原则。只有在此基础上,展开相应的补偿性与发展性政策实践才行之有效。

其次,努力构建发展性的社会政策支持系统。发展性社会政策是基于社会公平的价值观念,根据国际社会政策目标的新定位,旨在促进社会弱者自立、自强,提升弱者社会参与能力,从而达到消除社会隔阂,实现社会整合的目的(郑勇,2005)。从上述关于国际社会的反社会排斥实践的论述中,能够发现他们的政策基本上可被归纳为两个方面:补偿性政策与发展性政策,尤其是在教育培训方面,国外都给予了较大程度的重视和投入。反观国内,不但补偿性政策(如经济保障、医疗保障、住房保障等)完善度不够,对发展性政策的投入也严重不足,即使有少量的实践得以展开,也远远达不到预期的效果。所以,我们必须转变思维,从传统意义上的"输血式"政策支持转向"开发式"或"造血式"政策支持,其着力点是强化教育培训的投入,努力使弱势群体形成自我积累、自我吸收、自我发展的能力,积极促进弱势群体及其后代与主流文化的接触,提高他们被主流文化接纳的能力,实现真正意义上的社会融合。

上文分析表明,在失地农民公共政策选择上,应组合、创新反社会排斥的保障性公共政策与发展性公共政策,以全面消除失地农民的社会排斥(见图3-1)。在保障性公共政策取得阶段性成果、国际金融危机影响经济发展以及国家保增长、促发展的宏观调控背景下,当前正是出台和实施失地农民发展性公共政策的良机。

目前,大多农民没有专门的技术特长,文化程度也不高,失去土地后重新就业的难度大,已经实现就业的也多是从事二、三产业中文化素质和劳动技能要求较低的工作,工作稳定性较差。所以要从根本上解决失地农民的持续发展问题,就必须转变以往的思路,从保障生存转向促进发展。只有给失地农民提供一种可持续发展的机会,维护失地农民的发展权,才能够彻底解决问题(郑风田、孙谨,2006)。从国际经验来看,提高弱势群体的素质和技能是使其摆脱弱势地位进而走上发展之路的有效做法,其主要表现形式是为弱势群体提供受教育和培训的机会。由此看来,教育培训是失地农民发展性公共政策的首选策略,它能够提高失地农民的素质和技能并促进再度就业,提升失地农民的持续发展能力,从而消除排斥融入主流社会。

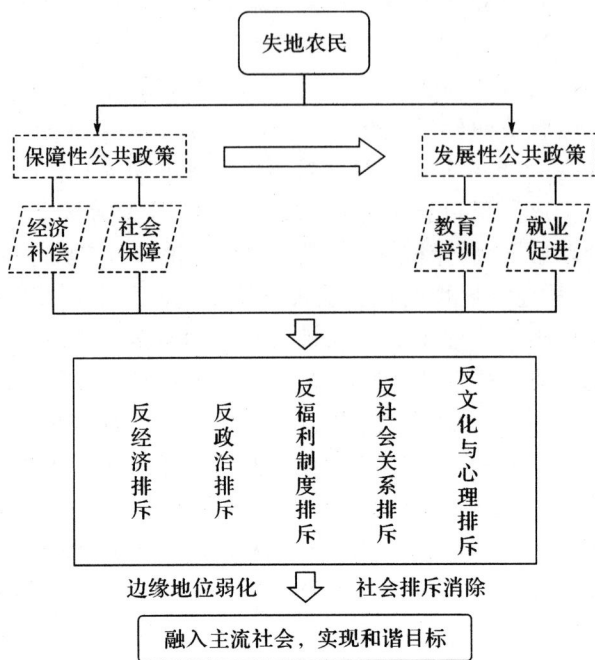

图 3-1　从保障生存到促进发展

第四章　从保障生存到促进发展:国内失地农民管理政策演进与评价

无论是发达国家还是发展中国家,实现现代化大都经历了土地征收转用的过程,因为工业化和城镇化的发展引致了对土地的需求。换言之,工业发展与土地的关系主要表现在工业化引起经济规模扩大和产业结构变动对土地需求的影响。经济规模扩大将增加对土地的总需求,产业结构变动将引起土地需求结构变化;城镇化的发展必然导致城市人口增加和城市规模扩张,建设住宅和工商业用房必然要求增加非农产业用地(严新明,2008)。

城镇化的实质是人口城镇化、土地城镇化和经济城镇化三位一体的变化。首先,城镇化使大量农村人口变成城市人口,提高了城市人口在国民人口中的比重;其次,城镇化使大量农业用地置换为建设用地;最后,城镇化引起经济社会结构变化,特别是产业、空间或地区结构的变化。其中,人口城镇化是城市的核心进程,而人的城镇化又是人口城镇化的最终目的。法国著名社会学家亨利·孟得拉斯(Henri Mendras)将城镇化概括为"农民的终结",城镇化过程中失地农民的生存与发展成为基础性的研究议题。

第一节　国内失地农民保障性补偿模式

失地农民是被动城镇化的主要群体类型。从人口数量看,这种进城的方式所占比例并不是最大的,但其被动化的特征最为明显(严新明,2008)。农民失去土地以后,对其进行征地安置的方式,直接涉及农民的切身利益。新中国成立以来,我国征地安置大致经历了两个阶段:一是计划经济时期,实行"谁征地、谁负责安排就业"的原则。农村土地一旦被征,即由用地单位招工,安排就业,同时办理户口"农转非"。这个时期的特点就是重安置轻补偿的征地补偿安置方式;二是进入市场经济时期,传统的征地安置模式难以为继,货币安置被普遍采纳,即 20 世纪 80 年代后期,政府实行招工安置和货币补偿并重的征地补偿安置方式,到了 20 世纪 90 年代后期,则实行单一货币补偿的征地补偿安置模式,因为货币安置操作更为简便。当前国家对失地农民的保障性补偿模式主要包括就业补偿、货币补偿、留地补偿、社会保障补偿、创业补偿(赵曼、张广科,2009),全国各地因经济等宏观因素差异,各地政府对农民实施的征地政策并不统一,在补偿和安置上也出现了一定的差异。

一、就业安置

1986 年通过的《中华人民共和国土地管理法》第三十一条规定:因国家建设征用土地造成的多余劳动力,要通过发展农副业生产和举办乡(镇)村企业等途径,加以安置;安置不完的,可以安排符合条件的人员到用地单位或者其他集体所有制单位、全民所有制单位就业,并将相应的安置补助费转拨给吸收劳动力单位。被征地单位的土地被全部征用的,经审查批准,可以转为"非农业户口"。由此可见,在计划经济时代,农民的承包地被征用,农民便可转为"非农业户口",国家通过招收被征用土地的农民进厂入职,来解决失地农民的就业问题,那些因征地而离开土地的农民都得到了国家有效安置,劳动年龄内的家庭成员被安排到城镇企业,工作岗位相对稳定,并相应享受户籍改变带来的城镇医疗、住房等一系列福利。在城市与农村户籍界限分明的时代背景下和"谁征地,谁安置(工作)"的政策背景下,农民一般都乐于自己的土地被征用,尽管补偿费用的标准实际上并不高,但是就业保障了他们在土地被征用后的生计。这在 20 世纪 80 年代是重要的制度创新,在当时人地矛盾紧张的情况下,保证了征地的顺利进行,从制度上保证了大量建设用地的供给(刘云海,2008)。

随着市场经济体制的逐步建立和户籍制度、劳动用工制度的改革,原有的招工安置和农转非等办法,在实践中已失去原有的作用和意义。中国工业每十年一个轮回完成一轮工业化进程,目前二、三产业比重差额值位于"M"的最低点附近(见图 4-1),中国将迎来新一轮的工业化进程,即所谓的"再工业化",工业产业升级及提升产品的技术附加值将是新一轮"再工业化"的发展趋势。新的发展趋势使得企业对高新技术人才的需求不断增加,刚刚失去土地的农民由于习惯于精耕细作的体力劳动,缺乏在这一发展趋势的中就业技能,而招工安置是计划经济体制时期延续下来的一种老办法,因此现在地方政府很难再对失地农民进行就业安置。由于当前各地经济发展状况、政府扶持力度、企业用工需求、农民自身的素质与能力等有所不同,各地就业安置存在差异,但总体来说,就业安置在目前是一种难度较大的安置方式。

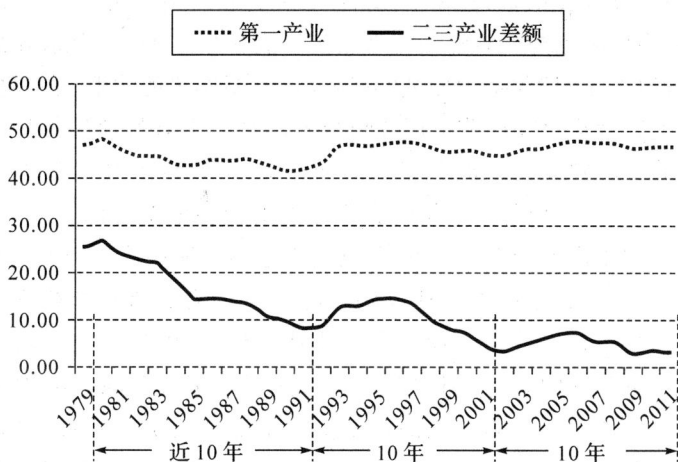

图 4-1　中国工业化 M 型曲线

因此，国家就开始实行货币安置，也就是人们常说的"一脚蹬"或"连锅端"的安置方式，让失地农民自谋职业。

二、货币安置

从全国来看，在近几年各地审批的建设用地项目中，采用一次性货币补偿办法的占 90％以上（楼培敏，2011）。征地过程中，政府对失地农民的安置补偿模式主要是货币安置补偿模式，即政府按照法定的征地补偿标准，通过土地使用权的货币置换将原农业劳动力从土地上剥离开来，支付农民一定数额的安置补助费用并通过市场机制将这些劳动力配置到非农业中去，让失地农民自谋职业（金晶、张兵，2010），安置方式一般包括两种：一是一次性支付货币安置，对失去土地使用权的农民一次性发放货币；二是分期货币安置，征地单位由村级组织代理发放生活费。

货币安置俗称"买断身份"，由于这种安置方式简单易行，是一种效率较高的安置方式，特别是在改革开放初期，货币安置方式是我国由计划经济向市场经济转化时的必然选择，并在相当长的一段时间内发挥了极其重要的作用。但货币安置只是一种生活指向性安排，而非就业指向性的安置。尽管国家依法给予了安置补助费等补偿费用，但当前我国有关土地征用补偿的法律规定显然没有考虑土地的级差地租及土地的市场价格，因此补偿标准一直相对较低，如《土地管理法》第二条第四款规定：国家为了公共利益的需要，可以依法对土地实行征收或者征用并给予补偿。第四十七条规定：征收土地的，按照被征收土地的原用途给予补偿。征收耕地的补偿费用包括土地补偿费、安置补助费以及地上附着物和青苗的补偿费。征收耕地的土地补偿费，为该耕地被征收前三年平均年产值的6～10倍。征收耕地的安置补助费，按照需要安置的农业人口数计算。需要安置的农业人口数，按照被征收的耕地数量除以征地前被征收单位平均每人占有耕地的数量计算。每一个需要安置的农业人口的安置补助费标准，为该耕地被征收前三年平均年产值的四至六倍，但每公顷被征收耕地的安置补助费，最高不得超过被征收前三年平均年产值的15倍。征收其他土地的土地补偿费和安置补助费标准，由省、自治区、直辖市参照征收耕地的土地补偿费和安置补偿费的标准规定。被征收土地上的附着物和青苗的补偿标准，由省、自治区、直辖市规定。征收城市郊区的菜地，用地单位应当按照国家有关规定缴纳新菜地开发建设基金。依照本条第二款的规定支付土地补偿费和安置补助费，尚不能使需要安置的农民保持原有生活水平的，经省、自治区、直辖市人民政府批准，可以增加安置补助费，但土地补偿费和安置补助费的总和不得超过土地被征收前三年平均年产值的30倍。国务院根据社会、经济发展水平，在特殊情况下，可以提高征收耕地的土地补偿费和安置补助费的标准。

从我国现有《土地管理法》的规定可以看出，我国土地征收制度单纯以土地生产的农产品数量和农业经营产值作为补偿标准，即以土壤的肥沃程度作为考核标准，显然没有考虑土地本身的价值，也没有考虑土地征收后地价的上涨，不符合政治经济学原理——级差地租由土地肥沃程度、地理位置、劳动生产率等几个因素决定，而平均年产值只能反映土地的肥沃程度，对于土地的地理位置、劳动生产率都不能明确反映。因此，基于马克思的土地地租理论，可知我国当前集体土地征用货币补偿金额偏低，存在不合理的现象。

在征地补偿问题的研究上，已经有许多学者认识到我国现行的征地补偿明显留有计划经济时代的痕迹，存在着征地补偿标准不科学、补偿内容不完整、补偿的范围不明确、补偿费用偏低等问题。伴随着土地的征收征用，土地具有的作为农民赖以生存的社会保障功能和生产资料功能随之消失。这些都使得农民在失去土地后的生活得不到保障，农民在得不到长远生活保障的时候却发现农地转用后的巨额增值，造成心理上极大的不平衡，巨大的心理落差和征地后生活贫困，使得失地农民成为社会不稳定的因素之一。为了更好解决失地农民的生活和征地补偿中出现的问题，学者们把研究的焦点逐渐集中在这部分巨额土地增值的分配问题上。能否很好地解决征地补偿的问题，在很大程度上取决于能否找到妥善的办法来解决农地转用增值分配问题。

在对增值收益分配问题上，借鉴了国外发达国家和我国台湾地区农地转用增值分配的实践经验并根据土地产权理论、特别牺牲学说等理论，国内外形成三种观点：涨价归公、涨价归农、涨价分享。

支持"涨价归农"的学者（刘正山，2005；郑振源，2006）给出如下理由：①土地非农开发权补偿论。这是从产权角度来论述的主张，认为农民所拥有的土地产权应当完整——除了一般的拥有农地占有、使用、收益、处分等权利之外，还应当特别提到拥有"土地非农开发权"。农地无论以何种方式转变为非农用地，原所有者都应当获得"土地非农开发权价格"即"非农地价格"，只有这样才算"产权完整"。②农地资源价值补偿论。这种观点认为，农地具有直接使用价值、选择价值、存在价值等，并认为农地所有者应当获得反映土地直接使用价值和选择价值的地价。③集体土地代代耕种、辈辈相传，土地之于农民具有其他资产所不能替代的生产功能、保障功能和归依功能，农民为公共利益和地方社会经济发展放弃了对土地的占有，本身已作出巨大牺牲，国家理应做出相应的补偿，将土地增值收益完全还利于农民。④竞标地租理论证明，区位和投标地租及其资本化的地价决定农地会不会"转非"，是区位决定地租、地价，地租、地价又决定了用途，所以农地"涨价"是在区位改善获得外部经济效益时就已经涨了，并不是"农地转非后"才涨的。所以农民应该得到这部分的涨价，因为在农民拥有这个土地的时候已经涨价了，而不是转用后才涨价的。

支持"涨价归公"的学者（周诚，2005）给出如下理由：①美国经济学家亨利·乔治在他1882年出版的《进步与贫困》里认为社会财富的增加，技术不断地进步，垄断地租的不断上升，地主坐享其乐，不劳而获，而工人却日趋困穷，极不合理，所以他认为土地的"私有是盗窃，地租是赃物"。他主张没收全部地租，抽土地单一税。②孙中山的"平均地权"理论认为地价高涨，是由于社会改良和工商业进步。其中改良和进步的功劳，是由众人的力量经营而来，这种改良和进步之后，高涨的地价，应该归之大众，不应该归之私人。③辐射性增值。各种非农建设项目的功能，直接改善了非农建设用地的"使用价值"，即交通、供电、货源、客源等方面的改善，使得用户获得种种便利，从而对这些土地的需求量的增加，而土地的固定性则决定了位置优良的土地的有限性并造成价格明显上扬。这样的增值完全来源于整个社会的经济发展，土地的这部分增值收益应当归社会所有。④国家对交通道路、绿化、供水供电等基础设施和公共设施进行了配套建设并转变了土地用途，因此农用地被征用后所带来的巨大的增值收益应该归国家所有。⑤土地是在农用地转建设用地后才产生涨价，不是土地占有人所创造的，应当"涨价归公"。

　　支持"涨价分享"的学者(周诚,2006;姜开勤,2004;钟水映,2006,等等)认为土地增值的原因是多样的,而农民和国家在"涨价"分配的问题上应该按照增值中"谁起作用,收益就归谁"的原则来分配。①土地直接投资增值。土地中客观凝结着农民及农民集体"物化劳动",农民对土地的贡献所导致的增值应该归农民和农民集体所有。②土地间接投资增值。土地利用具有外部性的特点,周边基础设施的改善对土地也发挥着辐射作用,相当于对土地进行了间接投资。这些间接投资主要是国家对基础设施、公共设施等不断投入而使投资环境不断改善。投资环境的改善无疑会提高土地的利用能力、经济效益,进而引致土地增值,这部分增值应该归国家所有。③农用地非农建设发展权收益增值。我国农村集体土地所有权是不完全的所有权,其本身不含有农用地非农建设发展权,集体土地承包经营也是如此,土地发展权为国家所有。而土地征收征用,不仅涉及集体土地所有权的转移,还涉及土地用途的转变,进而引发土地的增值。所以这部分增值应该归国家所有。④土地自然增值。随着社会经济的发展和人口的增长,人们对土地的需求日益增加,但由于土地具有面积有限和位置固定的特点,从一个较长时期来看,土地市场将逐渐出现相对无限的需求与相对有限的土地自然供给的局面,即求大于供,导致土地价格上涨。这部分增值仅是由社会经济的发展所引致,该增值应当归国家所有。⑤征地不完全补偿"增值"。我国的征地补偿是不完全的补偿,加上一定程度上人为降低征地补偿标准甚至层层克扣征地补偿费用现象的存在,使得征地成本极低,土地征用后国家又以市场的价格出让给用地方,出让价格与征地成本价相差悬殊。这个部分的增值应该还给农民。区别土地增值的不同原因,并将由不同原因导致的土地增值归给不同的主体,让农民和国家分享这部分增值收益。

　　尽管对于农地转用增值收益分配存在上述三种不同观点,但随着社会的发展和争论的深入,学术界逐渐倾向于"涨价分享"的理念,如周诚教授对于增值收益分配观点从"涨价归公"转向现在的"全面产权观",即"涨价分享"。除了学术界,政府的征地实践也趋向于"涨价分享"。中央政府连续多年的"一号文件"关注农村问题,提出让农民共享社会发展成果。同时,《中华人民共和国物权法》(下称《物权法》)中规定了农村集体所有权、土地承包经营权、宅基地使用权等农民的一系列权利,并对普遍关注的征收中农民利益的保护作了详细规定。《物权法》的制定无疑为我国农村经济社会发展和保护农民权益提供了更坚实的法律基础,也反映和体现了现阶段党和政府让农民共享社会发展成果的政策意图。因此在土地增值收益的问题上,政府也更倾向于让农民参与分享。许多地方政府已经开始实行由国家、农村集体组织、失地农民和用地方共同分享土地增值收益。对失地农民而言，土地的增值收益可以采用土地入股、证券化等方式实现，譬如南海土地股份制，以及农民生活保障制度的建立，例如，浙江采取"中央和地方政府从土地收益中出一部分，农村集体土地征用费用中提留一部分，农民自己再交纳一部分"的办法，把失地农民全部纳入社会保障体系中。除此之外，江苏省昆山市建立了持续性补偿制度，对失地农民的补偿实行"三六九"政策，即每年每亩责任田补偿300元、自留地600元、粮田900元，并随经济增长而逐年提高补偿标准。"涨价分享"是一个能体现国家政策意图和保障农民权利，又不失公平的农地转用收益分配原则，将是今后的一个分配趋势。征地过程中，应该让农民分享"城镇化"所带来的级差地租和"涨价"，共享社会发展成果。

级差地租的形成是由于土地等级不同而引起数量不等的地租，这部分地租归土地所有者占有。在不同的地块上进行等量投资，土地肥力的大小和土地优势所形成的归土地所有者占有的超额利润，是级差地租Ⅰ。生产率不同的各个资本连续投在同一地块上形成的归土地所有者占有的超额利润，即级差地租Ⅱ。级差地租Ⅰ以土地的自然丰度为基础，级差地租Ⅱ则以土地的经济丰度为基础。下文所述的级差地租主要指级差地租Ⅱ。

城镇化进程中，级差地租发生两次增值，第一次是政府征地之前，一方面政府要进行规划，另一方面由于城镇化的发展，土地受外部因素影响，土地价格本身已经增加，级差地租增值；第二次增值是政府征地以后，由于政府的经营和实际规划，各项基础设施建设全面铺开，土地价格再次升值，级差地租第二次增值。

城镇化进程中的两次级差地租增值，大部分归国家所有，用于城市建设、现代化建设，是合理、必要的。级差地租的上涨，是由于国家推行城镇化战略，国家在许多地方投资交通、水电、通信设施时，城市建设、现代化建设，也需要大量的资金。这种建设给全民带来利益，也给当地原来的居民带来利益。但马克思地租理论告诉我们，地租是土地所有权在经济上的实现。社会主义存在土地所有权，也存在地租问题，农民的生活依靠土地，离开土地要能得到应有的补偿，并得到妥善安置。

市场经济条件下的土地所有权是一种财产权，其派生的使用权也是一种财产权，拥有土地使用权同样意味着可以从中获得权利、利益和收益。土地所有者不是级差地租的唯一占有者，当土地级差地租增值，土地收益增加时，土地的使用者也应该和土地的所有者一起共同分享增加的这部分级差地租。换句话说就是，土地的使用者也应该占有部分级差地租，级差地租应该在土地所有者和使用者之间进行合理分配。

级差地租的增值包括两部分,一个是征地以前,这时候拥有土地的农民应当参与增加的级差地租分配,另一个是征地以后,土地的所有权发生变化,土地归国家所有,这个阶段增加的级差地租也应该考虑到原来的农民的利益,因为:①土地是稀缺资源,随着城镇化的进程加快,土地有增值的趋势。在市场经济条件下,原有的土地使用者和政府具有同样平等的地位,那么土地的使用者放弃了本应享受的土地利益,也就是土地的机会成本利益,政府在征地的时候理应考虑到原有土地使用者在这个阶段的潜在利益。②农民长期被排除在社会保障体系外,土地对农民而言起着养老保险和失业保险的双重功能。土地被征收以后,农民的家庭保障失去了最基本的经济基础,政府应该对农民失去土地的机会成本利益加以补偿。

因此,本书认为"涨价归公"不等于涨价完全归公,任何国家或地区实行土地增值税税率都不可能是100%;另一方面,涨价事实上并未完全归公,征地中土地用途转换产生的增值收益被政府和用地单位分享了,作为土地所有者的农民(集体)也应获得相应比例的"涨价"和级差地租Ⅱ(见图4-2)。

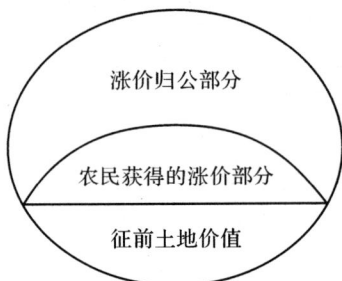

图 4-2　征地补偿中"涨价"的分享

然而,在征地过程中,政府和开发商却获取了城镇化发展所带来的土地征收增值收益①。在完全竞争市场下,土地价格是土地价值的完整表征,但由于目前中国土地市场本身就存在不健全及政府的市场干预,扭曲了土地的真实价格,因此土地征收增值收益就不再是表征土地价值的价格之差,而是扭曲后的建设用地价格与农用地价格之差。事实上,中国土地市场上土地征收增值收益由两部分组分:一是通过政府投资配套基础设施建设后,农用地转变为建设用地所产生的价差;另一部分则是政府通过垄断土地一级市场,压低农用地征收价格和提高建设用地出让价格产生的价差。第一部

---

① 土地征收增值收益是指土地征收前后农用地与建设用地价格之差再扣除必要的土地开发成本后的剩余。

分的土地增值收益,是政府对征收周边的土地进行"三通一平"、"五通一平",扩大了基础设施建设,并进行招商引资带动和促进了土地征收地区域的经济发展,因而有学者主张"涨价归公"的思想,认为政府理应获得这一部分的收益。现阶段中国农村土地属于作为劳动者的社区集体经济所有,基于此事实,也有部分学者主张"涨价归私"。不可否认的是,政府的征地行为打破了失地农民原有的低成本生活方式,因此,又有部分学者主张"涨价分享",认为政府也应当让失地农民分享城镇化带来的好处。对于第二部分收益,则是基于政府作为"经济人"的假设,即政府为了自身利益的最大化而利用手中特有的权力对农民进行利益压榨。在现有的体制下,政府在土地征用过程中既是管理者又是经营者,使得政府在与农民进行博弈过程中处于优势地位。1994 年分税制改革后,巨大的财政压力迫使地方政府依靠土地财政来发展当地经济,巨额的土地出让金也是地方政府热衷于发展城镇化的原因之一。近年来,政府为发展城镇化进行征地所获得的土地出让金额呈迅速上涨趋势,虽在 2008 年有小幅的下降,但此后却迅猛增长到 2010 年的 27000 亿元,且土地出让金占地方财政收入达到 66%(见表 4-1、图 4-3 及图 4-4)。

表 4-1　全国土地出让金及出让金与财政收入之比

年份	全国土地出让金(亿元)	全国土地出让金/地方财政收入(%)
2000	595.60	9.30
2001	1295.89	16.61
2002	2416.79	28.38
2003	5421.31	55.04
2004	6412.81	53.39
2005	5883.82	38.96
2006	8077.64	44.13
2007	12216.72	51.83
2008	10259.80	35.81
2009	15910.20	48.80
2010	27000.00	66.48
总计	95489.95	46.97

数据来源:根据历年《中国国土资源年鉴》数据整理而成。

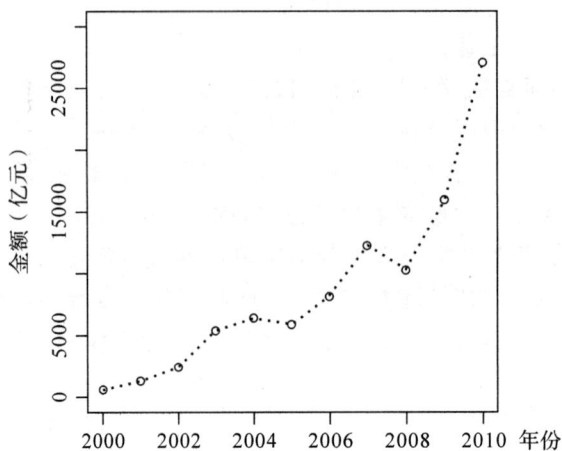

图 4-3　全国土地出让金趋势

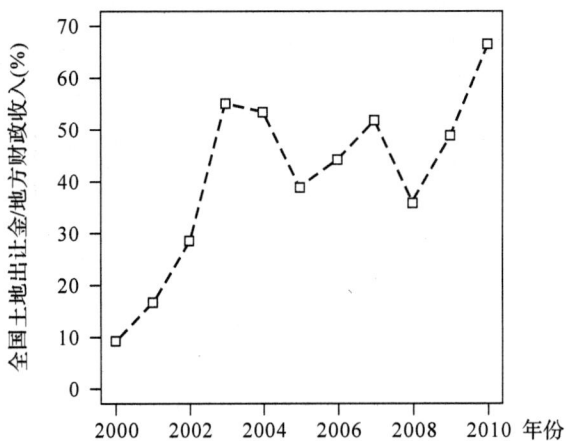

图 4-4　全国土地出让金占地方财政收入趋势

　　据调查,在浙江、上海和江苏等地,一亩耕地的征地补偿费总额在 5 万~ 6 万元,而农民能够拿到的甚至只是其中的 10%~15%(鲍海君等,2002)。有学者在浙江绍兴进行调查时,对收益分配情况作了测算,结果显示村集体和农户在征地收益中所占的比例只有总收益的 15.66%,地方政府所占比例却高达 63.79%(贾生华、张红斌,2002)。吕彦彬、王富河以经济落后的山区 B 县为例,分析了在征地过程中的土地收益分配的状况,其结果如表 4-2 和表 4-3 所示。由此可见,地方政府攫取了征地过程中大部分的土地收益,导致失地农民的权益严重受损。

表4-2　B县各利益集团土地收益分配汇总[①]

土地类型	农民集体		县级政府		县级以上政府	
	绝对额（元）	相对额（%）	绝对额（元）	相对额（%）	绝对额（元）	相对额（%）
每亩耕地	34464.12	32.17	56202.70	52.45	16482.50	15.38
每亩非耕地	21736.09	26.07	55871.77	67.01	5770.97	6.92

表4-3　B县农民利益集团收益构成[②]

土地类型 收益项目	每亩耕地		每亩非耕地	
	绝对额（元）	相对额（%）	绝对额（元）	相对额（%）
土地补偿费和安置补助费	29683.5	86.1	19624.4	90.3
青苗补偿费	270.7	0.8	0.0	0.0
树苗等土地附着物补偿费	4290.0	12.5	2012.0	9.2
拆迁地面附着物的奖励费	220.0	0.6	99.7	0.5
合计	34464.2	100	21736.1	100

我国现行的货币安置方式对被征地农民，法律和习惯上都只考虑给予经费上的补偿，而对失地农民的居住安顿、重新就业、生活观念和生活习惯转变等问题，却未予考虑。同时，我国现行的征地安置办法还明显留有计划经济时代的痕迹，即使是单一的货币安置，也存在着安置标准过低的问题。如此低的征地补偿和安置标准导致大量失地农民转化为城市贫民。征地安置补偿标准过低，失地农民成为既有别于一般农民，又不同于城市居民的边缘群体——弱势群体，失地农民面临着极大的风险。

农民失去土地后，其生存和发展权、人格尊严、土地财产及附属权、社会保障权等出现了不同程度的损失（易国锋，2009），仅仅对农民进行货币补偿实际上难以从根本上解决被征地农民的生活、就业和发展问题。征地农民在得到土地使用权置换的生活安置费后，就被永久地推向了劳动市场。在劳动力市场机制不健全、简单劳动力卖方竞争过度的情况下，缺乏非农产业工作技能的被征地农民很难找到合适的工作岗位，现代农业经济理论认为：每征一亩地，就伴随着1.4个农民失业。这种忽视失地农民就业技能和生活困难的安置方式，极容易导致他们的生活水平下降，从而造成大量失地农民

---

①②　数据来源于吕彦彬，王富河.落后地区土地征用利益分配——以B县为例［J］.中国农村经济，2004（02）：50-56.

问题的产生,进而影响社会的和谐稳定与经济的发展。

案例 4-1:以前根本不知道有土地补偿费①

湖南省长沙县星沙镇是长沙市经济开发区所在地,走进这里,一座座充满现代气息的写字楼、厂房、别墅不时映入眼帘,飞利浦、LG 等世界知名企业的招牌十分醒目,呈现出一派繁华兴旺的景象。在开发区的边上,60 多岁大唐村农民沈青山住在县政府提供的过渡棚里,他家的土地 1992 年被征后,仅得到不足 3 万元的一次性安置补偿费,日子很艰难。和沈青山一样,这里还有 200 多户村民住在过渡棚里,他们和繁华的开发区仅仅是一墙之隔,却是两个景象。

失地农民彭瑞卿说:"以前根本不知道有土地补偿费,去年一个偶然的机会才得知政府在征地时要支付土地补偿费。"于是,星沙镇的失地农民觉得受了蒙骗,先后找到县市政府要求依法给予补偿,而长沙县政府的说法是土地补偿费由政府统一掌管,不能直接发给农民,并且已将土地补偿费统一用于农民的生产生活安置,不可能再行补偿。那么,到底有没有给土地补偿费呢? 杉星村农民邹宇红说:"从 1995 年到 1999 年除了原有住房换为安置房外,中间只拿到 700 元的青苗补助费,没有拿到一分钱的土地补偿费。"记者也从长沙县政府当初征地的原始文件复印件——《长沙市人民政府国家建设征用土地审批单》上看到,这 17000 多亩土地均只有青苗补偿费和房屋补偿费等项目,土地补偿费这一栏全部都是空白。杉星村失地农民李自强告诉记者:"县政府说土地补偿费已用于我们的生产生活安置,可这账是明摆着的。"

彭瑞卿说:"土地补偿费由集体支配我们不反对,但村集体也从没有收到过土地补偿费。"他说,长沙县政府已将土地补偿费统一用于农民的生产生活安置的说法,根本就没有根据,当时被征地的农民和村集体组织从来没有收到过这项费用。

该案例说明,在征地过程中,由于征地程序不完善,农民处于被动甚至被迫的地位。农民知情权和参与权的缺失,在土地征用过程中,失地农民的利益被政府攫取,带来的直接后果就是农民利益的流失。

---

① 2004 年 1 月 15 日《经济日报》农村版。

三、资股安置

考虑到失地农民缺乏就业技能情况下，有些地方政府为失地农民提供就业和生活保障，提出了资股安置模式，是指失地农民个人和土地所有者在自愿的前提下，除青苗、地上物补偿费发给农民个人外，可将土地补偿费、安置补助费等征地款入股，集中统一投资，发展壮大集体经济（李蕊，2009）。也可通过土地资源的资产化、股份化，以征地后土地使用权的合作方式，参与利润分配，实现土地权益。如果资金运用得当，可以实现资产的增值和资本的快速积累，解决失地农民的发展问题。通过集体开发，既能保证大部分人的就业安置，又能使个别能力差或情况特别的人得到基本生活保障。沿海经济发达地区如广东佛山的顺德、南海以及浙江温州的龙港镇等多采用这种方式（刘云海，2006）。比较典型的是广东南海土地股份制，其主要做法：一是进行"三区"规划，把土地功能划分为农田保护区、经济发展区和商住区，有利于保护农田和实施城镇规划，使土地资源得到更有效的利用；二是将集体财产、土地和农民承包权折价入股，将集体资产的净值和土地、鱼塘折价入股，以有社区农村户籍的农民为配股，按设定的股权比例进行分红；三是让农民分享土地增值部分收益来获取集体土地经营权，将集体财产及土地折成股份，把全村或全社的土地集中起来，由管理区（现行政村）或经济社（现村民小组）实施统一规划、管理和经营，配股对象以社区户口为原则确定，并根据不同成员的情况设置基本股、承包权股和劳动贡献股等多种股份，以计算不同的配股档次，按股权比例分红（蒋省三，2003）；四是股权可以适当流转，针对"外嫁女不走"、"迁入人口多"和"人口非转农"等问题，从1996年开始，部分村社按照"固化股权、出资购股、合理流动"或"生不增、死不减"的原则，允许股权在社区范围内流转、继承、赠送、抵押；五是股权设计既有福利性又有差异性，既要坚持"人人有份"，体现股份的福利性和公共性，又要充分考虑每个成员对集体的贡献大小，把年龄作为集体组织成员股份分配差异的依据。采用这种方式不仅实现了土地由农业用地向非农用地的转变，还保留了农民对土地的财产所有权，使农民能够分享城镇化和土地增值所带来的收益，实现政府和用地单位以及失地农民三方面共赢的局面（刁细泽，2003）。

资股安置模式充分发挥了集体的优势，将留下的土地和土地补偿费、安置费集中使用，是一种长期可行的安置方式。允许农民土地入股，实质就是保障农民应有的土地增值收益权，入股后农民依靠的不再是土地，而是有着资产价值的股权，并且能够得到长期的经济收益，弥补农村所缺乏的可靠的社会保障。但入股经营使得农民与市场风险、企业经营风险紧密联系起来，如果企业出现亏损、倒闭、破产的情形，失地农民就会陷入失地又失业的境地。

案例4-2：南京工业园区入股安置模式[①]

随着工业化的加快，农村土地被大量征收，南京的发展也很明显，工业园区发展突出，此时南京实施的是工业园区入股安置模式，此园区被征地农民有203人。首先由村集体组织成立工业园区总公司，园区成立之初，负责与农民协商、讨论，征求农民意见，作为以后与园区进驻公司的协商内容。工业园区总公司由股东大会、董事会和监事会组成，负责园区总公司的日常运作，维护失地农民的权益，并制定股权确定和分红的相关规章制度。对现有土地使用权进行量化，以土地作价入股的方式，折算为集体股。按照公司法的规定，对公司入股。每个农民所配的股份中有40%是优先股，可以在公司进驻期间收到固定的收益，保证农民的长期收益。其余的60%，按照股份的大小分得红利。农民拥有股权，但对公司的管理和方针决策没有发言权。农民的股份不可以对家庭以外的成员转让、赠送、抵押等，如果户口迁出，则股东相应消失。家庭内部可以进行股权转让、继承等。同时，农民的股权统一由工业园区总公司负责管理，股权的变更要到工业园区总公司处登记。

本案例调查中涉及的进驻公司是一家食品投递公司，在与工业园区总公司协商后，该食品公司与园区签订了20年的合作合同，合同期满后，可以续签或者解除合作关系。在公司生产运行前期，公司按照每亩1300元的价格支付给农民，作为他们的生活保障。公司招募员工，要对失地农民优先考虑。这203名失地农民持有公司10%的股份，其中的20%将由村集体提留，用于园区的公益事业。

年终分红时，首先是工业园区公司以集体名义到该食品公司领取，然后农民按照自己的股份到园区总公司依照规定进行分红。每个农民配有公司0.3的股份，每个月领取的收益大约在1500元，再加上农民自己的劳动所得，农民的月收入在2000～3000元。

整个过程如图4-5所示。

[①]　陈广华.土地征用及失地农民入股安置制度研究——以南京工业园区为例[M].北京：中国政法大学出版社，2012.

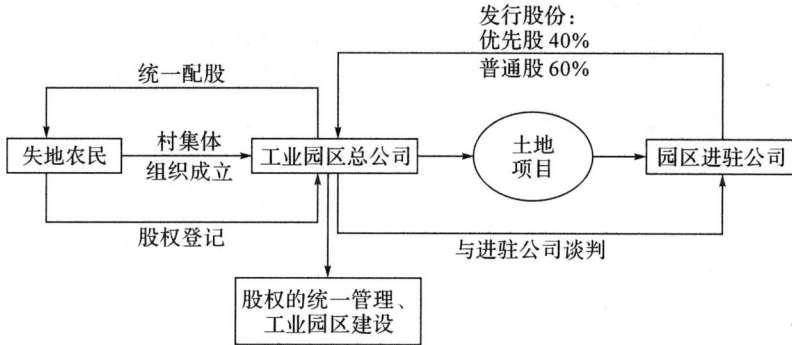

图 4-5　南京工业园区入股安置模式实施过程

四、留地安置

留地安置就是在经济发达区或城乡接合部,根据城镇建设规划,在规定区域按照规定用途划出一块土地,给征地农村集体经济组织或失地农民开发经营。一般情况下,留用地保留集体土地性质,受现有法律限制,留用地一般只能够用于发展二、三产业,不允许建房出售。留地安置的出现是基于传统的补偿标准过低,无法实现原土地所承载的农民生存保障功能,以及失地农民向"非农"转业困难的情境下提出的。另一方面,以市场价格进行补偿增加了地方政府的财政困难,减缓了城镇化进程,因此,政府也愿意采取此种安置方式。鉴于集体经济组织承担着许多公共性社会经济职能,为此国家政策规定,根据征地总面积大小,被征地单位可以留用 6%～10% 的土地,以土地补偿费作为发展基金,由集体经济组织按照城市规划要求,举办第二、第三产业,发展集体经济,实现村级经济的可持续发展,解决失地农民的就业和生活问题。此安置方式最早出现在深圳特区,从实践来看,部分地区留地安置在解决失地农民问题时取得了较好的效果。

然而,目前村级经济发展留用地政策并不完善,在实践中没有明确的政策来规范如何使用,各地的做法也存在差异。这种安置方式的问题在于:一是不同经济发展工区或地段,土地价值相差很大,留地安置的适用范围存在一定的局限性。二是易产生"城中村",加剧旧城改造成本。三是存在产权不明晰的情况,往往会因为集体财产究竟归谁所有、分配比例是否合理、资金使用是否合法等产权问题而陷入困境。四是动作方式市场风险较大,若投资失利,集体经济可能受到严重损害。

案例 4-3：温州留地安置模式

浙江温州在符合城市规划的前提下，安置用地指标按 7：3 的比例分别用于第二和第三产业，一、二、三类地段的安置用地面积，分别按照每亩 120、100、80 平方米计算；安置用地标准指标也可以全部用于第三产业，一、二、三类地段的安置用地面积，分别按照每亩 45、40、35 平方米计算。安置用地取得收益比土地补偿费、安置补助费等几项补偿费在内的货币补偿额高出几倍，甚至十几倍，受到农民欢迎。

五、社会保障安置

马克思曾说："劳动是财富之父，土地是财富。"对于农民来说，土地不仅是最基本的农业生产资料，还是重要的社会保障载体。现阶段农民从土地上获得的社会保障主要包括养老保障和就业保障两个方面（潘光辉，2009）。长期以来，我国农村居民的老年保障形式是家庭养老，而家庭养老的主要经济基础是从土地上获得的。虽然随着经济的发展及农村人口结构的逐步老化，土地的保障功能也呈现一种弱化趋势，但我国农村的社会保障体系目前还没有健全完善，以土地承包权为主要依据的土地保障对农民的社会保障仍然起到一种无可替代的生活保障作用。当农民因年老、疾病而丧失劳动能力时，他们所分得的土地承包经营权可以为其子女所继承而成为其从家庭获取生活资料的基础之一，他们也可以将土地转包出去从而获得部分生存保障，农民失去了土地也就失去了作为养老保障的基本经济基础。就业保障主要表现在农民若在从事非农劳动受挫后，仍可回村继续从事农业生产。进城务工的农民多从事加工制造业、建筑业、采掘业等高强度体力负荷行业，而这些职业具有风险高和不稳定的特点，所以，农民若失去土地，也就失去了其最基本的就业保障。

长期以来，我国的社会保障制度主要面向城市居民，我国农村长期缺乏真正的社会保障体系，土地在很大程度上就起到了最低生活保障与养老保障的功能。有学者认为，农民失去土地还意味着失去了发展的基础，是一种发展权的损失，同时也失去依附在土地上的一系列政治权益。国家对农村的粮食补贴、良种补贴及其他补贴都与土地相关联，失去土地以后，农民也失去了享受国家补贴的机会。土地在中国传统的农业社会中扮演着极其重要的角色，它是一个农民家庭生产和生活的基础。土地为农民提供了稳定的收入来源，能够化解和抵御失业造成的风险，实质上，土地充当了一种生活保障功能，是社会保障的替代物。我国《土地管理法》第 47 条规定：征用耕地的补偿费包括土地补偿费、安置补偿费以及地上附着物和青苗补偿费。虽然《土地管理法》没有对安置补偿费的用途加以具体规定，但从各地执行情况看，基本上是用于被征用土地农民的生活安置和就业安置。这就为在征地补偿中实行"以土地换保障"预留了法律空间，因为为失地农民建立养老保险和失业保险也属于生活安置和就业安置的范畴。因而，国家在对农民土地进行征用时，有些地方政府对失地农民采取了社会保障安置的模式。

国务院 2006 年 4 月 10 日出台《关于建立被征地农民培训就业和社会保障制度的意见》的文件，被认为是农民社会保障改革迈出的第一步。社会保障安置就是在征地补偿中，不再向失地村集体和农民个人支付土地补偿和安置费用，而是核定农转非人员，将征地补偿费用列入劳动和社会保障部门设立的"安置费"专户，由劳动和社会保障部门与失地农民签订安置协议，为符合条件的失地农民统一办理各项社会保障。用征地补偿费用和安置补助费购买养老保险，逐步将失地农民纳入社会保险体系，给符合条件的被征地人员设立社会保障个人账户，达到退休年龄时，按月发放养老保险，这种安置方式解决了农民的后顾之忧。

上海浦东试行了一种被称作"征地保障"的模式，具体是由征地单位按规定标准每月为失地农民提供养老保险、医疗保险和独生子女费用等基本保障，并给予一次性经济补偿后，不再安排工作岗位，这是一种长期保障的举措。在广东，佛山市南海区经过多年的改革完善，2005 年正式形成由养老保险补贴、医疗保险、社会求助、转移就业构成的"四位一体"的农村社会保障体系。

各地的社会保障安置做法不一，但大多数包含以下几个方面：一是将失地农民纳入社会保障体系，完成农民性质的转换；二是采用多渠道筹集资金，政府、集体、个人共同出资，保障了社会的稳定；三是对不同年龄的农民区别对待，按年龄段将失地农民划分为被抚养人（年龄16周岁以下）、剩余劳动力（女性 16～35 周岁，男性 16～45 周岁）、保养人员（女性 35 周岁以上和男性 45 周岁以上）和残疾人四种类型，根据不同年龄采用不同的安置方法和标准，使安置政策更有针对性（宋斌文，2004）。

目前一些征地制度改革试点地区将农民补偿安置费、征地补偿款乃至土地出让金的一部分作为社会保障基金，为农民办理养老保险，乃至建立医疗保险、失业保险、救济金等社会保障制度，但多数地区的失地农民以土地换得的社保仅是农村养老保险，是区别于城镇职工基本养老保险的"低保"。社会保障制度不仅应该维持失地农民最低的收入水平，而且还应帮助其获得独立。

案例 4-4：各地出台的失地农民社会保障政策

　　浙江省出台《浙江省被征地农民基本生活保障办法》,190 万被征地农民被纳入社会保障范围,筹集养老保险资金近 200 亿元。政府出资部分不低于保障资金总额的 30%;村(组)集体经济组织和个人承担 70%,从土地补偿费、征地安置补助费中列支和抵交。

　　安徽省出台《关于做好被征地农民就业和社会保障工作的指导意见》,将用 3 年时间建立被征地农民养老保险制度,被征地农民男性满 60 周岁,女性满 55 周岁可领取养老保险金,标准不低于每人每月 80 元。

　　江苏省出台《江苏征地补偿和被征地农民基本生活保障试点办法》,共筹集被征地农民社保基金 160 多亿,涉及农民 150 多万。

　　广东省出台《珠海市农民和被征地农民养老保险过渡办法》,广东珠海对男性 16～59 周岁,女性 16～55 周岁者采取社会保险办法,通过个人、集体和区(镇)政府三方缴费,建立养老保险制度。对 2005 年 12 月 31 日前男性已满 60 周岁、女性已满 55 周岁的"老年人口"采取社会福利办法,个人无需参保、缴费,免费享受市政府发放的每人每月 100 元的老年津贴福利待遇。

六、住房安置

　　以现代化城市小区为标准,在城乡接合部为失地农民建多层住宅,既能解决被征地农民的住房问题,被征地农民又能靠出租闲置的房屋增加收入。这种安置方式不仅能保证失地农民住有所居,还能从房屋资产中形成长效受益机制,如出租多余的闲置房屋以获得租金或变卖闲置的房屋以获得急需的流动资金。

案例 4-5：杭州滨江住房安置标准

　　在杭州滨江区实地调查中发现,当农民的房屋被拆迁后,政府都会给当地农民提供拆迁安置房。拆迁安置房根据被拆迁家庭的人口数量进行分配,一般是 50～80 平方米/人(不同地区有不同的标准),而一般情况下农村家庭至少有 2 个子女,即使是独生子女,也按两个计算。这样估算,可安置的房子至少为 200 平方米。

　　综合来说,就业安置、货币安置、资股安置、留地安置、社会保障安置及住房安置,只能解决失地农民最基础的生存保障问题,并不能有效地使失地农民和谐地融入市民生活。换句话说,农民在失去土地后,在很长的一段时间内不能适应由农民向市民身份的转变。在劳动市场上缺乏有效的劳动竞争力,面对货币补偿和房屋补偿,由于缺乏相应的理财能力,运用不当,可能会使失地农民再次陷入贫困的社会底层。因此,这些补偿方式并不能有效解决失地农民的可持续发展和市民化融入问题。

案例 4-6::重庆铜梁茶馆爆炸事件①

2004 年 11 月 18 日下午 3 点 50 分许,重庆铜梁县洗马村一间新近开张的茶馆里,一次突然的爆炸将 15 个生命活生生地埋葬了。被炸得血肉模糊的躯体与刚刚还在手中把玩的麻将牌一起,飞散在一片瓦砾和废墟中。

在公布的死者名单中,可以看到除了一个 1 岁的女婴外,包括肇事者袁代中在内的 14 个死者均是案发地附近的青壮年居民,年龄多在三四十岁左右,死者中没有超过 50 岁的中老年人。

"如果不是田地被征走了,大家没事干都去打麻将,哪个会死那么多人呢。"茶馆附近的一位居民叹息道。而对铜梁县的上万名失地农民来说,茶馆和麻将是他们与土地剥离之后最容易寻找到的寄托。从这个角度看,"爆炸案发生在茶馆一点都不偶然"。

一个小村四家治丧

洗马村就在铜梁县城郊区,突然之间,就有四个家庭同时在忙着治丧。几个被炸身亡的死者的家相距不远,互相可以听到治丧的锣鼓声,几天来,天一直灰蒙蒙的,断断续续下着小雨,路上不时有一些乡亲在几位死者家走动,悲伤笼罩在铜梁县这个不大的小村上。11 月 23 日,重庆市铜梁县洗马村李吉忠家,杂乱的院落中纸钱飞舞,屋内道士念着经文,屋外亲属摆放着花圈,众多乡亲在家中来来往往,悲伤的情绪笼罩着山坡上的这户人家。11 月 18 日,在距离李家几百米远的洗马村 4 社一家茶馆中,一名当地年轻农民引爆炸药制造了一起特大爆炸案。48 岁的李吉忠被炸身亡,同时遇难的还有另外 14 名附近居民,另有 28 人被炸伤,目前尚在医院接受治疗。

李吉忠的四弟李吉文在重庆城口县开出租车,得知哥哥身亡的噩耗后,他开上出租就往家奔丧。几天奔波下来,没有关闭的打表器上,已经显示有近两千元。在西藏开出租的李吉忠的三哥李

---

① 案例来源于 2004 年 11 月 29 日《南方都市报》报道"重庆铜梁茶馆发生爆炸"。网址为:http://news.sina.com.cn/c/2004-11-26/10285040143.shtml。

吉平也赶紧坐飞机回来了。两个在外地打工的兄弟都没有想到，老实巴交的大哥会死得如此悲惨，在家门口打麻将突然被炸身亡。

小小的洗马村被一场爆炸改变了模样，与李家一样，这些天村里还有三个家庭都在忙着治丧。有的家庭妻子被炸身亡，丈夫被炸伤躺在医院抢救，家中悲伤的亲人不知道是该先照顾医院的伤者，还是先为死者治丧。

在李吉忠家，他22岁的儿子李忠强头上戴着白孝，望着父亲的遗像，眼眶一会儿就红红地湿润了。爆炸案发生时，他正在浙江一家工厂打工，准备挣点钱，在春节前和未婚妻成婚。

"我们准备了一年的喜事到年底变成了丧事。"他说，"现在家中就剩下我多病的妈妈和年老的奶奶、外婆。"父亲出事后，家中的重担一下落在他有点稚嫩的肩膀上。他说，现在不能再出去打工了，只能在家照顾妈妈和两位老人，可是家中土地几乎全被征收，他不知道该做什么。

11月24日，到了李吉忠下葬的日子，他的妻子突然开始疯疯癫癫，嘴里不停地骂着人，众多亲友围着她转，不知道该如何劝说她。

麻将桌旁突来爆炸

位于洗马村319国道边的爆炸现场已经没有了当初众多的围观者。11月24日，记者看到，一辆推土机开过来开始拆除这栋已经被炸药分解得支离破碎的两层楼房。茶馆门口尚堆积着一堆被炸得黑糊糊的麻将桌，仿佛一座小山，桌面上隐约还有一些死伤者的血迹。

这起爆炸的制造者名叫袁代中，是巴川镇岳阳村人。11月18日下午，他骑着摩托车冲入公路旁的这家茶馆，拉响了炸药包。

"这家茶馆刚刚开张没几个月，听说还没有办理手续。"目前尚在医院治疗的伤者朱昌林回忆说，18日那天下午，在里面打麻将的人特别多，还有一些人在旁边的小店铺买东西。他当时也在茶馆中打麻将，看到袁代中先来茶馆中转了一下，过一会儿，大约在下午3点50分，袁代中突然骑着一辆摩托车冲进了茶馆，摩托车后面还拖着一个蛇皮袋。

"我当时忍不住说了一声：'你咋把摩托车开进来？'，后来爆炸就发生了。"朱昌林说，"我一下就被炸飞了，倒在地上爬到门口就昏过去了。"居住在周围的现场目击者介绍说，爆炸的威力相当巨大，许多人被炸得惨不忍睹，有的人被炸成碎片，几十米外的马路边上都有人的血肉。被炸死炸伤的40多人中，绝大多数都是附近村庄的居民。他们或因为农闲，或因为没有土地耕种，聚集茶馆打麻将消磨时间，惨剧却意外发生。附近居民反映，袁代中因打麻将等问题曾多次与其妻发生争吵。在制造茶馆爆炸案之前，他在家中砍了妻子12刀致其死亡。

悲剧为何发生在茶馆？

"如果不是田地被征走了，大家没事干都去打麻将，哪个会死那么多人呢。"事发茶馆附近的一位居民叹息道。

11月23日中午，在桐梓村的伤者陈伟的家中，破旧、昏暗的屋内没有开灯。几位老人和一些乡亲木讷地坐在小凳子上，借着门口的亮光，大家互相看着，很少有人说话。陈伟被炸住院，35岁的妻子崔道琼被炸身亡，一声爆炸声后，夫妻两人从此成了两世人。陈伟的弟弟陈久兵告诉记者，他家以前有三亩多地，但因为靠近马路，被政府征收了。现在，他家9口人，只剩下山坡上的一点菜地。

四五年前地没被征用的时候，他和哥哥主要靠务农为生，每天在田里忙农活，嫂嫂身体不好，就在家用粮食喂鸡、喂猪，照顾老人。日子过得很忙碌，很少有"耍"的时间。农闲时候，兄弟两人就在铜梁县附近的建筑工地打散工，挣点零用钱。但是，土地被征后，他们虽然获得了一笔征地款，但没有农活可干了，突然闲下来，精神特别空虚。"在村里，没有了农活，除了看电视还能干什么？看电视看得头都大了，也只有去打打麻将。"陈久兵说，"我不知道他们什么时候开始打的麻将，但知道他们俩都喜欢，我大哥是那天早晨9点多出的门，中午都没回来吃饭，没有想到下午就发生了爆炸案。"

麻将：失地农民的寄托

在铜梁，塞满麻将桌的茶馆是失地农民消磨时间的好地方。"土地被征走了，闲着没有活干，不打牌能干什么？！"

"农村人没什么寄托，茶馆和麻将是生活中不可缺少的。"在铜梁生活了20多年的出租车司机叶梁富说。

在铜梁，茶馆是一道独特的风景。尤其是近两年，县城附近的郊区地段，比如洗马村、岳阳村，不少农民土地被征用，没有土地的农民有些人外出打工，没有能力打工的人成了无业人员，经常到茶馆打牌打麻将消磨时间。因此，铜梁县周边的郊区，近两三年增加的茶馆非常多,几乎随处可见。"全县最少也有几百家茶馆。"叶梁富说。特别是在村镇,茶馆经常是一片一片地出现,上午和下雨时人比较少,过了中午,如果天气好,茶馆常常人满为患,甚至在马路边就支张麻将台,打牌的、围观的,一堆一堆的人围在一起。

众多死伤者家属和其他不少县城郊区居民也都持此种说法——没有出事,茶馆是大家消磨时间的好地方;出了血案,茶馆成了众多死伤者家属心头的伤痛。

11月23日,就在爆炸案中的死者家庭忙于发丧的当天,洗马村死者黎有成家附近,一家没有招牌的茶馆照常营业。这家茶馆的墙上,挂着一份工商营业执照,名称一栏简单地写着"茶园",营业范围就两个字——"茶水"。屋外小雨连绵,屋内却坐着四五桌人,其中一桌人在打扑克牌,其他几桌麻将打得热火朝天,满屋的人几乎全是三十岁左右的青壮年,他们有的打扮干净时髦,有的穿着破旧脏乱。

正在忙着给哥哥办理丧事的弟弟黎友兵说,土地被征用后,多数农民用征地款盖了房子后,钱基本就用完了。没有事情做,就天天打麻将混日子。他盖了3层楼后,在自家一楼也开了一家打麻将的茶馆。

在铜梁的茶馆中,极少数是纯粹喝茶聊天的,大多都是用来打花牌和麻将的。大家通常玩得不大,最常见的也就是三角两角,一元两元,但玩的时间长了,输赢问题常常引起争端。

爆炸案发生之后,铜梁县一度传令严查茶馆,然而,直到11月24日,记者在城区看到,街头小巷、河边两岸,不少茶馆中依然麻将盛行,一个100平方米的临街茶馆,可以满满地摆上一二十桌。

驱车走上四五公里,来到县城郊区地段,可以看到一片片土地的边上,通常都竖立着几栋三至五层崭新的农民房。在这些房子一楼的门面,很容易发现有一两家茶馆,里面支着几张麻将桌,不少人在悠闲地打着麻将,打麻将的人多为三四十岁的当地村民。

在郊区玉泉村9队一栋新盖楼房一楼的小店铺里,除了一位约50岁左右的老中年人外,其余全是30多岁的青壮年,而且以带着小孩子的妇女居多。

看店的刘大婶说,玉泉村的土地几乎全被征用了。现在进工厂要35岁以下的,进不了工厂只能自己想办法。妇女没有活干,只好在家带孩子,平时没有事,除了看电视,就只能打毛衣或者打麻将了。在村中每个队，都有一两家可以打麻将的茶馆。

一位姓谭的村民告诉记者，他家五口人，只有一亩多田，现在的年代，地是不会越种越多的，修路、建房、政府征用等都要占地，他家仅有的这点地也是越来越少。地少了，人就更加闲散了。没有地的，不想种田的，有时间有钱的，都喜欢到茶馆打打麻将消磨时间。

在失去土地的同时失业

没有了土地，又找不到工作，农转非并没有把他们变成城里人，反而把他们甩进了失业大军。

在麻将盛行的背后，是农民失去土地后无所适从的现实。

铜梁县郊玉泉村一个公路旁边，记者看到了一两片用围墙围着的数百亩的荒芜土地。在附近挑水的村民说，那块田去年政府就征用了，后来就围起来一直没有用。洗马村中也有一块类似被围墙围起来的土地，里面种着蔬菜。附近居民称，这里的几百亩田原来都是良田，用来种水稻的，被征用后一直闲弃着，有人看着可惜，就在围墙边上打了个洞，在里面偷偷种点菜。

这样的情景在铜梁县的县郊农村随处可见。洗马村一位村民告诉记者，大约 10 年前，当地政府就开始陆续征地，把土地收为国有。到 2003 年 12 月份，洗马村能征的土地基本都已被征完。征地过程中，洗马村约 2000 个村民，有 1000 多人办理了农转非手续，上交土地的结果是每人获得 1.6 万元征地款。不少土地被征收后，没有建工厂也没有引来投资，随后就闲置起来了。

每个人 1.6 万元征地补偿款，一个三口之家就是 4.8 万。然而，按照李忠强的说法，征地款并没有让他们迅速富裕起来。

"一次性发下来可能还好些。"他说，"因为土地是陆续被征用的，征地款也是陆续发放的，所以直到去年征地款才全部给清。家里基本上是随发随用，现在家里的土地被征完了，征地款也基本用完了。"李忠强说，1.6 万元包括了所有的费用，没地可种之后，找工作等所有的事情都要自己解决，他尝试着外出打工。

1997 年 15 岁的李忠强初中没有毕业就到县里化肥厂打工。他从征地款中拿出了 2000 元，交了押金后进厂打工，当时他一个月可以挣到两三百元钱。"干了三四个月，我刚刚可以一个月拿 300 块钱了，可是化肥厂突然倒闭，老板跑了，押金到现在我也没有要回来。"他说。后来他又到西藏跟三叔学开车，结果不小心出了车祸,赔偿对方一万多元,又用掉了一些征地款。没有办法,他只好在家待了两年,去年9月又到浙江打工。

而他的父亲,因为年龄偏大打工没人要。为了维持生计,他父亲只好到外村租了几亩田种,但是到年初也被对方收回了。因为在家闲着无事可做,父亲就天天到茶馆玩,结果不幸被炸身亡了。

土地对有能力外出打工的人来说不算什么,但是对留下来走不出去的人就很重要,它是一家人吃饭的口粮田。"像我大哥这样,没有田又找不到活干,只能闲着。"李吉忠的弟弟李吉文说,茶馆中打麻将的人,很多是他大哥这样的人。没有了土地,又找不到工作,农转非并没有把他们彻底地改造成城里人,反而把他们改造成了拥有城镇户口的失业者。

按照李吉文的分析,在被炸死炸伤的打麻将的人中,1/3左右是没有地、没有事做的人,还有1/3是农闲没有事情干的人,另外1/3是看热闹、路过、有钱有时间消磨时间的人。

据了解,铜梁县共有81万人,县城约有10万人左右。近5年来,随着城镇化进程的发展,该县共约2万农业人口办理了农转非手续。换句话,在这5年中,约2万人失去了土地。但是,他们的生活出路却成了一个难题。

铜梁县一位政府官员说,铜梁征用县城周边农民土地后,完全按照国家法律,将各种补偿发到了农民手中。在招商引资的过程中,政府也和许多企业达成协议,要求其用工尽量使用本县剩余劳动力,并动员失地农民到外地打工。此外,政府也鼓励他们自谋生路,卖菜、摆摊、做简单生意等等都可以。

但是,该官员也坦言说,尽管政府已经做了大量工作,但面对农村剩余劳动力的问题,的确感到了很大压力。据统计,该县目前登记在册的城乡失业人员是2028人,全县总体剩余劳动力是65000多人。而这些人正是全县大大小小几百个茶馆、麻将馆的主要光顾者。

"爆炸案发生在茶馆一点都不偶然。"铜梁县这位政府官员说,"在城镇化过程中,失去土地的农民在心理上、生活方式上,一时之间很难适应过来。政府如果不积极解决他们的劳动力出路问题,将会有更多的农民走进茶馆寻找寄托,将更多的矛盾带进茶馆造成悲剧。这不只是铜梁县的问题,而是全国性的普遍问题。"

第二节 国内失地农民发展性补偿模式

城镇化是产生失地农民的主要原因，也是失地农民"农"转"非"的重要过渡过程，即"市民化"的过程。所谓农民市民化，是指我国在现代化建设过程中，借助工业化与城镇化的推动，使传统农民在身份、地位、价值观、社会权利及生产生活方式方面向城市市民身份转化，以实现城市文明的社会变迁过程，它是农民外部赋能和自身增能的过程，强调农民在市民化过程中要超越自身传统，转换身份角色（文军，2004）。一般情况下，身份有两层含义：一是作为分层概念，身份指的是以户籍为标志的体制性标定；二是作为社会心理学概念，身份包含了"角色"的意义。只有当外部的标定和角色的确认一致时，才能认为自我身份认同具有同一性。在典型的西方国家工业和城镇化过程，传统农民转化为城市市民通常是以剥夺农民居民的土地，将农村人口驱逐到城市的方式，使之成为城市工厂中的工人，而这一方式也保证了工业扩张时期的劳动力供给和再生产。但从当前我国失地农民的现状来看：土地被征用后，农民的户籍改变并没有自动带来农民"角色"内涵的完整转型，即土地被征用后，政府仅仅对失地农民的生存和保障进补偿，并没有为促进失地农民进行自我发展做出政策支持，更不能解决失地农民市民化过程中的关键问题，例如失地农民的身份认同、角色转换及城市适应等。当前，我国失地农民市民化过程中既有城镇化过程中形成的原生问题，如土地征用、居住安置等引发的矛盾，也有因政府管理和服务不到位所引发的次生问题，例如失地农民失业、社会保障低等社会问题，当这些问题没有被妥善处理就难以避免会演化成群体冲突事件，影响社会的和谐稳定与经济的繁荣发展。所以，要解决失地农民产生的问题，政府首先应当转变思路，从保障生存转向促进发展，只有给失地农民提供一种发展的机会，促使失地农民实现自我增能和可持续发展，才能从根本上解决失地农民产生的问题。

"可持续生计"概念最早见于 1991 年世界环境和发展委员会的报告，2000 年，英国国际发展部（DFID）提出的 SL 框架——DFID 模型已被许多组织采纳。可持续分析框架以人为中心（见图 4-6），强调贫困者自身的主动参与式发展，从背景到现实再到政策可以进行一个整体性分析，并能在生计的各个过程中进行调节以增进生计能力。这个模型可以指导生计战略和单个家庭的限制条件的分析，从图中可以看出可持续分析框架由五分部组成，包括脆弱性背景、生计资本、结构和过程转变、生计战略和生计输出。整个过程呈现了贫困人群如何在脆弱性背景的冲击下使用生计资本（主要包括：人力资本、社会资本、自然资本、物化资本和金融资本）和可能的生计战略去追求某种生计出路的途径。

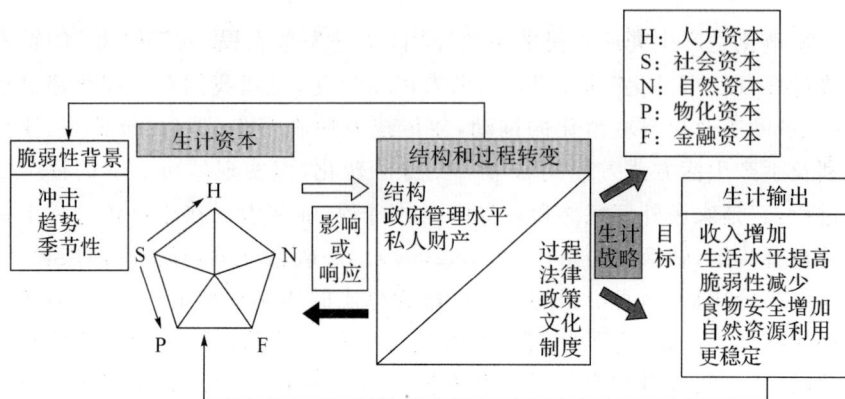

图 4-6　可持续性分析框架

因此,本节可以运用可持续性分析框架把研究的重心从如何提高失地农民生存和保障性的补偿收入转化到如何提高这类弱势群体的可持续性生计上来,即从保障生存转到促进发展。事实上,当农民遇到征地这一情境的冲击后,失地农民不得不由农民身份转变为城市市民,而在此转变过程中,失地农民生计资本的特点是人力资本积累整体薄弱,普遍缺乏有利于生计创新的人文环境和人力资本基础。在自然资本方面,农民失去了他们世代赖以生存的土地,所以其所拥有的自然资本也较少。再加上征地补偿金额相对较少,即便在经济发达地区的失地农民补偿金额相对较多,但大多失地农民也缺乏相应的理财能力和投资能力,存在明显的短期消费行为,不能有效地将有限的补偿金额运用到创业上。因此金融资本也将变得匮乏。另一方面,农民的社会资本也比较单一,主要是通过亲戚、邻居等途径建立单一的社会网络。所以,仅仅依靠失地农民自身的能力很难使其走向发展之路。这时,就要通过政府管理水平、法律、政策、文化、制度等宏观因素来引导和鼓励失地农民形成增强其自身能力的生计战略,从而使得其拥有可持续性的生计输出。

在按照科学发展观及和谐社会模式的要求,统筹城乡发展进程中应把"可持续生计"作为失地农民安置政策的基本目标。构建新型失地农民安置模式,实现失地农民的"可持续生计"是预防和解决失地农民贫困问题的最好方法。基于可持续生计的失地农民安置过程不仅应确保失地农民当前生活水平不因征地而降低,而且要促进其生活水平持续提高,实现失地农民的生产、生活的可持续发展，分享城镇化带来的一系列成果，最终实现城乡统筹发展，构建和谐城乡、和谐社会，这是失地农民安置的价值取向与政策目标。

从可持续生计的观点出发，失地农民发展性安置应主要围绕"就业"和"创业"展开。此时，政府应当为失地农民这一特殊弱势群体提供提升其就业技能和创业能力的宏观制度环境和微观行为环境，而就业创业培训则是提升失地农民人力资本积累和解决失业问题的有效途径。

一、技能培训

（一）失地农民就业现状

关于我国失地农民的就业现状，目前还缺乏权威的统计数据，但是一些学者提供的调查数据结果能够反映我国目前大致的情况。楼培敏（2011）公布的城镇化过程中失地农民就业调查总报告[①]（见表 4-4、表 4-5、表 4-6）中显示，农民在失去土地以后，有 33.6％的失地农民没有找到工作，其中，在经济发达的浙江省绍兴地区，失地农民失业率相对最小（只有 13.7％），中部地区的长沙有 58.4％的失地农民处于失业状态，北方地区的驻马店以及西南地区的蒙自的失地农民失业率也达到了 30％以上。调查数据表明：目前仍然有三分之一的失地农民，由于自身缺乏劳动技能及当前失业农民就业政策不完善等原因，导致他们仍处于失业状态。表 4-5 显示，各地近 95％的失地农民选择在本地寻找就业机会，表明失地农民就业观念落后，有"离土不离家"的就近就业想法。表 4-6 显示大多失地农民从事的就业岗位性质为合同工和临时工，这折射出失地农民在劳动市场上仍属于弱势群体，受到不平等对待。失地农民就业难的原因，主要表现在以下几个方面：一是当前我国失地农民就业政策并不完善；二是城市产业结构升级，企业随着技术水平和资本密集程度的提高，低素质人员的岗位需求减少；三是失地农民自身受教育水平和技术水平较低。因此，对失地农民展开培训是解决其就业难问题的有效途径之一。

---

① 楼培敏. 农民就业——考问中国城镇化［M］. 北京：中国经济出版社，2011. 调查样本数据来源：浙江绍兴（25.7％）、湖南长沙（22.9％）、河南驻马店（27.6％）和云南蒙自（23.8％）。样本中男性占 59.9％，女性占 40.1％，被调查对象的平均年龄为 38.8 岁。高中文化及以下学历占 88.3％。

表 4-4　征地后失地农民的非农工作情况

类型	总样本	绍兴	长沙	驻马店	蒙自
有工作	66.4	86.3	41.6	62.8	66.1
无工作	33.6	13.7	58.4	37.2	33.9

表 4-5　征地后失地农民工作所在地情况

类型	总样本	绍兴	长沙	驻马店	蒙自
在本地	96.0	95.9	96.8	95.6	96.2
在外地	4.0	4.1	3.2	4.4	3.8

表 4-6　征地后失地农民从事的岗位性质

类型	总样本	绍兴	长沙	驻马店	蒙自
固定工	12.4	21.4	9.5	9.8	4.1
合同工	39.7	44.1	25.4	26.2	57.7
临时工	28.7	22.1	31.8	38.6	25.0
其他	9.2	10.0	8.7	6.7	11.2
不回答	10.0	2.4	24.6	18.7	2.0

近年来,广州市通过建立农村富余劳动力转移就业工作目标责任制,出台促进失地农民和农村富余劳动力就业的政策,建立财政投入机制,把农村富余劳动力转移就业经费列入各级财政预算,并积极牵线搭桥,开展就业服务,这在一定程度上改善了失地农民的就业问题。

(二)失地农民技能培训

不少学者在对失地农民就业现状分析的基础上,探讨了影响其就业的制约因素(翟年祥、项光勤,2012),指出失地农民就业难的主要原因为工业就业容量受限、失地农民就业观念陈腐、劳动素质和技能偏低等(张媛媛,2004)。由于失地农民的受教育水平和技能水平都相对较低,其就业较为突出的一个矛盾就是非农产业的工作技能要求和他们的单一农业技能之间的矛盾。特别是对于文化素质偏低和年龄偏大的失地农民来说,其再就业难度系数更大,因此,失地农民就业遭遇周期性失业和结构性失业的多重压力,而对失地农民进行劳动技能培训,可以提高失地农民素质,以促进就业。这种培训一般也是由企业开单,政府买单,对被征地农民进行劳动技能培训,目的是促进其顺利就业,使其获得生活保障。虽然受教育的水平和就业技能的培训不能直接提供现实的就业岗位,但却创造了再就业的条件和机会。大多经济发达国家如美国、日本等国都非常重视职业教育和职业培训在社会保障中的作用，以发挥非物质性保障对弱势群体就业及市民身份转化的作用重要。例如，从 20 世纪 60 年代开始，美国就颁布了一系列有关职业培训和职业教育的法令，以通过职业培训提高劳动者素质，促进其更好地就业，这在一定程度上缓解了就业困难的问题。欧洲英、法、德三国把就业培训作为劳动力市场政策的必要组成部分，特别重视对被培训者开展咨询与指导工作，根据个人的特点来实施有针对性的就业培训。

　　然而，我国当前的土地征用配套后续管理中，尚缺乏成熟的对失地农民再就业的培训机制。2006 年 4 月，经国务院批准，国家劳动与社会保障部颁布了《关于做好被征地农民就业培训与社会保障的指导意见》，要求各地政府要大力加强对被征地农民的培训工作，各地要有针对性地制定适合被征地农民特点的职业培训计划，积极开展职业培训，提高被征地农民的就业竞争能力和创业能力。随后，各省市也都出台了相关政策，这对加强失地农民就业培训起到了重要的推动作用。有学者通过数据分析表明，参加过培训和没有参加培训对就业影响的差异非常显著，且在接受培训的人群中，接受最多的是技能培训，其次是职业培训，再次是成人教育和学历进修（楼培敏，2011）。

　　由于各地经济发展水平及政策的差异，政府对失地农民就业培训的落实及培训效果也相差悬殊。在经济发达的浙江省，失地农民还可享受就业政策的扶持和优惠，例如杭州、宁波、嘉兴、金华、绍兴等地将被征地农民纳入就业扶持政策实施范围，这说明政府在失地农民就业中起着至关重要的作用。

案例 4-7：杭州市失地农民就业及培训政策

　　杭州市政府实行了对失地农民就业的培训政策，在滨江区为进一步推进征迁失业人员就业、再就业，提升被征地农民的生活品质，出台了"六条新政"，扶持征迁失业人员就业。一是对这些自谋职业、自主创业的被征地拆迁失业人员，且领取个体工商营业执照，实际经营并按规定纳税的每满一年按其实际纳税额给予全额补贴，最高限额为 1000 元，已申领一次性就业援助补贴 3000 元的，一年内不再享受纳税额的补贴。二是为帮助被征地拆迁家庭中的高校毕业生就业，优先向用人单位推荐就业，招用满一年并签订劳动合同的、参加社会保险的，一次性给予用人单位每人 3000 元的用工补贴。如果高校毕业生决定自主创业的，只要符合条件的，在创业园中安排创业用房、享受创业奖励并给予一次性 3000 元的创业奖励。三是对招用被征地拆迁失业人员与其签订劳动合同办理录用备案且月工资不低于杭州市区企业职工最低月工资标准的110％，并参加社会保险的给予用人单位每人每年2500元的用工补贴，其中招用持有《杭州市就业援助证》的，给予每人每年5000元的用工补贴。滨江区还规定，具有公共服务职能的用人单位、区、街道机关、社会团体和事业单位各类学校(含幼儿园)以及医疗卫生服务中心的勤杂岗位等，原则上要优先招用本区被征地拆迁失业人员。四是滨江区将每年向被征地拆迁失业人员发放面值1000元的"技能培训券"，凭券参加培训，当年有效。经培训取得"国家职业资格证书"的，可一次性全额报销培训费用，实现就业，并签订一年以上劳动合同的再给予2000元的奖励。五是若被征地拆迁失业人员新参加成人初中、高中教育并取得毕业证书的，所需学费给予全额报销；新参加成人中专、大专、本科学历教育并取得国家承认毕业证书的，分别给予1000元、2000元、3000元的补贴，鼓励符合条件的被征地拆迁失业人员参加"双证制"成人教育培训，取得国家承认的毕业证书和职业资格证书的，给予学费50％的奖励。六是自2009年起，滨江区还将把村(社区)就业帮扶员，老年活动室、图书阅览室、敬老院和工疗站的服务员，街道、村(社区)自行管理的农贸市场保洁、保序，街道、村(社区)巡防队保安等岗位逐步纳入区级公益性岗位开发范围。并规定：区级公益性岗位人员的岗位工资、社会保险费(包含综合保险)补贴、法定节日加班工资、夏季清凉饮料费等，区用人单位各承担50％。各街道、村(社区)将大力开发保洁、保序、保绿和保安岗位，充分利用助老助残岗位，合理利用区级公益性岗位，最大限度地安置被征地拆迁就业困难人员。

二、创业培训

(一)失地农民创业需求

我国农民具有强烈的创业愿望和动力。中央党校周天勇教授(2007)的调查表明，我国城市居民，特别是大学生的创业意愿很低，而农民的创业愿望远高于城市居民和大学生。《中国新农村建设创业能力研究报告》调查显示，我国90％以上的农民有较强的创业欲望，只有不足10％的农户没有创业想法(中国科学技术协会，2007)。浙江农民更是将创业想法转化为创业行动的典型代表，统计显示浙江78.2％的中小企业是由农民创办的，中小企业尤其是加工制造类中小企业主要集中在农村，其创业主体是农民。

　　为了解失地农民具体的创业培训需求,本课题组在 2008 年 7 月到 8 月期间,对杭州下沙高教园区附近的 3 个村庄进行了田野调查,以深入了解失地农民的生活和工作情况。

　　课题组在分别在 3 个村庄各发放 30 份问卷,共 90 份,问卷涉及失地农民的基本概况、就业情况以及创业意愿等三部分内容。问卷由调查员在现场发放、指导,因此问卷全部回收且均为有效问卷。统计表明,失地农民的就业现状主要是:本市打工占 36.67%、创业占 21.11%、务农占 13.33%、外出打工占 11.11%、赋闲在家占 11.11%、其他占 6.67%。除已经付诸创业行动的 19 人外,余下的 71 人中有 32 人有创业动机和愿望,但由于创业技能、资金等问题暂时没有开展创业行动。

表 4-7　2008 年杭州下沙高教园区附近 3 个村庄失地农民就业情况

就业情况	外出打工	本市打工	创业	务农	赋闲在家	其他
人数(人)	10	33	19	12	10	6
所占比例	11.11%	36.67%	21.11%	13.33%	11.11%	6.67%

数据来源:调查整理。

　　为了解失地农民的真实想法,弥补问卷的缺陷,笔者对失地农民进行了深入访谈。通过访谈,笔者进一步接近了失地农民。

　　CHJ,男,35 岁,A 村村民,于 2001 年被征地后用征地款买了一辆小型货车跑运营,但生意一直不好,仅能维持生计。2003 年在运送 PVC 管的时候结识了一位小型企业主,后在该企业工作。2005 年自己创办企业生产 PVC 管,由于经营得当,生意较好。但随着企业的发展,如何管理和壮大企业 CHJ 感到力不从心。

　　MXQ,女,55 岁,B 村村民,于 2000 年征地后退出农业生产。5 万余元的征地补偿款借贷给他人多年,生活主要依靠借贷利息和房租。MXQ 告诉笔者,2008 年以来形势不好,房租下降,还担心征地款收不回来。

　　HYK,女,52 岁,C 村村民,于 2001 年征地后在下沙高教园区某高校从事后勤工作,月收入不足 1000 元。由于工作关系,在大学里经常看到教授和厂长,十分羡慕他们。一次打扫会场的时候,她听到学生的谈话,得知来做讲座的厂长只是小学毕业。她好奇地问笔者那些小学毕业的厂长是怎么创业的。

　　访谈表明,失地农民的生活和工作远比目前认识到的丰富多彩,失地农民既有目前出现在媒体中的形象,也有人们没有认识到的形象。通过深入交流,发现多数访谈对象对现状不满,而且他们迫切希望能够改变现状,但对于如何改变没有明确的思路。

访谈对象不安于现状正是他们具有创业欲望的一个表现,结合问卷调查统计,表明失地农民具有较强烈的创业欲望。但是,由于缺乏创业知识和技能,失地农民中潜在的创业者无法实现创业梦想。"下沙街道随着城市建设的加快,许多农民土地被征用(收),他们想创业,也有一定资金,但缺少创业的思路与管理的方法。"下沙街道劳动和社会保障管理站工作人员道出了失地农民的心声,创业培训是多数失地农民的一致诉求。

(二)失地农民创业培训

在城镇化进程中,为了减少因失地造成的贫困现象,帮助失地农民完成身份转变,促进这一特殊群体融入城市生活,各地政府推出了一系列政策措施(见表4-8)。总体上看,从20世纪80年代初到90年代,中国失地农民政策以保护型政策为主,进入21世纪之后,失地农民政策逐渐向支持型转变。失地农民的保护政策是指相关部门颁布的旨在保证失地农民基本生活、保证其生存权利的政策,包括收入保护政策、生活补助和最低生活保障政策、社会保险政策、安置住房政策等;而失地农民的支持政策则是指相关部门颁布的旨在提高失地农民生活水平,保障其发展权利的政策,包括促进就业和自主创业政策、发展集体经济政策、社区发展政策、社会融入政策等。

尽管我国各地出台了相应的失地农民创业扶持政策,且各地针对失地农民的培训也在零星地开展,但在这种背景下,失地农民的创业活动还是呈现出数量少、成功率低的特点。

表 4-8 各地失地农民创业扶持政策

政策类型	主要目的	地区	主要做法
资金支持	解决失地农民创业资金问题,主要做法有融资信贷和创业补贴等。	台州	采用微小贷款技术,虽然贷款利率较高,但贷款额小、利息较少;不强调抵押和担保,只作形式审查,发放信用贷款。
		江西	自主创业或合伙经营资金不足的,万载县就业局给予小额担保贷款扶持,在放贷额度、简化程序等方面给予放宽。
		济南	在法定劳动年龄内拥有本市户籍的登记失业人员,在本市行政区域内,初次创办企业或个体工商户并正常经营一年以上,按规定缴纳社会保险费,经劳动就业办公室认定为成功创业的给予1000元补贴。
		合肥	失地农民创业经营活动达到12个月以上并缴纳了社会保险费的,可享受每人2000元的补助。

续　表

政策类型	主要目的	地区	主要做法
平台建设	解决失地农民自主创业的经营场地问题,为失地农民创业就业提供相关服务。	天津	实施区县"三区"联动,失地农民既可以在现代农业科技园区从事农业生产,又可在工业园区开展第二产业或居住社区从事第三产业。
		杭州	杭州江干区设立创业就业服务中心。对区内失业人员、农村富余劳动力提供政策咨询、就业援助服务,实行免租3年等优惠政策。
		济南	对进入市级创业孵化园、实训基地自主创业者给予相应房租补贴。每户每年给予不超过场所实际租赁费金额的50%补贴,金额不超过2400元,实行"先缴后补"。
		成都	要求各失地农民集中居住区修建方必须将经营用房的20%以成本价优惠出售给相关街道办事处,由街道、社区统一用于失地农民创业、就业工作。将临街商铺以优惠的价格租给就业困难人员,鼓励失地农民自主创业。
教育培训	为失地农民创业提供专业指导如创业培训、创业教育等。	成都	实施SYB创业培训和TSA创业后续跟踪服务,举办创业沙龙活动,提供专家指导等。
		济南	参加创业培训后获得创业培训合格证书的按补贴标准的60%给予补贴,一年内创业成功取得营业执照的,按补贴标准的40%给予补贴。
		云南	组织失地农民职业技能培训和创业培训的,给予一次性800元的职业技能补贴和1300元的创业培训补贴。
工商手续	方便失地农民的创业活动,简化创业流程和手续,主要包括工商税费、税务登记和证照办理等。	合肥	为希望创业的人员提供各种创业支持和帮助对失地农民的非正规就业组织,3年内免于工商登记注册。
		江西	从事个体经营(国家限制的行业除外)的,持规定相关材料,向税务主管部门提出申请,经批准后3年内免缴营业税、城市维护建设税、教育费附加和所得税;从领取工商营业执照之日起3年内,县工商、税务、卫生、民政、劳动保障、公安等各有关部门免收属于登记类、证照类和管理类的所有行政事业性收费。

　　这可能是由于失地农民所处的社会层次较低而容易被社会各界忽视,政府部门及社会组织为失地农民提供的培训及后续服务还不能满足他们创业的需求,另一方面,也可能是由于失地农民自身一些因素造成的,如失地农民文化程度偏低,再加上风险承受能力和成就动机不高使中国失地农民创业意识普遍较弱。地处偏远郊区的失地农民由于信息渠道不畅,无法及

时了解政府部门出台的相关创业政策,被动失地后也很难产生创业想法;而地处城市近郊的失地农民在拿到不菲的拆迁赔偿金的同时,还能分到一套甚至几套商品房。因此,在这种补偿情况下,即便失地农民闲置在家,通过收取房租也能过上不愁吃穿的富足生活,这一类群体常常被称为"食租"群体。然而,具备创业意识的失地农民会因物质和精神准备不足,市场观念、风险意识落后,市场的敏感性较低等条件限制,使得经营过程中出现规模小、交易费用高、竞争力弱、驾驭市场能力差等问题,导致失地农民创业很容易中途失败,难以长久维系,成功率较低。因此,急需构建专门针对失地农民创业的培训体系并鼓励失地农民参加显得十分重要。

从国内外研究及实践经验可以看出,鼓励失地农民进行创业是促进这类弱势群体进行可持续发展的有效途径之一。但由于他们有着不同于其他群体的独特群体特征,因而他们需要的创业支持措施也具有独特性,创业所需资源的可获得性成为学者们关注的另一焦点,包括:能否掌控市场、发现市场机会,是否具备创业所需知识、技能等。当个体认为自己的技能和经验积累在未来不会面对就业困难时,个体创业的意向就不会太强烈。反之,当个体认为自身不足以应对未来的就业问题,个体可能会选择短期内有风险,但具有长期发展前景的创业行为。

然而,即使具有创业意识的失地农民,在不利的外部环境下或在自身缺乏创业技能时,可能会导致其自主创业的失败,因此,创业过程是一系列因素相互交织在一起共同作用的结果。杜伟、黄善明(2009)提出了失地农民自主创业支持体系(见图4-7)。他认为,创业是由创业机会、金融支持、创业

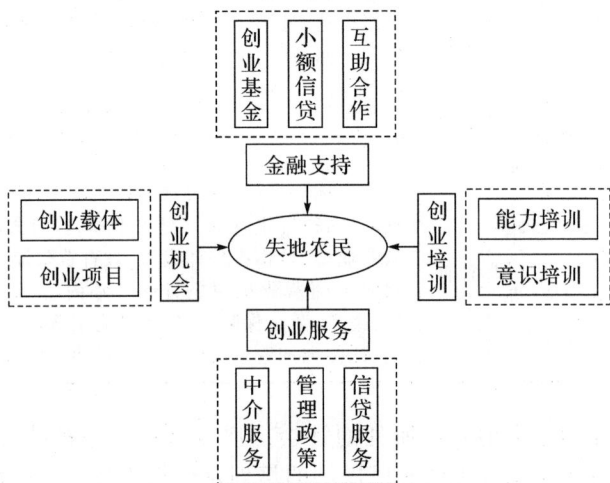

图4-7　失地农民自主创业支持体系①

----

① 杜伟,黄善明.失地农民权益保障的经济学研究[M].北京:科学出版社,2009.

培训和创业服务这四个外部环境共同作用于失地农民的结果,因此,政府应积极构建失地农民就业创业扶持政策。对自主创业的被征地农民给予小额贷款和收费减免,在工商登记、税收、信贷等方面给予优惠。

案例4-9:杭州失地农民创业及培训政策

　　杭州政府积极探索失地农民创业培训机制,并取得了一定成效。江干(丁桥)创业就业服务中心,为创业者提供政策咨询、就业援助、培训教育、小额贷款"一条龙"服务。同时,设立网上创业基地、创意设计基地、科技贸易基地,门类不同,提供的指导也不同。吸引了不少创业者入驻。中心总面积3500平方米,投资近2000万元。中心对四类人开放——江干区失业人员、农村富余劳动力、大学生和新杭州人。中心提供了很多优惠政策。如,免缴3年房租;组织开展创业培训、项目引导等活动。此外,在领取营业证照后持续正常经营,并缴纳社会保险费满12个月的,给予5000元一次性开业补贴和每人每月150元社保补贴。有带动本区失业人员就业,办理就业登记并缴纳社保满12个月的,按照每人每年3000元补贴。

　　在江干区,各个乡镇街道都在出台措施,落实相应资金。比如,九堡镇、笕桥镇、彭埠镇、四季青街道先后出台促进失地农民创业就业实施意见,投入资金500多万元,从创业园建设、创业就业补贴、公益性岗位开发等方面加大对失地农民创业就业的扶持。笕桥镇范家社区、四季青街道三叉社区、九堡镇牛田社区等撤村建居社区,因地制宜出台配套政策、建立创业基地,鼓励失地农民市场化就业或自主创业。平台方面,除已有的赛博创业工场、东方电子商务园、江干九堡失业人员创业园、丁桥创业就业服务中心外,凯旋街道和彭埠镇的创业就业服务中心也已投入使用,笕桥镇草庄社区、四季青街道、闸弄口街道、采荷街道也正在积极筹建失地失业人员创业就业服务园。

　　目前全区已建立创业园和创业孵化基地12个,引进失地农民创业企业1009家,带动失地农民就业4236人。

第五章 失地农民创业意识对创业行为的影响

第一节　引　言

城镇化是推动一个国家或地区经济社会快速发展的动力。城市扩张占用了大量农地导致了失地农民产生。随着交通、水利、能源等基础设施建设和重大经济战略的实施，我国经济发展对占用耕地仍将保持较高的需求，失地农民数量将不断增加。土地对农民来说，不仅是生产、生活资料，还承担着社会保障功能。在城乡分割的二元政策下，土地是国家赋予农民社会保障的载体。因征地失去土地的农民，面对劳动对象、劳动手段、生活方式和社会结构的被动性和突发性转变（楼培敏，2011）。然而征地权的滥用以及未能妥善解决安置问题，使得失地农民失去了土地所带来的社会保障权利（鲍海君，2002）。失地农民的非农收入来源有限，征地补偿远远不够维持生计。2003 年一项对被征地农民生活状况的调查显示：被征地农民的就业直接影响到他们的收入来源和生活状况，有近 1/3 的失地农民没有任何职业，约 1/5 的失地农民靠打"临时工"维持生计。由于失地劳动力就业率低，家庭负担过重：平均每个劳动力人口担负的人口数要比农村居民家庭多 0.46 人，平均每个就业人口担负的人口数要比城市居民家庭多 1.41 人（黄建伟，2012）。

失地农民就业现状令人担忧的主要原因有以下两个方面：首先，失地农民的就业资本薄弱，特别是人力资本和社会资本不足。①失地农民群体受教育程度偏低且半数以上又呈现就业年龄偏大的趋势。另外，由于职业技能培训没有得到广泛开展，失地农民普遍缺少专业技能，除了农业技能外，还有其他一技之长的失地劳动力少之又少。因此就业主要集中在技术含量较低的劳动密集企业，在供求关系失衡的劳动力市场中处于弱势，随时面临失业风险。②社会资本是失地农民就业的重要制约因素，农民基于血缘、地缘和姻缘形成了长久稳定的社会关系网络，这些乡土性的社会资本可以为失地农民在农村的生产和生活提供相对有力的保障和社会支持。但随着农民失地，乡土性社会资本功能也随之弱化。失地农民就业信息、就业机会的获得在很大程度上受到限制（杨盛海，2010）。其次，失地农民就业认知失当，这是指失地农民因受自我认知能力的限制而对自己在就业方面的观察和评价出现了较大的偏差。主要表现在工资期望偏高；就业观念落后，如有"离土不离家"的就近就业想法；不愿从事"不体面"的工作，好逸恶劳；就业信心不足等方面。目前，各地政府已经相继出台了鼓励失地农民进行自主创业的各项政策。但在这种背景下，失地农民的创业活动还是呈现出数量少、成功率低的特点。主要原因在于文化程度偏低加上风险承受能力和成就动机不高使中国失地农民创业意识普遍较弱。地处偏远郊区的失地农民由于信息渠道不畅，无法及时了解政府部门出台的相关创业政策，被动失地后也很难产生创业想法；而地处城市近郊的失地农民在拿到不菲的拆迁赔偿金的同时，还分到一套甚至几套房子，就算不干活，也能过上不愁吃穿的富足生活，被称为"食租"群体。具备创业意识的失地农民会因物质和精神准备不足，市场观念、风险意识落后，市场的敏感性较低等条件限制使得经营过程中出现规模小、交易费用高、竞争力弱、驾驭市场的能力差等问题。创业很容易中途失败，难以长久维系，成功率较低。

第二节　模型构建与研究假设

第二章已经对创业意向和创业行为具有代表性的研究进行了回顾，对有关失地农民创业文献进行了综述。本章的目的有两点：第一，结合本文的研究目的以及实地调研结果，通过扎根理论的方法对失地农民创业意向进行维度划分，确定征地情境所包含的主要因素。第二，构建失地农民创业意向与创业行为关系模型，在模型中引入征地情境因素作为调节变量，依据模型提出假设。本章就失地农民创业意向如何对创业行为产生影响、征地情境因素如何调节意向与行为之间的关系提出自己的观点。

一、模型构建

本章概念模型的提出采用扎根理论的方法，主要有以下三点考虑：①失地农民创业活动零星、分散，难以收集具体数据，在调研过程中，对村民发放无差异的结构问卷进行大样本量化研究未必有效；②考虑到调研所在地的经济状况和文化特征,不同地区的失地农民创业必然会受当地具体状况影响;③通过归纳,从现象中提炼该领域的基本问题,从而逐步建立和完善相关理论是扎根理论的核心思想。由于失地农民创业意向—行为关系问题缺乏相关理论基础,因而不能直接采取假设—演绎的研究方法,扎根理论刚好弥补了这一缺陷。通过访谈资料分析,构建概念模型,进而提出相关研究假设,最后收集数据进行验证分析。

扎根理论是由 Glaser 和 Strauss(1967)首创的一种不受理论假设限制的质性研究方法,通过从数据中进行归纳性分析,关注概念框架或理论的形成,分析类属直接扎根于数据,主要包括开放式编码、主轴编码、理论编码和理论饱和度检验四个步骤(卡麦兹,2009)。深度访谈(In-Depth Interview)可以得到细致、详细的访谈资料,再运用扎根理论对个体经验进行比较、辨析,从而抽象出概念、范畴,并在此基础上构建出反映现实生活的社会理论(孙晓娥,2011)。调研期间,笔者在调研地(杭州市桐庐县、宁波市慈溪市、济宁市北湖开发区)选取了具有代表性的23位创业失地农民,采用个人深入访谈的方式,对其创业情况展开调查。受访者的基本资料如表5-1所示。

表 5-1　受访者的基本资料汇总

受访者序号	受访者	性别	年龄	创业活动
被访谈人 01	周女士	女	47 周岁	村庄民宿
被访谈人 02	申屠先生	男	50 周岁	寿义狄浦农家乐
被访谈人 03	周先生	男	42 周岁	化工企业
被访谈人 04	刘女士	女	35 周岁	猪栏茶吧(特色餐饮)
被访谈人 05	周女士	女	40 周岁	零副食品商店
被访谈人 06	周女士	女	41 周岁	冷饮摊点
被访谈人 07	周女士	女	55 周岁	景区自行车租赁
被访谈人 08	申屠先生	男	42 周岁	酒店餐饮
被访谈人 09	周先生	男	49 周岁	村庄民宿
被访谈人 10	王先生	男	42 周岁	物流运输
被访谈人 11	严女士	女	34 周岁	旅店经营
被访谈人 12	刘女士	女	56 周岁	旅店经营
被访谈人 13	李先生	男	48 周岁	汽车维修
被访谈人 14	张先生	男	44 周岁	汽配件厂
被访谈人 15	孔女士	女	57 周岁	餐饮娱乐
被访谈人 16	汪先生	男	40 周岁	果园农场

受访者序号	受访者	性别	年龄	创业活动
被访谈人 17	徐女士	女	45 周岁	服装批发
被访谈人 18	李女士	女	31 周岁	奶茶店
被访谈人 19	郑先生	男	43 周岁	塑料制品厂
被访谈人 20	刘先生	男	55 周岁	食品零售
被访谈人 21	褚女士	女	37 周岁	理发店
被访谈人 22	张女士	女	49 周岁	鱼塘承包
被访谈人 23	李先生	男	60 周岁	早餐摊点

每位受访者访问时间不超过 1 小时,在不打扰受访者工作的前提下,尽可能深入地理解受访者对创业的理解及创业行为发生的过程。之后对调研过程中取得的笔记、音频、视频等资料进行整理,最终共得 3 万字访谈记录。通过开放式编码、主轴编码、选择性编码 3 个步骤来构建此次研究的关系模型,即失地农民创业意向—行为模型。

(一)开放式编码

开放式编码是对整理好的初始访谈资料,通过编码、标签等步骤从中提炼出初始概念及其范畴。在这一过程中,笔者尽量使用被访者的原话作为标签从中发掘初始概念,以便减少研究者个人的偏见或影响,例如表 5-2 中"成就动机"便是由语句 A02 和语句 A08 提炼而得出的。

表 5-2　开放式编码范畴化

范畴	原始资料语句(初始概念)
成就动机	A02 开办农家乐,我敢说我是整个村里面做得最好的。做事还是追求卓越的,我去别的地方,看到别人好的地方我就学习过来,争取让自己做得更好。我能理解有些人即使成功后,还会追求更高目标,"人往高处走"是很正常的。 A08 政府给我拨 1000 万的钱,我是想办法怎么赚出 2000 万,国家给你再多的钱不用来发展,所以中西部有些地区才会"越扶越贫"。1000 万拨下来,是一个全村人都在使用的过程,我办个企业,一个增加了就业一个增加了效率。村里没文化的人要生存只能靠企业。
创新导向	A03 我在生活中比较喜欢接触新鲜事物。喜欢跟年轻人打交道,微信、QQ 什么的我都有,一般开店都有 wifi,现在做生意不懂网络是跟不上时代的表现,年轻人喜欢什么我们就做什么。 A04 开办的民宿是附近第一家,比别人抢先一步看到商机,自然而然就成功了。会变通、有头脑的人会成功,做生意需要的就是创新。 A07 创业就是闯闯看,别人都说在这里开饭店怎么可能赚到钱。别人不敢做的时候,我愿意试一试,说不怕失败那是假的,在试之前,我心里肯定也要有底的,我认为有百分之八十可以成功,那我愿意放手一搏。

续　表

范畴	原始资料语句(初始概念)
察觉到社会资本	A03 地段虽然重要但酒香不怕巷子深,只要酒店菜品实惠又好吃,来的都是本地人,回头客多。做本地人的生意就是这样。(网络支持/顾客) A02 旅游团队与我们民宿挂钩,也会介绍别的团队过来。来了客人我会叫他们帮忙发一发名片。(网络支持/客户) A05 家族里有很多人开厂子,有亲戚相互传授经验。互相帮助,才能相互发展。我学你,你学他,成功的经验就流传开了,成功的几率就高了。(行为榜样)
察觉到市场和机会	A03 开饭店一家成不了气候,一家饭店不一定有生意。整条街都是开饭店就有生意了,形成市场就有人会加入进来。像桐庐县城是快递业,环溪村是医疗器械,每个区域都有自己的产业,大家都在做自然就有市场,机会也就跟着来了。 A09 游客都想在景区里骑一骑自行车,买几辆自行车租给游客方便又赚钱。 A11 这条路上,上下班的人比较多,摆摊卖早点一天能赚好几百块。 A13"花海"发展带动了旅游业,富阳、萧山、桐庐来的人比较多,现在酒吧、民宿、农家乐都陆续地开出来。
被征地的区位	A02 环溪和狄浦村属于国家级历史文化保护区古村落,主要是景点开发建设的,随着游客日益增多,借机创业的失地农民越来越多。(景中村) A03 村民摆个摊,卖个米粿、油炸粿一天就好赚几百块。一些摊位刚开始没人愿意摆,也没人想到要摆摊,政府甚至出钱让村民出摊(景中村)。 A04 拆迁位置位于城乡接合部,失地农民基本上都在进行房屋出租。创业的基本上是征地之前就在创业了,土地承包出去了,种地能赚几个钱。(城乡接合部)我们离市区比较近,不少人都在做生意,水果、蔬菜批发,汽车维修和物流。 A06 我们离城市比较远。没有多少人创业,选择外出打工的较多。征地的数量也不多,只有几户人家被征地,之前也没全靠种地过活。(偏远农村)
征地补偿政策	A03 定向安置(回迁楼)。济宁市一中新校区就在附近,不少人都租了出去。绝对不会卖,家里地没了,现在就靠这套房子,能留给孩子的也只有房子了。 A05 楼房有三层,可以一层经商、二层生产、三层住宅。不仅仅满足住房需要,还满足生产发展的需要(留地安置)。 A07 由村民委员会组织召开村民代表会议或村民大会拟定土地征收补偿安置方案,每户有2万多,那这些钱去创业不够的,还是靠以前有些积累。(补偿金额)

续　表

范畴	原始资料语句（初始概念）
就业创业政策	A04 征地后村里没有相关就业扶持政策，很多人都出去打工了，上了年纪的妇女们在附近景区开发商那里做一些种植花草和草木养护的工作。 A11 政府在政策上支持，资金支持力度不大，办理卫生许可证、经营许可证这些手续效率都比较高，而且很正规。 A12 由宁波市政府出面组织了两期 SYB 创业培训班，给失地农民提供了向专家请教的机会。通过学习创业知识和技能，减少盲目性，降低了企业经营的风险。

（二）主轴编码

经过开放性编码，得到了成就动机、创新导向、察觉到的社会资本、察觉到的市场和机会、被征地区位、征地补偿政策、就业创业政策等范畴，这些范畴之间相互独立。通过主轴编码，深入挖掘上述范畴之间的逻辑关系，对分解资料再次进行整合。在对上述范畴的次序和关系进行重新归类总结的基础上，本研究确定了 2 个主范畴即失地农民创业意向和征地情境因素，如表 5-3 所示。

表 5-3　主轴编码形成的主范畴

主范畴	对应范畴	关系的内涵
失地农民创业意向的形成	成就动机	成就动机是个体追求自认为重要且有价值的工作，以一种以高标准要求自己，力求取得活动成功为目标的动机。成就动机会影响失地农民的创业意向，具有成就动机的失地农民更容易产生创业意向，他们往往不怕困难，追求卓越，不安于现状，风险承受能力也高于一般人。
	创新导向	创新性意味着能别出心裁地处理问题，创新性有两种表现形式："发明"是指制造新事物，"发现"是找出本来就存在但尚未被人了解的事物和规律。创新性影响失地农民创业意向，具有创新性特征的失地农民一般会在生活中表现出异于其他人的"变通"与"聪明"，更容易产生创业意向。
	察觉到社会资本	社会资本是指社会网络、互惠性规范和由此产生的信任，是人们在社会结构中所处的位置给他们带来的资源。是相对于经济资本和人力资本的概念，反映了失地农民与其他人之间的人际联系。社会资本的多少影响失地农民创业意向，在长期来看，表现为可以给他们带来的额外的利益的大小，其外在表现为声誉、人缘、口碑等等。
	察觉到市场和机会	察觉的市场和机会是指失地农民能够关注到身边所发生的经济活动，能够察觉到创业项目所涉及的市场、顾客群等要素的存在，并且能够把握其中的创业机会，进行创业活动。

续　表

主范畴	对应范畴	关系的内涵
征地情境 因素的形成	征地区位	影响失地农民创业的征地情境因素之一。征地区位一方面指被征地的位置,另一方面指这一位置与其他事物的空间的联系。不同的空间区位条件对失地农民创业活动产生不同的影响。根据距离城市中心的远近距离,可以分为城中村、城乡接合部和偏远农村;根据征地开发类型,可以分为景中村、生态保护区(如济宁市北湖新区)、经济开发区、工业园区等。
	补偿金额	影响失地农民创业的征地情境因素之一。补偿金额的高低根据征地位置、征地项目类型的不同有很大不同,地区经济发展水平差异也会影响补偿金额的多少。对于潜在失地农民创业个体,一定数量的征地补偿费可以缓解创业的资金压力,但这种促进作用存在边际效应递减趋势,当数额达到一定程度,对失地农民创业影响就会逐渐降低。
	安置方式	影响失地农民创业的征地情境因素之一。安置方式可以分为货币安置和实物安置,对应的是价值补偿和实物补偿两个概念。所谓价值补偿,就是如何把生产出的产品顺利销售出去,以补偿生产这些产品所消耗的各部分价值,以便继续有预付资本进行再生产;所谓实物补偿,就是补偿再生产的生产资料和购买所需要的消费品,以便能继续进行再生产。
	创业政策	影响失地农民创业的征地情境因素之一。是否开展创业指导、创业培训等扶持政策会影响失地农民对创业行为的选择和判断。

(三)选择性编码

上述两个步骤之后,根据主范畴和其他范畴的相互关系,本研究确定了"失地农民创业意向—行为作用机制"核心范畴,围绕核心范畴可以概括出失地农民创业意向和征地情境因素2个主范畴对失地农民创业行为存在的显著影响:失地农民的创业意向直接决定创业行为;征地情境因素则调节着创业意向—创业行为之间的联结关系。本研究中,主范畴的关系结构如表5-4所示。建构和发展了出一个全新的失地农民创业行为理论构架,如图5-1所示。

表 5-4　主范畴的典型关系结构

典型关系结构	关系结构的内涵
意向—行为	失地农民创业意向是创业行为的内部驱动因素,它直接决定失地农民的创业行为。
征　地 ↓ 意向—行为	征地情境因素是失地农民创业行为的外部驱动因素,它影响失地农民创业意向与创业行为之间的关系强度。

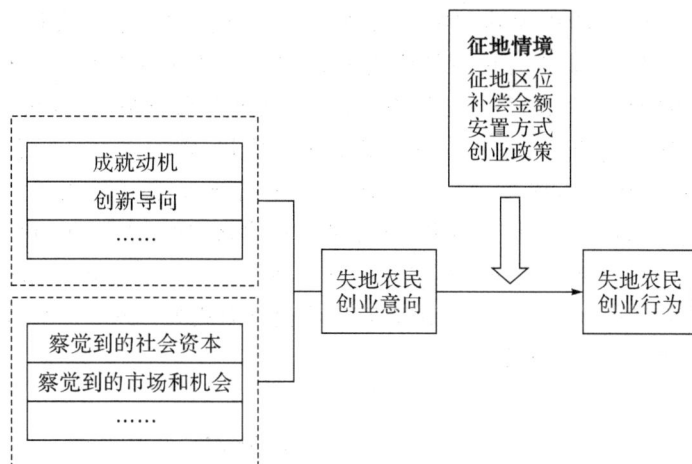

图 5-1　失地农民创业意向—行为关系模型

　　从模型中可以看出,失地农民创业意向主要有成就动机、创新导向、察觉到社会资本与察觉到市场和机会四个因素。根据 Shapero 等人的研究,创业行为选择是由一些外部变化(或突发事件)所导致的。人们回应突发事件有依赖于其有关"备择方案"的认知,渴求知觉(perceived desirability)和可行知觉(perceived feasibility)是创业行为的两种基本认知途径。学者们通过实证研究,验证了此二维度对创业意向的解释力度。如钱永红(2007)在研究女性创业意向与创业行为及其影响因素时发现创业希求性(渴求知觉)和创业可行性(可行知觉)与个体创业意向之间的关系均达到了 0.05 显著性水平:创业希求性→创业意向($\beta=0.57, T=11.28, P<0.01$),创业可行性→创业意向($\beta=0.35, T=6.10, P<0.01$);范巍(2005)对中国背景下个体创业者意向进行渴求知觉与可行知觉的二维度划分,二者对创业意向的结构方程参数分别达到 0.74 和 0.56。因此本研究认为失地农民创业意向由渴求知觉与可行知觉构成。渴求知觉是指从事一项创业活动的前景对失地农民的吸引程度,反映创业是否符合失地农民的意愿,即进行创业能带来多大的价

值。创业预期价值与失地农民创业意愿越吻合,失地农民创业意向越强,也越有可能创业。它包括成就动机、创新导向等特质层面的因素,这些个体特质能够说明失地农民个体本身是否具有成为一名创业者的潜质,这些潜质能够体现在个体生活的方方面面中;可行知觉指的是失地农民相信自己有能力进行一项创业活动的程度,反映失地农民对自己能力的判断,即进行创业是否可行,本文理解为潜在失地农民创业者对自身所拥有的创业知识、技能和经验的感知判断,可行性感知越强,越可能创业。它包括察觉到社会资本提供,察觉到市场和机会等资源层面的因素,这些能够被潜在失地农民创业个体识别的资源成为其判断自身创业是否可行的标准。实地调研时发现,具备较强渴求知觉与可行知觉的失地农民往往对创业有更为积极的态度,即那些"想把事情做得更好""有头脑、会变通""敢冒险"以及可以灵敏地察觉到市场信息和善于挖掘人脉资源的失地农民,他们或是已经创业,或是创业活动已经初具规模,虽然当中也不乏创业失败经历的人。这也与Krueger(2000)等人的研究结果吻合:即合意性感知(渴求知觉)和可行性感知(可行知觉)与创业意向呈显著正相关关系,且可行性感知对创业意向的影响比合意性感知更为显著。因此我们将模型简化为如图5-2所示,以便下文更加清晰地提出研究假设。

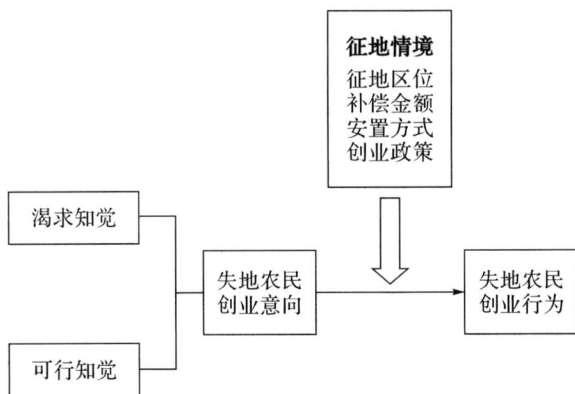

图 5-2　简化的失地农民创业意向—行为关系模型

(四)理论饱和度检验

对上述研究过程进行理论饱和度检验,没有发现额外范畴,此次调研过程中形成的访谈资料中可提取的范畴已经达到饱和,失地农民创业意向和征地情境因素两个主范畴中也没有形成新的联结关系。由此可以认为本研究建立的理论模型是饱和的。

二、研究假设

针对模型构建提出的关系模型,接下来本文在失地农民创业意向不同维度与创业行为之间建立联系,阐述了渴求知觉与可行知觉对创业行为产生积极影响、征地情境如何调节创业意向与创业行为之间的关系,并据此提出相关假设。

(一)创业意识与创业行为间关系的假设

在创业研究领域,创业意向已被证明是一个根本的和常见的变量(Wilson,Kickul,Marlino,2007)。Ajzen 的计划行为理论(TPB)和 Shapero 的创业事件模型(SEE)在创业认知研究领域得到了比较成熟的运用,二者都指出了"创业行为的背后是创业意向"(Krueger,2007)。创业意向反映个体将有意识的计划或决定付诸行动的动机,是实施创业行为的一个先决因素(Fayolle,Gaily,2004;KoIvereid,1996),它在一定程度上反映个体把创业作为自己事业发展的愿望和偏好。Kim 与 Hunter(Ajzen,1991)分析发现,意向确实介于态度和行为之间,对行为具有较强预测力(苗青,2009)。如何解释创业行为,前人研究已经证明创业是有意识和有计划的行为(Bird,1988),并且计划行为理论(Ajzen,1991)和创业事件模型(Shapero,Sokol,1982)都指出个体特性信息和客观信息影响个体创业行为的内部心理机制,是通过个体认知(渴求知觉与可行知觉)对行为产生的影响。基于此,本文提出以下假设。

H1:创业意向对创业行为存在显著的影响。

另外,研究者所关注的创业者个体特质因素中,成就导向(Achievement orientation)是被提到最多的一个,当对自己人生成就期望水平较高时个体会将创业作为职业生涯选择。因为创业能够为个体带来其他选择所无法提供的心理和物质满足感。McClelland(1982)和 Burnham(1976)研究证实个人成就导向是个体创业的重要驱动力。对创业失地农民个体的深度访谈中,作者发现,凡是那些创业活动发展初具规模,或是在某一地区生意做得比较好的失地农民一般具有较高的成就动机,做事追求卓越,如 A02"开办农家乐,我是整个村里面做得最好的。看到别人好的地方我就学习过来,争取让自己做得更好"。说明失地农民成就动机水平越高,其越渴望体验竞争所带来的欣快感和充实感。

Hills,Lumpkin 和 Singh(1997)研究证实了创新性在创业机会识别中的重要作用,Winslow 和 Solomon(1993)也认为创业与创新性存在较大关系。对于失地农民来说,创新性意味着其具有比较高的思想觉悟和开放程度,善于接触和接纳新事物。如 A13"开办民宿是附近第一家,比别人抢先一步看到商机。会变通,有头脑的人会成功,做生意需要的就是创新。"失地农民做事具有创新导向,就更容易跟上市场脚步,创业更容易成功。

社会关系网络是人们获取创业信息的重要渠道,当失地农民在创业过程中特别地利用这种网络关系来获得资源、识别机会以增加自己的经济利益时,称其为察觉到的社会资本。本研究所定义的失地农民创业所察觉到的社会资本可以体现在行为榜样和网络支持两个方面(蒋剑勇、郭红东,2012)。失地农民通过模仿和学习个人社会网络中(如家族)的创业成功者,以增强创业信心,继而产生创业意向,发展创业行为。如 A05"家族里有很多人开厂子,有亲戚相互传授经验。我学你,你学他,成功的经验就流传开了(行为榜样)。"失地农民能够通过客户或顾客发展潜在对象,尤其在小范围内可以积累大量的社会资本以维持其生意。A02"旅游团队与我们民宿挂钩,也会介绍别的团队过来。你看我这里名片很多,一般来了客人我都会叫他们帮忙发一发,最重要的就是口碑(网络支持)。"

Hills 等人发现 90%的创业者认为机会识别至关重要。失地农民创业机会和市场的诞生,往往不是靠"发现",而是靠"带动",如 A09"游客都想在景区里骑一骑自行车,买几辆自行车租给游客方便又赚钱"。又如 A03"开饭店一家成不了气候,一家饭店不一定有生意整条街都是开饭店就有生意了。"失地农民能否察觉的到市场和机会很大程度上会受到外部因素的影响,也就是说不同地区的经济水平、发展程度、政府理念(政府政策)等会影响失地农民对市场和机会的察觉力。基于此,本文提出以下假设。

H11:成就动机对失地农民创业行为存在显著的影响。

H12:创新导向对失地农民创业行为存在显著的影响。

H13:可察觉到的社会资本对失地农民创业行为存在显著的影响。

H14:可察觉到的市场机会对失地农民创业行为存在显著的影响。

(二)征地情境对创业意识与创业行为间关系的调节效应假设

学者们已经认识到意向—行为的转换或许还存在重要的情境变量,二者之间的关系还有待于完善。在创业研究领域之外的环境保护行为相关研究中,许多学者证实了情境因素在意识与行为关系之间所起到的调节作用。例如,Guagnano,Stern 和 Dietz(1995)认为环境行为是态度变量和情境因素相互作用的结果;王建明和王俊豪(2011)指出低碳心理意识与低碳消费行为之间关系受到个体实施成本、社会参照规范等内外部情境因素的调节。

由于征地过程涉及多方面多环节,本文将实地调研过程中发现影响较大的四个方面作为征地情境因素:包括征地区位、补偿金额、安置方式和创业政策。我们可以从环境行为领域的研究中获得启示,首先,渴求知觉与可行知觉被认为是创业行为的关键态度变量。其次,整个征地过程影响着失地农民对创业"渴求"与"可行"的判断,调研结果证实了征地情境对创业意向与创业行为的调节作用。例如那些得到大额征地补偿款的失地农民,补偿金额削弱了其对创业渴求知觉,即使他具备较强的成就动机和创新性,也难以表现在创业行为上。再例如景中村,由于景点开发使得当地游客增加,市场和机会也随之增加,加上当地政府政策引导,那些创业渴求知觉与可行知觉都较弱的失地农民也开始从事零散的创业活动,之后大家都会跟风而上,形成良好的创业氛围。基于此,本文提出以下假设。

H21:征地区位对创业意向与行为间的关系存在显著调节作用

H22:安置方式对创业意向与行为间的关系存在显著调节作用

H23:创业政策对创业意向与行为间的关系存在显著调节作用

H24:补偿金额对创业意向与行为间的关系存在显著调节作用

三、本节小结

本节在理论分析的基础上,探明了失地农民创业意向与创业行为的关系、征地情境对二者关系的影响,在此基础上构架了本文的概念模型,并提出了相关研究假设。本文首先认为失地农民创业意向(由渴求知觉和可行知觉两个维度构成)是产生失地农民创业行为动机或愿望的因素(内因),是创业行为的重要驱动因素。意向是行为的强预测变量(Sutton,1998;Conner,Armitage,2001),但多数文献对于创业意向与创业行为一致性程度的内在机理,尚未进一步分析。通过实地调研和对创业失地农民的深度访谈,发现意向和行为的一致性程度取决于失地农民创业意向的具体特征。①失地农民创业意向的强度会影响意向—行为一致性。一般来说,个体采取某种行为的意向越明显,那么,实际采取这种行为的可能性就越大。Shapero 和 Sokol(1982)以及 Krueger(1993)构建的创业意向模型说明,个体只有具有创业意向,才会采取创业行动,而且,创业意向越明显,创业的可能性就越大(马占杰,2010)。Shapero 和 Sokol(1982)假设,惯性会支配人们的行为直到被其他事情打断或"置换",当置换发生时,潜在创业个体觉得创业比其他选择更加合意、更加可行时,就会提升自己的创业意向,进而决定创办新的经济实体(马占杰,2010)。那些选择创业的失地农民都具有较强创业渴求知觉与可行知觉。②失地农民创业意向的结构会影响意向—行为一致性。Shapero(1982)等人提出了创业意向的两个构成维度:"渴求知觉(perceived desirability)"和"可行知觉(perceived feasibility)",后人的研究进一步证实了两个维度的说服力。本书在前人研究的基础上,根据调研和扎根后的结果,将失地农民创业渴求知觉具体细化为成就动机和创新性,创业可行知觉具体细化为察觉到的社会资本与察觉到的市场和机会。具体来说,当意向中渴求知觉维度较强时,失地农民创业意向—行为一致性程度较高。反之,当意向结构中仅有失地农民对创业是否可行的判断,即仅具备可行知觉时,创业意向对创业行为的预测效果会降低。

关于征地情境的调节效应,可以从深度访谈中获得两点启示:一是调节效应受到失地农民创业意向特征(强度和结构)的影响。当失地农民创业意向较弱(创业意向不明朗,矛盾)或者仅具备创业行为的可行性感知(渴求知觉相对较弱)时征地情境变量的调节效应相对较强。如A03"一些摊位刚开始没人愿意摆,也没人想到要摆摊,来的游客多了,村民摆个摊,卖个米粿、油炸粿一天就可以赚好几百块(景中村)。"由于征地区位而导致那些本不具备创业意向(创业意向较弱)的失地农民选择创业行为。又如征地后针对失地农民实施的创业扶持政策会使那些具备较强可行知觉的失地农民立刻感知到创业资源增加,创业可行性提高,进而选择创业行为。反之,当失地农民创业意向较强(创业意愿十分强烈,目标清晰)或者对创业行为的渴求知觉较强,征地情境变量的调节作用相对较弱,调研中也发现,这类情况下的失地农民往往被征地之前就已经从事自己的创业事业。二是调节效应的大小受到情境变量的影响。即四种征地情境因素对失地农民创业意向与行为的调节影响是不同的,例如调研中发现征地区位是较为明显的调节因素,位于偏远农村的创业失地农民数量明显少于城乡接合部。

第三节　量表设计与样本调查

本节在模型构建与假设提出的基础上,进行相关量表的设计,并说明样本选择和数据收集过程,对自变量、因变量、调节变量的操作性进行定义并详述测量方法,阐释了假设检验所运用的统计方法。

一、量表设计与变量测量

通过上节研究发现,失地农民创业意向对创业行为存在影响,并且二者之间的关系有可能受到来自征地情境因素(征地区位、安置方式、补偿金额和创业政策)的调节。为了验证这种影响和调节作用是否真的存在,本研究采用问卷调查法收集相关数据进行统计分析。

为设计出一份准确、科学的失地农民创业意向—行为调查问卷,本研究查阅相关文献,借鉴相关研究中创业意向、创业行为的研究过程。有关失地农民创业意向及行为的实证研究不多,关于征地情境变量的研究几乎为零,但仍有少量文献可以为本研究提供参考。另外,结合实地调研所获取的访谈资料,提炼相关问题,尤其在这一过程中明确征地情境变量所包含的测量问题。在制定初步问卷的基础上,对 5 位失地农民进行预测试,根据相关建议与反馈,修改问题表述方式。

最终调查问卷由创业意向量表、创业行为量表以及征地情境因素量表三个部分共同构成。为了保证问卷前后项目和回答模式的一致性,题项均采用李克特(Likert)五级量表制,采取主观赋值的方式,分为"非常不同意"、"比较不同意"、"中立"、"比较同意"、"非常同意"。在借鉴钱永红(2007)、范巍等人研究成果的基础上,综合考虑失地农民对语句的理解能力,研究目的以及失地农民特点,在保证科学性和严谨性的前提下将问卷项目描述稍作调整和修改。

(一)失地农民创业意向量表设计

根据失地农民访谈资料扎根后的结果和失地农民特点进行反复修正,创业意向量表确定了创业渴求知觉和可行知觉 2 个维度,共 12 个题项。其中渴求知觉问卷包含 6 个项目,如"我很想自主创业,进行一项创业活动","我进行一项创业活动的意愿很强烈",可行知觉问卷包含 6 个项目,如"我认为自己创业的可行性很高","我觉得自己进行创业活动会十分困难"是直接引用钱永红(2007)的相关研究。

通过比较研究,结合研究目的,择取了钱永红(2007)实证研究中若干具有代表性的测量项目进入失地农民创业渴求知觉与可行知觉维度。如"对我来说,创业是一件很有成就感的事情","能够想办法将创业进行下去,能够带来满足感"。这些问题项目表明那些具有较高成就动机的失地农民,为了满足创业成功所带来的心理愉悦,往往会不断尝试突破自我、表现出渴望变化和对风险的高承受水平。又如"我可以通过家人、亲戚、朋友取得创业资源","我能够与潜在客户(顾客)建立密切的联系","如果进行自主创业,我觉得成功机会很大"等问题项,主要刻画了个体能够获得创业所需要各种资源的能力(包括市场、社会网络等)。

以上相关测量项目语句均已进行适当修改与合并,最终渴求知觉问卷(6 个项目)主要描述了失地农民对创业的渴望程度以及创业给其带来的满足程度,涵盖了个体成就动机和创新性等特质,分别描述了个体对成就和人生目标的追求和渴望程度(钱永红,2007)和个体的灵活程度和变通程度(俞宁,2013)。可行知觉问卷(6 个项目)主要体现了失地农民的创业行为是否可行的判断程度,还涵盖察觉到的社会资本和察觉到的市场和机会两方面内容,从不同角度描述个体创业者能够获得创业资源能力和程度。

创业意向维度则采用 Davis（2001）量表。在不改变语句原意的基础上结合失地农民特点做了适当修改,该量表经过多次的实证检验,信度和效度都处于较高水平。相关实证研究表明该量表一致性信度为 0.74;重测信度为 0.88。原始量表采用李克特五级量表制和填答的方式,包含四个项目。

(二)失地农民创业行为量表设计

本文根据失地农民创业实际情况,针对失地农民创业行为设计了三个题项:"我在有意识的了解创办企业的流程和方法","我在考虑如何开办自己的企业"、"我已经在做创业的准备",同样采取李克特五项量表。

由于失地农民自身风险承担水平较低,为了降低风险,大多数创业活动是模仿尾随型创业。一般是看到市场上某些创业活动取得较好的收益时,才会选择投入成本,开展自己的创业,以解决生计问题或改善生活质量。一般也不会有太多的资金做前期投资,只是小本经营。经营范围较窄,主要从事服务业,创业项目有物流运输、果蔬批发等,基本上可以分为两类:一类是成本低、经营风险小的服务型项目,如摆摊;一类是有一定的技术含量的技能型项目,如出租、开餐馆。

(三)征地情境量表设计

本章第二节对失地农民深度访谈资料的编码分析后,提取了可能影响失地农民创业的征地情境因素。由于没有相关文献提供参考,本研究结合研究目的和失地农民特点,综合考虑整个征地过程,确定了征地情境因素量表。最终量表分为被征地区位(2 个项目)、安置方式(2 个项目)、补偿金额(2 个项目)、创业政策(2 个项目)4 个维度,共 8 个题项。分别是"我所在的征地位置会对我的创业行为产生影响"(城中村/城乡接合部/偏远农村),"征地位置越靠近城郊越会发生创业行为","征地安置方式会对我的创业行为产生影响","留地安置或者住房安置会促进我的创业行为","征地补偿标准的高低会对我的创业行为产生影响","征地补偿金额越高越会发生创业行为","就业创业扶持政策会对我的创业行为产生影响","创业培训会促进创业行为的发生",均采用李克特五项量表。

二、样本调查与问卷收集

本研究从失地农民个体出发,探究创业意向对创业行为的重要预测作用,结合失地农民特点,将创业意向进行渴求知觉与可行知觉的二维度划分,并探究征地情境因素对创业意向—行为关系是否起到调节作用。为验证所提出的假设,本研究通过对失地农民的深度访谈、问卷预测试和发放正式调查问卷的方法,收集分析资料和相关数据。

(一)样本调查

本研究的样本调查可以分为两个部分:第一,是对典型失地农民创业者进行深度访谈,以获取访谈资料,利用扎根理论方法进行分析;第二,是对失地农民群体展开规模调查,这一过程采用发放问卷的方法,以收集数据进行分析。

深度访谈是无结构访谈的一种。但是,这种访谈方法对访谈员的要求比较高。因此,课题组首先选择和培训了一组调查员,组织了20名大三学生和3名研究生组成调查访谈小组,由这组调查员携带访谈提纲分赴各个调查地点(因调查主要利用暑期时间,调查员选择的地点一般是自己的家乡,调查地点分布在浙江、山东等省份),按照访谈方法和要求,与典型创业者进行访问和交谈,并按要求进行记录。

实地调查中的无结构访谈可以分为正式和非正式两种。正式访谈是调查员有计划和预约的访谈,即事先与典型创业失地农民约好,然后直接去失地农民所在地,对其创业意向及行为进行相关访谈;非正式访谈是调查员参与到当地村民生活过程中,与失地农民进行闲聊所进行的一种访谈。交谈内容不受访谈提纲的限制,随着谈话对象、情境而定。例如在调研地购买商品或吃饭时,与店主进行交谈,因势引导,见机行事。

问卷调查采取自填问卷法,将失地农民创业意向—行为调查问卷印制好后,依据所抽取的样本将问卷逐个发送到被调查者手中,为保证本研究的调查问卷获得较高的回复率以及被认真填答,调查员同时向被调查的失地农民讲明调查的意义和要求,耐心解释问卷题项,填答后一一回收。

(二)问卷收集

通过上述方法,课题组分别于2013年7月在宁波市新建村、2014年7月在杭州市环溪村、狄浦村以及2014年8月在济宁市北湖开发区等调研地展开实地调查,最终获取了23位失地农民的访谈记录;初始调查问卷的发放选择了杭州市九堡镇(社区门面、商贸城商户等);正式调查问卷的发放在杭州市、宁波市进行,同时也对浙江省外的部分地区发放了调查问卷。主要收集纸质问卷,同时也在"问卷星"等网络问卷调查平台上发放了问卷链接,利用QQ、E-mail等方式进行发放和回收。

三、小结

本节提供了用于检验本章第二节中提出的相关假设的方法论说明。首先在阐明核心变量及量表来源的基础上,形成本研究的调查问卷;其次对本研究的访谈对象与实证对象的选择以及问卷的发放与回收予以说明;最后详细说明了本书将采用的数据处理工具以及数据分析方法。通过以上内容明晰了本研究实证分析的准备工作,为下一节的实证分析结果奠定了基础。

第四节　数据分析与统计检验

一、样本和数据来源

问卷主要在杭州与宁波发放。杭州跟宁波是浙江省最有代表性的城市,杭州市是浙江省省会城市,宁波市为浙江省经济中心之一,城镇化发展较快,拆迁量大,失地农民人数多,同时经济水平发达,创业氛围相对浓厚。

为确保所收集的调查问卷的信度和效度,调查问卷的测量项参考和借鉴了有关创业意向与创业行为文献中所使用的测量指标,并根据失地农民的特点进行了适当的扩展和调整。所有题项均以 Likert 5 级量表方式表达,要求被调查者对陈述的命题表明态度,1~5 分的含义分别为非常不同意、不同意、不确定、同意、非常同意。在正式问卷发布前对 20 位失地农民进行预测验,请他们针对问卷题项意义与表达的语法提出意见,然后根据反馈意见修改问卷。整个问卷主要分成两个部分,第一部分为人口统计特征,第二部分为由 9 个潜在变量组成的 23 个测量项。正式问卷通过纸质问卷发放,调查对象主要是失地农民,共收集问卷 350 份,剔除 43 份无效问卷,共得到 307 份有效问卷。杭州地区一共发放 250 份,剔除无效问卷 32 份,宁波地区发放 100 份,剔除无效问卷 11 份。表 5-5 为调查群体的样本统计特征。

表 5-5　样本统计特征

变量		人数(人)	比例(%)
性别	男	151	49.2
	女	156	50.8
年龄(岁)	<30	57	18.6
	31~40	107	34.9
	41~50	101	32.9
	51~60	42	13.7

续　表

变量		人数(人)	比例%
学历	小学	31	10.1
	初中	109	35.5
	高中、中专	119	38.8
	大专及以上	48	15.6

二、信度和效度分析

信度是指测量或量表工具所测得结果的稳定性及一致性,量表的信度愈大,则其测量标准误差愈小。本书运用 SPSS18 软件对量表的信度采用 Cronbachc's Alpha 值进行检验分析。DeVellis(1991)提出 Cronbachc's Alpha 值在 0.70~0.80 认为信度相当好,在 0.80~0.90 认为信度非常好。Nunnally(1978)认为 Cronbachc's Alpha 值等于 0.70 是一个较低但可以接受的量表边界值。表 5-6 显示了量表的信度检验结果,每个潜在变量的综合信度都在 0.70 以上,说明量表所收集的数据可靠真实,可以进行下一步分析。

表 5-6　量表信度检验

因子	题数	Cronbachc's Alpha 值	因子	题数	Cronbachc's Alpha 值
成就动机 AM	3	0.888	征地区位 LL	2	0.901
创新导向 IO	3	0.905	安置方式 SM	2	0.926
市场机会 MO	3	0.934	创业政策 BP	2	0.931
社会资本 SC	3	0.858	补偿金额 AC	2	0.868
创业行为 EB	3	0.864			

本节的效度分析使用最大方差旋转的主成分分析方法进行探索性因子分析。Kaiser(1974)认为 KMO 指标值在 0.80 以上适合进行因素分析,且因素分析的适切性是良好的。运用 SPSS18 对量表进行因子分析,得样本数

据的 KMO 统计值为 0.874，表明收集的样本数据适合进行主成分分析，旋转的主成分分析结果如表 5-7 所示。主成分分析出特征值大于 0.60 的 9 个因子，方差解释率为 86.39%，因子结构清晰，各个测度项在其相关联的变量上的因子负载值都大于 0.60，交叉测度项的因子负载没有超过 0.50，表明量表具有较好的收敛效度和判别效度。

表 5-7　最大方差旋转后的因子矩阵

测度项	因子								
	1	2	3	4	5	6	7	8	9
EB1	0.809	0.193	0.163	0.174	0.107	0.087	0.077	0.100	0.183
EB3	0.778	0.197	0.111	0.182	0.093	0.047	−0.025	0.120	0.204
EB2	0.745	0.143	0.202	0.237	0.268	0.009	0.061	0.034	0.231
AM2	0.166	0.811	0.194	0.291	0.115	0.040	−0.002	0.033	0.063
AM1	0.133	0.780	0.124	0.253	0.267	0.071	0.037	0.019	0.146
AM3	0.294	0.765	0.197	0.273	0.217	0.089	0.050	0.002	0.091
SC1	0.175	0.116	0.878	0.146	0.162	0.072	0.002	0.066	0.081
SC3	0.043	0.144	0.738	0.259	0.285	0.048	−0.004	0.039	0.168
SC2	0.316	0.290	0.729	0.007	0.307	0.089	0.073	−0.045	0.067
IO3	0.172	0.282	0.181	0.784	0.328	0.075	−0.010	−0.003	0.128
IO1	0.297	0.316	0.164	0.769	0.206	0.061	−0.045	0.042	0.140
IO2	0.226	0.341	0.140	0.742	0.186	0.044	0.044	0.095	0.050
MO3	0.107	0.255	0.322	0.277	0.798	0.066	0.016	0.085	0.154
MO2	0.198	0.283	0.356	0.251	0.744	0.100	0.040	0.110	0.086
MO1	0.282	0.196	0.266	0.275	0.732	0.081	0.069	0.039	0.197
SM1	0.039	0.047	0.097	0.040	0.077	0.938	0.090	0.140	0.089
SM2	0.075	0.089	0.050	0.073	0.060	0.924	0.053	0.177	0.129
BP2	−0.036	−0.030	−0.023	−0.012	−0.022	−0.059	0.963	−0.051	0.003
BP1	−0.034	−0.021	−0.014	0.014	−0.041	−0.072	0.959	−0.052	−0.005
LL2	0.071	0.043	0.007	0.047	0.034	0.135	0.095	0.925	0.140
LL1	0.118	−0.004	0.054	0.035	0.088	0.176	0.017	0.921	0.091
AC1	−0.323	−0.172	−0.185	−0.122	−0.148	−0.107	0.032	−0.184	−0.796
AC2	−0.333	−0.099	−0.116	−0.135	−0.184	−0.202	−0.030	−0.150	−0.795

三、相关性分析

为避免回归分析时出现多元共线性问题,在回归之前先对各变量之间的相关性进行分析,本书运用 SPSS 计算出各变量间的 Pearson 相关系数,如表 5-8 所示。

表 5-8　变量间相关系数矩阵

	AM	IO	MO	SC	AC	SM	LL	BP	EB
AM	1								
IO	0.709**	1							
MO	0.623**	0.673**	1						
SC	0.523**	0.502**	0.692**	1					
AC	−0.418**	−0.446**	−0.508**	−0.430**	1				
SM	0.079	0.115*	0.171**	0.050	0.391**	1			
LL	0.119*	0.164**	0.213**	0.130*	0.363**	0.484**	1		
BP	−0.078	−0.033	−0.102	−0.072	0.046	−0.089	−0.126*	1	
EB	0.541**	0.582**	0.550**	0.498**	−0.643**	0.125*	0.247**	−0.1	1

注:** 在 0.01 水平(双侧)上显著相关,* 在 0.05 水平(双侧)上显著相关。

如表 5-8 所示,成就动机、创新导向、察觉到的社会资本、察觉到的市场机会这四个自变量呈中低度(0.3~0.8)相关,即不会产生共线性问题。因变量创业行为与调节变量征地区位、安置方式、征地补偿金额三个征地情境也呈现显著相关,这表明适合做回归分析。

四、回归分析

首先,分析创业意向的几个因素对效用创业行为的影响,建立的多元回归模型如下所示:

$$EB = \alpha + \alpha_1 AM + \alpha_2 IO + \alpha_3 SC + \alpha_4 MO + \varepsilon$$

其中,α 是常数项,α_1、α_2、α_3 是回归系数,ε 为误差。计算结果如表 5-9、表 5-10、表 5-11 所示。四个变量与创业行为的多元相关系数(R^2)等于 0.645,决定系数(R^2)为 0.416,四个变量共可解释创业行为的 76.2%。F 检验值为 53.890,且达到 0.01 的显著水平,说明至少有一个解释变量达到显著水平,且 Durbin-Watson 值接近 2,即不会产生自相关问题。

表 5-9 多元模型汇总

R	R^2	调整 R^2	标准估计的误差	更改统计量					Durbin-Watson
				R^2 更改	F 更改	df_1	df_2	Sig. F 更改	
0.645	0.416	0.409	0.76217	0.416	53.890	4	302	0.000	2.015

注:a. 预测变量(常量),MO,IO,AM,SC;b. 因变量,EB

表 5-10 多元回归 Anova

	平方和	df	均方	F	Sig.
回归	125.219	4	31.305	53.890	0.000
残差	175.433	302	0.581		
总计	300.652	306			

表 5-11 多元回归系数

	非标准化系数		标准系数	t	Sig.
	B	标准误差	试用版		
(常量)	0.936	0.185		5.047	0.000
AM	0.163	0.067	0.160	2.438	0.015
IO	0.273	0.065	0.290	4.229	0.000
MO	0.123	0.068	0.131	1.815	0.070
SC	0.185	0.064	0.178	2.888	0.004

从表 5-11 中可以看出,回归系数显著性 t 检验结果显示,创新导向和察觉到的社会资本达到了 $P<0.001$ 的显著水平,成就动机达到 $P<0.05$ 的显著水平,察觉到的市场机会并没有达到显著水平。这与笔者通过访谈结果类似,大多失地农民在察觉市场机会方面存在较大不足,失地农民创业机会和市场的产生,往往不是靠"发现",而是靠"带动"。失地农民能否察觉的市场和机会很大程度上会受到外部因素的影响,也就是说不同地区的经济水平、发展程度、政府理念(政府政策)等会影响失地农民对市场和机会的察觉力。

然后,检验创业意向对创业行为的影响,其一元回归模型如下所示:

$$EB = \alpha + \alpha_1 EI + \varepsilon$$

其中,EI 代表创业意向,EB 代表创业行为。计算结果如表 5-12、表

5-13、表 5-14 所示。拆迁意愿与拆迁效用的一元相关系数(R)等于 0.642，决定系数(R^2)为 0.413，说明创业意向可解释创业行为的 76.1%，F 检验值达到 0.01 的显著水平。

表 5-12　EI 与 EB 间关系的一元模型汇总

R	R^2	调整 R^2	标准估计的误差	更改统计量					Durbin-Watson
				R^2 更改	F 更改	df_1	df_2	Sig. F 更改	
0.642	0.413	0.411	0.76086	0.413	214.342	1	305	0.000	2.008

表 5-13　EI 与 EB 间关系的一元回归 Anova

	平方和	df	均方	F	Sig.
回归	124.085	1	124.085	214.342	0.000
残差	175.567	305	0.579		
总计	300.652	306			

表 5-14　EI 与 EB 间关系的一元回归系数

	非标准化系数		标准系数	t	Sig.
	B	标准误差	试用版		
（常量）	0.970	0.178		5.454	0.000
EI	0.743	0.051	0.642	14.640	0.000

从表 5-14 中可以看出，回归系数显著性 t 检验结果显示，创业意向的系数为 0.743，达到了 $P>0.01$ 的显著水平。从表中可以得出其回归方程为：

$$\text{EB}=0.970+0.743\text{EI}$$

五、征地情境调节变量检验

由于本文的解释变量和调节变量都是连续变量，需加以平减，即实行中心化处理。本研究中，检验情境变量的调节效应模型如下所示：

$$\text{EB}=\beta+\beta_i X+\beta_j Y_j+\beta_{1j}+X_1 Y_j+\varepsilon$$

其中，X 为解释变量，即为创业意愿；Y_j 为调节变量，进一步解释，Y_1、Y_2、Y_3、Y_4 下标分别对应为 LL、SM、AC、BP。$X_i Y_j$ 代表交互项，表示变量 Y_j 对 X 与 EB 之间关系的调节效应。只有当交互项前面系数达到显著水平时，方可证明变量 Y_j 对 X 与 EB 之间关系具有调节作用。本文运用层次回归来检验调节效应，模型一表示拆迁意愿对拆迁效用的影响，回归分析并没有纳入情境变量,因此,所有调节变量的模型一都一样;模型二是将征地情境纳入回归模型,主要分析其主效应,不考虑其交互项;模型三把情境变量与创业意愿的交互项纳入回归模型,以分析特定情境变量的调节效应。SPSS 分析结果如表 5-15 所示。

表 5-15　征地情境调节变量的检验结果

	征地区位			安置方式		创业政策		补偿金额	
	模型一	模型二	模型三	模型二	模型三	模型二	模型三	模型二	模型三
β	3.494	3.493	3.513	3.494	3.496	3.493	3.501	3.492	3.510
X	0.743**	0.714**	0.698**	0.730**	0.711**	0.739**	0.714**	0.484**	0.471**
Y_i		0.143**	0.127**	0.056	0.047	−0.049	−0.052	−0.522*	−0.515*
$X \times Y_j$			−0.134**		0.043		0.120*		0.051
R	0.642	0.655	0.666	0.644	0.645	0.644	0.651	0.734	0.735
R^2	0.431	0.430	0.444	0.415	0.416	0.415	0.423	0.539	0.540
Adj. R^2	0.411	0.426	0.439	0.411	0.410	0.411	0.418	0.536	0.536
ΔR^2	0.413	0.017	0.014	0.002	0.001	0.002	0.008	0.126	0.002
F	214.342	114.485	80.666	107.641	71.831	107.748	74.127	177.533	118.713
ΔF	214.342	9.003	7.861	0.964	0.539	1.090	4.443	83.056	1.054
Sig. (ΔF)	0.000**	0.003*	0.005*	0.327	0.463	0.297	0.036*	0.000**	0.305
Sig.	0.000**	0.000**	0.000**	0.000**	0.000**	0.000**	0.000**	0.000**	0.000**

表 5-15 反映的是征地情境下四个维度对失地农民创业意向与创业行为的调节效应。从模型一可以看出,创业意向中心化处理后的所得的回归方程与表 5-14 的回归系数一致(常数项除外)。

从征地区位的检验结果看,模型二显示征地区位的主效应呈正向显著,说明越接近城市的城郊地区,失地农民越有可能创业。分析原因,那些位于城中村或城乡接合部的失地农民由于离城市中心较近,必然受到城市经济发展的辐射,在生活水平和生活质量等方面都明显高于离市中心较远的地区,在政治、文化等方面具有开放性、包容性。受到外部环境的种种影响,征地区位优越的失地农民在接受信息、市场、政策等方面存在一定优越性,可接触的创业资源较多。因此,失地农民创业渴求知觉和可行知觉较高,相比于那些征地区位条件优势不那么明显的失地农民(即位于偏远农村、工业园区开发等),其选择创业意愿相对较为强烈。从模型三中可以看到征地区位对失地农民创业意向和失地农民创业行为的关系具有反向调节作用,城镇化进程发展越快的地区,失地农民创业意愿促成创业行为的可能性越低,根据我们的调研,越发达的城乡接合部地区,找一份合适的工作越方便,在失地农民风险承担能力普遍较弱的情况下,大家都会选择更安稳的生活方式(如杭州九堡商贸城店铺内给店主看店的都是附近失地农民)。

从安置方式的调节效应检验结果来看,模型二显示了安置方式的主效应不显著,即政府采取何种安置方式不会对失地农民是否创业产生影响。模型三显示安置方式对失地农民创业意向和创业行为之间的关系不具有显著的调节作用。即具有强烈创业意向的失地农民并不会因为政府采取了何种安置方式,而不采取创业行为,或是不具有创业意向的失地农民,也不会因为政府采取了好的安置方式而采取创业行为。目前各地征地安置方式存在很大差异,但总的来说,可以分为货币安置和实物安置两种,一般情况下,大面积征收失地农民土地,会采取集中安置的方法,即集中安置于规划的安置点,统一解决生产生活基础设施的安置方式。另外失地农民可得到一些补偿费用,如实物补偿费(房屋、附属设施、林木和地上附着物),建房补助费,搬迁补助费等;另外也有留地安置,即允许在集中安置点划给失地农民宅基地用于建房,既可以用来出租也可以用来生产等;另外也存在很多只有货币补偿,没有任何实物安置的失地农民。安置方式情况复杂,受到调查时间和调查范围的局限,获得的数据不具代表性而影响实证分析结果。

从第三列可以看出:创业政策对失地农民的创业行为的主效应不显著。在调研中我们发现,部分地区出台的创业相关政策并没有得到很好的推广宣传,执行存在一定不到位的情况,导致失地农民对政策认识不足,甚至有抵触情绪。同时,存在一些地区的创业政策执行繁琐,为失地农民创业带来一定麻烦。但模型三显示,创业政策的交互项为正,表明在比较优惠的创业政策激励下,具有较强创业意向的失地农民更可能采取创业行为,即创业政策对创业意向和创业行为的关系有显著的正向调节作用,相关创业政策能够促进失地农民创业。

从补偿金额的调节效应检验结果来看,模型二可以看出征地补偿对失地农民创业行为的主效应在 0.05 的显著水平上为负,说明征地补偿对失地农民创业行为起到了一定的抑制作用,在现实生活中,特别是经济发达地区,许多失地农民在获得巨额的补偿下出现了"一夜致富",然后他们面对前所未有的财富丧失了斗志,沉迷于赌博和吸毒等不良行为,而这种行为使得他们很快地又一无所有。这给我们的启示是过多的补偿金额并不能促进失地农民进行创业。模型三显示,征地补偿金额对失地农民创业意向与创业行为的关系并没有显著调节作用,即一般情况下,拥有强烈创业意识的失地农民并不会因为政府补偿金额少而放弃创业行为。

六、模型的验证性检验

接下来,对模型的核心部分,即创业意向与创业行为间关系的整体适配度进行检验(模型的情境调节变量暂不考虑),结果如表 5-16 所示,绝对适配统计量中的卡方自由度比 χ^2/df 小于 5,表示模型与样本数据的契合度可以接受;适配度指数 GFI>0.80,说明理论建构复制矩阵能较好地解释样本数据的观察矩阵。增值适配度统计量中的 NFI、IFI、TLI 和 CFI 指标均在 0.9 以上。综上,研究模型的整体适配度是可以接受的。

表 5-16　模型整体适配分析及衡量指标 $n=307$

统计量检验	适配的标准或临界值	结果
χ^2/df	<5.0	3.621
GFI	>0.8	0.890
NFI	>0.90	0.927
IFI	>0.90	0.946
CFI	>0.90	0.946
TLI	>0.90	0.929

其次,通过 SEM 分析方法,对模型进行路径分析,并根据结果对假设的变量关系进行验证。当临界比(critical ratio,C. R.)的绝对值大于 1.96,则参数估计值达到 0.05 显著水平,当 C. R. 的绝对值大于 2.58,则参数估计值达到 0.01 显著水平。模型标准化路径图和非标准化路径图分别如图 5-3 和图5-4 所示。假设检验结果如表 5-17 所示,其检验结果与 SPSS 检验结果一致,AMOS 运用极大似然法,得出察觉到的市场机会对创业意向的影响并没有达到显著水平,成就动机、创新导向与察觉到的社会资本对创业意向的影响则达到了显著水平。

表 5-17　研究模型的假设检验结果 $n=307$

路径	Unstandardized Estimate	Standardized Estimate	S. E.	C. R.	P
创业意向←成就动机	0.196	0.204	0.087	2.241	0.025
创业意向←创新导向	0.263	0.329	0.073	3.602	***
创业意向←市场机会	−0.002	−0.003	0.072	−0.033	0.974
创业意向←社会资本	0.302	0.293	0.091	3.331	***

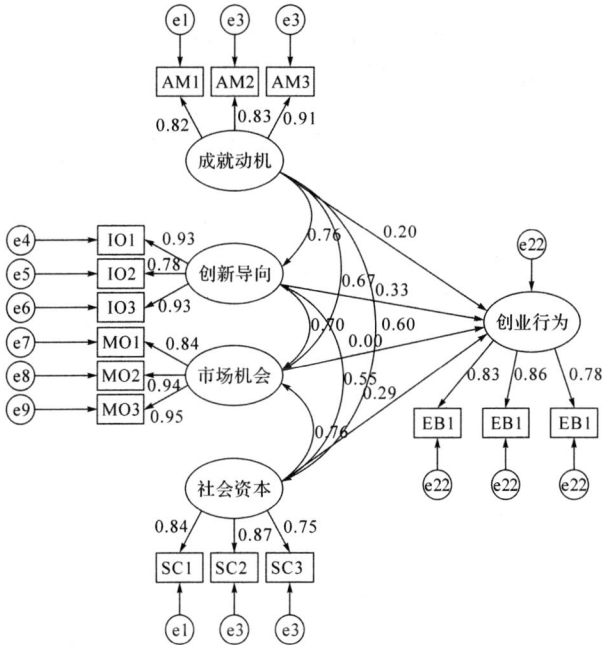

图 5-3　非标准化路径

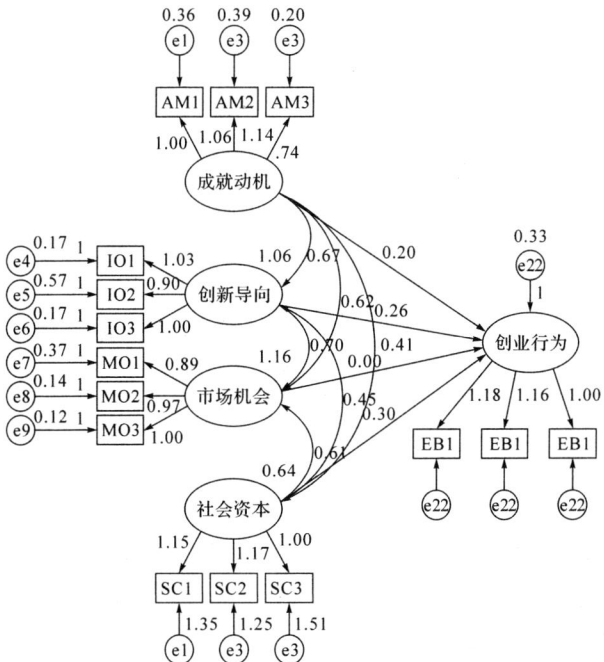

图 5-4　标准化路径

119

第五节　研究结论

第四节中通过运用 SPSS 软件对失地农民创业意向—行为理论模型做回归分析、调节变量分析和中介变量分析,笔者把研究假设汇总,如表 5-18 所示。

表 5-18　研究假设的检验结果汇总

假设	假设关系	检验结果	具体结论
H1	创业意向→创业行为	接受	正向影响
H11	成就动机→创业行为	接受	正向影响
H12	创新导向→创业行为	接受	正向影响
H13	社会资本→创业行为	接受	正向影响
H14	市场机会→创业行为	拒绝	无显著影响
征地情境变量的调节作用			
H21	征地区位 ↓ 创业意向→创业行为	接受	主效应为正,交互项为负
H22	安置方式 ↓ 创业意向→创业行为	拒绝	主效应、交互项均不显著
H23	创业政策 ↓ 创业意向→创业行为	接受	主效应不显著,交互项为正
H24	补偿金额 ↓ 创业意向→创业行为	拒绝	主效应为负,交互项不显著

从表 5-18 中可以看出,笔者提出的原假设大多成立,在解释变量中,察觉到的市场机会并没有达到显著水平,在调节变量中,安置方式和补偿金额也没有起到调节作用。在此,笔者构画出失地农民创业行为形成机理理论模型检验结果,如图 5-5 所示,其中实线代表假设成立,虚线代表假设没有达到显著水平,原假设不成立。接下来,笔者阐述其背后可能的解释性原因。

结论一:失地农民创业行为形成的核心作用机理是失地农民创业意向—失地农民创业行为的关系

失地农民创业意向的实证研究结果表明,失地农民创业意向显著影响

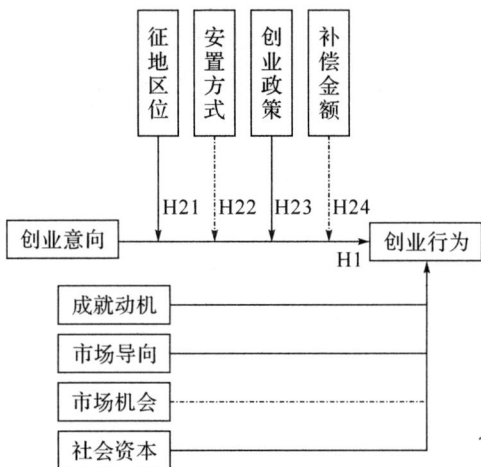

图 5-5 失地农民创业意向-行为理论模型检验结果

其创业行为,意向是实际行为的"强预测"变量(Sutton,1998;Conner,Armitage,2001)。Shapero 和 Sokol(1982)假设,惯性会支配人们的行为直到被其他事情打断或"置换",当置换发生时,潜在创业个体通过创业行为合意性和可行性判断来提升创业意向,决定进行创业活动。对于失地农民来说,"征地"相当于这里所说的"置换"事件,其生活生产方式会随着作为生产资料的土地被征收这一事实发生改变,失地后的潜在创业个体面临多种生存选择,只有当他认为创业行为更合意和可行时,才会做出下一步行动,改变自己的行为倾向,朝创业的方向发展,开始自己的创业历程;相反当失地农民并不渴望创业,或者觉得创业不具备可能性,也就是当失地农民的创业意向较弱时,几乎是不会选择创业行为的。综上分析,失地农民创业意向直接决定创业行为是否发生。

结论二:影响失地农民创业行为的关键性因素:创业意向,受到其渴求知觉和可行知觉的影响

研究结果表明,创业意向对创业行为存在着显著的正向影响,说明当失地农民创业意向比较强烈的时候,去创业可能性更大;反之,当失地农民的创业意向较低时,创业的可能性较小。创业意向的维度主要包括成就动机、创新导向、察觉到的社会资本、察觉到的市场机会。本研究所定义的失地农民创业所察觉到的社会资本可以体现在行为榜样和网络支持两个方面。调研中我们注意到,绝大多数失地农民通过模仿和学习个人社会网络中(如家族)的创业成功者,以增强创业信心,继而产生创业意向,发展创业行为。然而,察觉的市场机会对创业行为的影响没有达到显著水平。失地农民创业

121

机会和市场的诞生,往往不是靠"发现",而是靠"带动"。失地农民能否察觉的到市场和机会很大程度上会受到外部因素的影响,也就是说不同地区的经济水平、发展程度、政府理念(政府政策)等会影响失地农民对市场和机会的察觉力。

结论三:征地区位、创业政策对失地农民创业意向—创业行为产生调节作用

根据"区位"的定义,一方面指该事物的位置,另一方面指该事物与其他事物的空间联系。本研究界定的征地区位不仅指征地所在的位置,即按照距离主城区的远近,可以分为城中村、城乡接合部和偏远农村;另外还指其征地开发类型,即根据当地地理条件、生态环境、城市规划等发展需要在这一位置上开发旅游景点、生态保护区或是经济开发区、工业园区而征收土地,除此还有因基础设施建设需要(如有公路或高铁穿过)而征收土地。良好征地区位会给失地农民增强创业可行性的判断,被征地越是靠近城市中心,就越有可能享受区位优势,包括自然资源、地理位置、工业集聚、文化教育、旅游等各方面,资源优势会增强失地农民的创业行为。然而另一方面,处于比较好区位,失地农民可能选择就业而非创业。如征地后发展为工厂或商业区,他们大多会选择风险比较小的就业,而不是风险大的创业。

创业政策主要包括创业指导、创业培训、融资渠道、平台建设、创业服务中心等一系列创业扶持政策。合理高效的创业政策能够鼓励失地农民进行创业,并可使具有低创业意向的失地农民也尝试地进行创业行为。

结论四:补偿金额对失地农民的创业意向起到负向的抑制作用,但并不会调节其创业意向与创业行为之间的关系

补偿金额的多少会影响失地创业个体资金、贷款等方面,但就目前的补偿标准看,不同地区存在较大差异。根据现行《土地管理法》规定:土地被征用前3年平均年产值的确定(有关土地补偿费、安置补助费的补偿标准),按当地统计部门审定的基层单位统计年报和经物价部门认可的单价为准。补偿金额的作用主要体现在可行知觉与创业行为关系上,对于那些创业失地个体来说,一定数额的补偿费用可以投入扩大或拓展自己创业活动。但对于那些获得高额征地补偿款的失地农民来说,这一情境因素削弱了其创业意向,并且认为补偿金额越高,其创业意向越不明显,这就不难理解为什么会有"一夜暴富、暴富聚赌"的现象存在。如图5-6所示,图中A、B两点代表两名潜在失地农民创业者,可以看出,B得到了比A更多的补偿金,但如果增加相同数量的补偿费用,位于A点上的失地农民所受到的调节效应明显大于位于B点的失地农民。这说明,对于那些既有创业想法,又具备一定创

业条件的失地农民来说,适量的补偿金可以增强其意向行为的一致性程度,即增加了其将创业想法付诸实践的可能性;但对于那些已经得到相当数额补偿金的失地农民来说,这时候增加补偿费用对其创业也不会产生太大影响。对于这部分失地农民,关键问题怎样在于高效利用补偿资金,而不至于"浪费"。

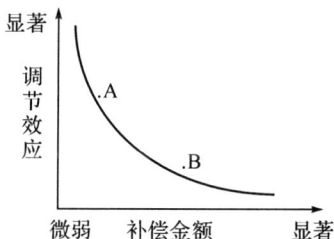

图 5-6 补偿金额(情境变量)对创业意向调节效应的影响

结论五:安置方式对失地农民创业行为的主效应并不显著,也不会调节其创业意向与创业行为间的关系

现阶段,各地政府所采用的安置方式并不统一,经济发达且人少地多的地区多采用留地安置的做法,其优势主要在于三方面:①留地安置中政府的主要投入是政策支持,不需要投入更多的资金。②良好的留用地开发与经营,可以为发展壮大集体经济提供良好的基础和必要的场所。③安置留用地一般具有良好的区位条件,多处于经济发展市场化程度较高且人多地少的地区,土地资产价值明显,间接提高了对被征地农民的补偿,有效地弥补了货币补偿不足的缺陷。对于享受留地安置的村民来说,可以将其房屋用作出租、经商(门面)、生产(作坊),对创业行为产生一定影响;然而目前大多数地区多采用货币安置,相比于实物补偿,拿到安置补偿费的失地农民需要自谋职业,在这些人中,大部分失地农民选择了外出打工。由于安置方式的多样性和地区经济发展状况的差异性,安置方式这一征地情境因素对失地农民创业意向—行为的调节作用并不明显。

第六章 失地农民创业行为特征及其影响因素

第一节　引　言

国外缺乏对失地农民创业行为的研究,多数西方学者聚焦于农民在农业领域的创业研究。我国学者更倾向于使用"农民创业"这一概念,这一研究群体对象主要包括:务农农民、农民工及失地农民等,而本书研究聚焦于在城镇化背景下因土地被征用而失去土地的农民的创业行为特征。在国内,对于失地农民这个特殊群体的创业研究才刚起步,国内学者郭军盈认为,影响农民创业的因素为体制性因素、外部因素和自身素质三大类。大多学者从宏观层面来探讨,指出当前失地农民创业的困境主要表现在以下四个方面:①创业资金不足;②市场信息不完全;③政策引导有限,相关扶持措施不到位;④知识有限的农民缺乏现代化的经营管理理念和技能(郭金云、江伟娜,2010)。另有学者认为,失地农民在创业时面临的主要问题是创业能力的缺失、创业资金不足及创业成本过高(赵春燕、周芳,2012)。对于如何促进失地农民进行创业,措施表现在多个方面,比如在创业融资方面,有学者以青海省东部农业区为例,对失地农民创业投资问题进行探析(李燕,2014),另有学者提出针对失地农民构建创业融资的支持体系,可以有效解决失地农民创业过程中的融资约束问题(李素娟、张明,2012)。在创业政策方面,有学者认为,单纯地考虑补偿和保障不足以彻底地解决失地农民长远生计问题,只有建立完善的创业支持体系,才能很好地解决失地农民生计问题(郑风田、孙谨,2006),具体有学者指出应从培训失地农民创业动机入手,并拓展这类群体的社会网络,培训他们发现商机的能力(郭金云、江伟娜,2010),对创业活动进行积极宣传,出台优惠扶持政策及开展创业培训、创业辅导等来构建创业支持体系(赵春燕、周芳,2012)。

也有从微观层面入手对失地农民创业进行研究的,如有学者基于计划行为理论,探讨创业意向与创业行为的关系,并建立创业倾向与创业行为模型(范巍、王重鸣,2006),也有学者单独探讨失地农民创业意向及其影响因素(刘斌,2011)。有学者基于理性选择理论,分析成都市失地农民创业大多选择第三产业的成因(吕尖、朱苟,2009)。另有学者运用二元 logistic 回归来研究生计资本对失地农民创业的影响(周易、付少平,2012)。

然而,通过文献梳理,发现鲜有学者研究失地农民创业行为特征,相关文献仅是基于生计可持续目标的研究框架,指出失地农民创业特征主要表现在三个方面:①失地农民自身创业能力偏低;②失地农民创业环境差;③失地农民创业类型主要为生存型创业(刘莉君、黄欢,2013)。这一结论显然没有考虑地区经济差异因素,所得结论也较为宏观,且没有经过实证数据的检验,缺乏说服力;另有学者对昆明市呈贡新区的失地农民创业现状进行实地调查,但仅仅对数据进行简单的描述性分析,在创业类型方面,发现大多数失地农民选择在第三产业进行创业,而在第三产业中,又以餐饮业为主(刘杰,2014)。显然,以第一、第二、第三产业进行划分来分析失地农民创业行为特征,不可能得到失地农民在微观行业创业的具体情况。因此,本章重点从微观层面对失地农民创业行为特征进行实证分析,并探讨影响失地农民创业行为选择的因素,了解失地农民创业成功行业的大致分布情况,以期能够为创业培训方向及扶持技能培训上有所启发,并填补这一研究领域的空白。

第二节　模型构建与研究假设

由于国内对失地农民创业行为特征的研究还处于初步阶段,目前还没有标准成熟的范畴来描述其创业行为特征及影响因素,因此,本章主要运用扎根理论的研究方法对参考文献及访谈资料进行提炼和挖掘,以期构建失地农民创业行为特征影响因素的理论模型。

一、文献整理

本章对当前国内有关失地农民创业行为的影响因素研究的结论进行了梳理,结果如表 6-1 所示。

表 6-1　国内有关失地农民创业行为的影响因素研究结论

影响因素		作用机制	结论出处
人口统计学特征	性别	男性＞女性	刘杰(2014)
		无显著影响	张晖等(2012)
	年龄	－	张晖等(2012)
		先增后减	刘杰(2014)
		＋	周易等(2012)
	婚姻	＋	周易等(2012)
	家庭收入水平	＋	周易等(2012)
人力资本	受教育水平	＋	周易(2012)
	参加培训情况	＋	张晖等(2012)
网络规模	网络规模	＋	周易等(2012)
网络支持	网络支持	＋	周易等(2012)
征地补偿层面	征地拆迁补偿金额	－	张晖等(2012)
融资环境	融资环境	＋	周易等(2012)

注：表中的作用机制"＋"表示该影响因素与失地农民创业行为正相关，"－"则表示负相关。

　　绝大多数文献并没有提出一个有关失地农民创业行为特征及影响因素的理论框架，然而通过对文献梳理可以总结和归纳失地农民创业行为的影响因素，这可以为本章构建失地农民创业行为理论模型奠定基础，但由于整体相关文献研究较少，仅依靠现有少量的文献来构建理论模型显然缺乏研究基础，因此本章下文通过实地访谈获取资料，并运用扎根理论的质性研究方法来补充构建理论模型。

二、调研地背景及相关信息

　　鸡毛换糖是指在那个物资匮缺的年代，小商小贩走南闯北，走街串巷，以糖、草纸等低廉物品，换取居民家中的鸡毛等废品以获取微利。早期的鸡毛换糖，形成于我国的浙江省义乌等地，而鸡毛换糖的发展，也经历了一波三折的过程，最终这一行为对地区经济和发展的促进作用得到认可，义乌渐渐成为世界著名的"小商品批发市场"，而这一典故也折射出义乌义商创业之艰辛。

　　当前，义乌实行旧村改造的办法以适应城镇化发展要求，从而征地拆迁现象在当地较为普遍,原先的农民创业也渐渐转变为失地农民创业。因此,课题组于 2015 年 5 月至 6 月,选取义乌福田街道的楼西塘村、下骆宅村、湖塘村、抱湖塘村及宗宅村进行走访调查。福田街道属于城区,旧村改造进程相对其他街道较快,且绝大多数村民的土地已被征用。选取的 5 个村庄中,走访过程中,有些村庄在土地征用后刚刚实施改造,而有些村庄则在多年前就已完成了改造。

通过访谈了解到,义乌旧村改造的办法主要参考如下两个政策:义乌市旧村改造暂行办法(义政〔2001〕113 号文件)和义乌市旧村改造政策文件(政发〔2009〕84 号文件)①。旧村改造已经完成的村按上述政策用地安置标准建设排房(排房的建设标准一般为 4 层半)。对于走访时正在进行旧村改造的村庄,实行的是排房和高层相结合的用地安置模式,而这种模式在排房和高层之间的分配比例因村庄的不同会出现稍许的差异,如楼西塘村实行的是让村民在排房或高层(高层按用地标准安置的 6 倍安置)中自愿选择其中一个进行安置,也就是说排房和高层的分配比例是 0%∶100% 或 100%∶0%,取决于村民的选择。具体来说:对于一家三口小户村民,可以选择基地面积为 108 平米的四层半排房或 6 套 108 平米的标准高层套房,而选择排房的村民不再享有选择高层村民一楼出租的租金分红,因为排房的村民也可将自己的房屋出租而获取租金收益;但下驼宅村②按 70%∶30% 的比例分配排房和高层的安置面积,且高层按用地标准安置的 6 倍安置。具体来说:对于一户人家获得 120 平米的用地标准来计算,该户村民获得基地面积为 84 平米(70%)的 4 层半排房和 36 平米基地面积(30%)安置高层,由于高层按用地

① 文件中有关集体经济组织成员土地补偿,按下列用地标准安置:

(一)1～3 人的小户安排 108 平方米以内,其中子女单独立户的父母 1 人安排 36 平方米以内,2 人安排 54 平方米以内,符合立户条件(满 20 周岁)且未婚的子女安排 90 平方米以内,已婚的子女安排 108 平方米以内;

(二)4～5 人的中户可安排 126 平方米以内;

(三)6 人以上(含 6 人)的大户不超过 140 平方米;

(四)年满 60 周岁无子女立户参加旧改的老年户,1 人享受 90 平方米以内,2 人享受 108 平方米以内。

夫妻双方均为本村级组织实在册成员,且已领取独生子女光荣证的家庭,独生子女可享受增加 1 人计入在户人口;

另外,旧房合法占地面积超过户型安置基数标准的,超过部分按 1∶0.7 的比例按实增加安置基数,但每户安置基数最高不超过 140 平方米。

② 1～3 人的小户安排 90 平方米以内,4～5 人的中户可安排 120 平方米;6 人以上(含 6 人)的大户安排 140 平方米。

标准的 6 倍进行分配,即高层面积的实际大小为 216 平方米(即为 2 套 108 平方米的套房),最终该户人家获取基地面积为 84 平米的 4 层半排房和 2 套 108 平方米的高层套房。而对于湖塘村则按 60%:40% 的比例分配排房和高层,具体计算方法类似于下驼宅村,在此不再赘述。

根据区位理论,优越的区位会拥有便利的交通优势,从而影响门面的出租和店面的生意。对于经商的义乌失地村民都懂得这个道理,因此在选择用地安置区位时,村民都更倾向把自己的房屋建在区位较好的地理位置或更倾向于选择楼层较好的套房。对于这种矛盾的调和,义乌采取的是类似于竞标的形式来进行分配。具体来说:对于一块更有优势的区位,会分配给出价最高的村民,而这个价钱就是当地所称的"选位费"。据了解村里的选位费,最高可达到 400 多万。村里所收取的选位费一般是用于排房或高层周边的道路建设、绿化等公共基础建设,多余部分则平均归还给村民。对于排房或高层房屋的建设,也是由村民自己出资找建筑商建设。通过访谈了解到,一间(这是当地的称法,是指基地面积为 36 平方米的四层半排房)毛坯房建设费用为 25 万~28 万,三间即 108 平方米可达 75 万~84 万。由此可知,义乌人民为旧村改造也付出了较大的资金成本,而对于经济较为紧张的家庭,难免要向银行贷款(这时的村领导或当地政府已和银行协商好,可贷款给村民),或卖些他们分配到手的安置用地面积(去调查时,当地的地价为 6 万~7 万每平方米)以获得资金。

尽管每个村按户型分配用地标准安置的方式有些差异,但义乌村民在垫付成本建成房屋后,平均一年的租金收入大约可达到 20 万~25 万,多的加上市场的摊位费则可达到 100 万。

然而,近年来随着淘宝网店的崛起、人民币汇率及招工成本的上升,再加上广东、深圳、上海等外贸市场的迅速发展和中东战局的频发,这些外部环境的变化不可避免地冲击着义乌小商品批发市场。因为此前,它主要依赖实体商店的批发零售和中东外贸市场。在访谈中,发现有些义乌村民原来从事制造业,现在改行从事销售业,也有些义乌村民已放弃了原先的创业,转而仅仅依靠收取房租或原来做生意的摊位租金为生,即转变为"出租型创业"。

接下来,在运用扎根理论的方法建立理论模型前,先让读者了解课题组成员走访的五个村庄的基本情况。

楼西塘村①

　　楼西塘村隶属于福田街道,村民 229 户,人口 565 人,外来租住人口超过 1400 人,村子离国际商贸城二期仅 500 米左右,规划中的国际商贸城三期、商贸城医院分别位于该村前后,37 省道贴村而过,该村拥有 600 亩左右的土地,2008 年左右开始实行征地,如今集体土地全部被征完毕,主要用于公共设施建设,医院、市场、公路等,并划拨一部分安置用地给村民自建住房,最后剩余 40 亩左右土地目前还没有开发规划,部分勤快的村民利用这块闲置土地种蔬菜。

　　据了解,该村原来经济和基础设施落后,因此,该村的迅速发展得益于政府的城市规划。由于新建市场即在该村对面,因此楼西塘村拥有相对优越的区位优势。

　　笔者访谈发现,楼西塘村的旧村改造近乎完成(如图所示,排房和高层已建好,目前正在招商引资),对于选择排房村民,每户平均约可分配到 3～5 间排房,选位费大致要 19 万～56 万一间。据访谈了解,旧房拆迁补偿费标准较低,为每平方米 100 元左右。在旧村改造前,该村绝大多数村民已在创业,且以批发和零售业为主。在访谈的两位村民中,其中一户为浪莎袜业电商,一年销售收入高达 80 万。另一位在做箱包销售(最开始创业时是做箱包制造,后期生活条件改善,转为做箱包批发销售),一年收入也有 15 万。

　　在楼西塘村,大多数村民能够承担旧村改造房屋建设费用,不足部分可由村中领导向银行协商,村民可以以一间排房(基地面积为 36 平方米,由第一层到顶层为一间)向银行贷款 20 万。家庭收入不高的村民,可以将获得的安置用地卖出一部分土地(调查时,义乌土地每平方米 6 万～7 万左右)获得资金,用于旧村改造建设房屋。改造后,由于该村距市场只隔一条马路,所以房屋出租不存在空缺,据被访谈者估算,改造后一位 70 多岁的老太太(按

---

　　①　图中即为刚刚改造完成后村民建设的新的排房和高层。

高层算,可获得两套房)单单通过租金的年收入可达 6 万~7 万,另外可获得高层房屋底层门面租金 1 万~2 万的分红,再加上几百元的养老保险,该村的人均最低收入高达 9 万左右。

下骆宅村

福田街道下骆宅村位于义乌市城东偏北,辖下骆宅、儒娄、如端 3 个自然村。村委会驻地下骆宅。义廿公路横穿村北,东阳江南西流经村庄。东与白岸头村毗邻;南与青口乡下湾、平畴、江干等村隔江相望;西与北下朱、东傅宅等村接壤;北靠前王宅、下华店等村。

义乌鸡毛换糖的典故起源于该村及周边。据了解,改造前,该村大概有 40 多户村民(原先只有 200 多户,大约占 20% 的村民)在办服装厂,如今在慢慢减少,而多以销售为主。

走访时,该村目前共有 737 户村民(由于旧村改造,为获取更多的安置用地,多数家庭选择分户),1559 人口,5 个小组,87 位党员。全村共有 1000 多亩土地,1996 年开始征用,全村被征用 766.5 亩土地,用于公共建设,如公路、中国电信、信用社、加油站、绿化、安置区块等,现只剩余 251 亩耕地。

该村的旧村改造已进行一半,即有一半的村民已住进安置的排房或高层,由于该村距离福田市场较近,这部分人可以获得租金,估算一户家庭最低房租可达 10 万,剩余的 300 多户村民还没有进行旧城改造,但该村拟用 172 亩安置用地安置这剩余的 300 多户村民,建设排房和高层。因此,这部分还没有安置的村民相对有些损失,即未安置村民不但不能收取租金,还得花钱租房。据初步统计,通过创业该村人均收入为 5 万元左右,另外年终可获得村集体的分红。如图中的下骆宅综合市场,属于村民集体资产,一年租金可达 600 万,所以一年每位村民可得 2000 元分红。60 岁以上老人,村里每月发 100 元补贴,村里为每位村民交医疗保险共1000 元。村里每季度组织老年协会旅游一次,补贴一百元,其余开支村民自付。

据了解，该村目前外地人口约 7000～8000 人，人口构成以 30 岁左右的年轻人居多，且大多在做电商，而本村村民从事电商较少，主要是由于原来义乌创业村民现在年龄较大，对于网络技术，即使培训，他们也觉得自己无力从心。

湖塘村

福田街道湖塘村有村民 219 户，人口 534 人，拥有 600 亩左右的集体土地，目前被征用 400 亩左右土地，剩余 200 亩左右耕地未征用。原来，每亩耕地补偿标准为 4.4 万元（66 元每平方米）；现在，每亩补偿标准为 6.3 万元（96 元每平方米），所征用的土地主要用于公共基础设施的建设。通过访谈了解，该村大约有 80%～90% 的村民正在创业，创业氛围较为浓厚。原先有几十户村民创办饰品工厂（头饰饰品），但现在大多村民开始从事饰品销售，该村村民的收入来源主要是做生意和外出务工。据了解，该村为每位村民一次性缴纳 8000 元，办理失地农民养老保险，而医疗保险费用由两部分组成：村民交 600 元，村里交 200 元。据被访谈者估算，该村村民年人均收入为 2 万～3 万。走访时，该村正在旧村改造中，已历经 7～8 年时间。如左图所示，大批排房正在建设中（排房建设标准为 5 层半，包括地下室）。据了解，该村最高的"选位费"高达 192 万一间。调查时，还有 30～40 户村民没有参与旧村改造。该村将通过招商引资把村子打造成淘宝第二村，渠道主要是鼓励村民从事微商和电子商务。

抱湖塘村

福田街道抱湖塘全村共有 192 户村民，人口 510 人左右，原来村庄共有 820 亩集体土地，现在土地全部征用完毕，划拨 140 亩左右的土地用于建设排房（4 层半）。该村 2005 年开始实行旧村改造，2008 年审批完，2009 年开始选位建造排房。当时，选位费最高的是

100多万。令人不解的是,目前该村只有5％左右的村民正在做生意,而剩下的95％劳动力人口闲置在家(小孩读书除外),因为旧村改造后,村民仅仅通过收取租金,平均三人小户家庭一年的租金收入最低有10万左右。再加上,这两年大环境的变动,生意难做,村民怕亏本或利润微薄,宁可通过收取租金养家糊口,赋闲在家,外出务工也少。慢慢地,本地就形成一种不愿意创业或就业的"村风"。当笔者继续追问在旧村改造前,本村村民的创业情况时,被访谈者的回答是:"在旧村改造前,本村创业的村民也只占到了20％左右",远远低于其他村庄,当问及是什么因素导致时,村民的回答是仅用简短的一句话概括:"村风不好,没有创业的氛围,这里也曾招商引资两次,但都撤资了,导致这块房子比较难出租,兴旺不起来,可能风水也不好。"而对于淘宝店,该村也只有一两家村民在做淘宝。

虽然,面对渐渐失去的创业氛围,义乌市政府打出了"鸡毛换糖再出发"的口号,号召村民的发扬"创业精神"。政府也在举办就业或创业培训,在村里的马路电线杆也能经常看到淘宝培训的牌子,但据被访谈村民介绍,村民的参与程度并不高,因为本村村民本不是很想学习政府举办的培训内容,而对于淘宝培训,他们都反映自己已经学不会电脑了。

宗宅村

福田街道宗宅村位于国际商贸城以北,稠州北路以东,37省道以西,地理位置优越,全村共有村民956户,人口1956人,党员62名。该村是远近闻名的制笔专业村,村里原先大约有2/3的村民自己加工生产圆珠笔,并自己拿到市场上去卖,即自产自销的经营模式。由原来一支市场价几分钱到现在一支十几元的圆珠笔,目前村民人均年收入为5万～6万元,也有少数村民外出在周边地区创业。1998年,旧村改造前,本村经济在义乌排名第一。然而,通过访

谈了解,在整个福田市场,国际商贸城北移后,宗宅村失去了市场区位优势,且旧村改造一直在审批中,历经18年,原来大约有1800亩土地,征用700亩土地,原来一亩耕地补偿金额为4.2万,现在一亩耕地补偿金额为6.6万,剩余1100亩土地中,有462亩用于宅基地建设,200亩土地流转出去了,剩余的近500亩土地,部分村民一边自己耕种,一边又在义乌市场经商。通过访谈了解到有意思的氛围是:该村以妇女主持家务及经商为主,而男丁在家赋闲较多,当追问原因时,被访谈者的回答是"思想观念就是这样子的"。

随着大环境的改变,该村经商的人员稍有减少,通过政府引导,村里有部分村民正在转型做电商。但大多村民都能看到旧村改造带来的好处,比如将来通过招商引资带来的新的机遇及额外的租金,95%的村民同意旧村改造,且正在筹备中,如下图所示,村干部正在统计和确认村民的安置用地面积和选址等信息。通过了解,该村安置用地方式是排房与高层相结合,且分配比例分别是70%和30%,目前,该村的"选位费"最高一间达58.5万。

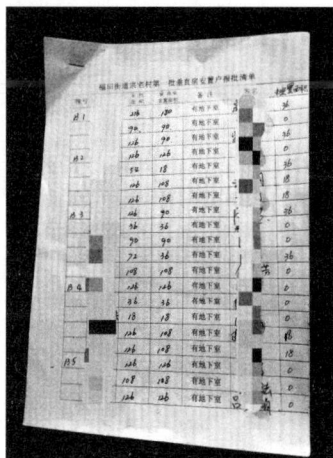

三、基于扎根理论的模型构建

通过调查每个村村民的创业情况可以大致了解旧城改造进程,土地征用对民创业行为的影响情况。表6-2为被访谈者的基本情况。

表6-2　义乌失地农民创业的被访谈者基本信息

受访者序号	受访者	性别	年龄	创业活动
A01	黄先生	男	57	电商浪莎袜子销售
A02	黄女士	女	43	箱包销售(原从事箱包制造)
A03	骆先生	男	54	保健品类医药制造(原来开办服装厂)

续 表

受访者序号	受访者	性别	年龄	创业活动
A04	王先生	男	48	饰品(头饰)销售、日用百货销售
A05	王先生	男	43	副食品销售
A06	王先生	男	45	出租房屋(原来从事袜子销售)
A07	郑先生	男	61	出租房屋(原来开拖拉机)
A08	郑先生	男	56	服务业(餐饮业、洗浴业)
A09	宗先生	男	59	浪莎袜子总代理(原来兼做别的品牌)

(一)开放式编码

调查团队通过与被访谈者进行无结构式、随意式访谈,以便被访谈者放松且无顾忌地回答问题。通过反复听取录音记录,来提炼影响创业活动过程中的关键因素,同时,笔者尽量使用被访者的原话作为标签从中发掘初始概念,以减少研究者个人的偏见或影响,开放式编码结果如表 6-3 所示。

表 6-3 开放式编码范畴化

开放式编码	原始资料语句(初始概念)
创业氛围	A07 我们这个村的村风不好,没有创业的氛围,这里也曾招商引资两次,但都撤资了,也不知道是什么原因,其实原来我们村里老一辈的也有很多鸡毛换糖的村民。 A02 我们这个村的整个创业氛围还好,有 80%~90% 的人都在做生意,在创业,村民的创业精神还好的。
个人特质	A01 我们义乌人非常能够吃苦,比其他地区的人能吃苦些,当时鸡毛换糖的人有到江西、成都、乌鲁木齐等地方,我当时住在我姑姑家(上海),在外面捡鸡毛,挑着担子换鸡毛,废品什么的。 A03 义乌人非常勤奋,当时坐火车,没有座位,义乌人就躺在座位下面休息。我当时坐货车,前面没有位置,又为了能躲,"投机倒把",只能躺在货车后面装货的兜子里,出来时,整个人都不是人了,脏兮兮的。 A03 创业成功的人脑子都是比较灵活的,他们一般都能看到创业机遇,那脑子笨的人,有机会他们也发现不了,创业一般都会失败,我们村里就好几个创业失败的。
创业榜样	A03 我们村当时办厂是比较多的,都是一个带一个带出来的,村里原来很多村民都是在办服装厂的,大约有四十几户人家,我以前也是办服装厂的,后来我亲戚办厂也是我带的,比如告诉他们在哪进货呀,怎么看样品呀。 A09 一个人做圆珠笔,整个村都做圆珠笔,原来我们村里有 2/3 的村民都在做圆珠笔,都是这样带起来的,就像原来一个人去鸡毛换糖,然后整个村的村民都去鸡毛换糖一样的。

开放式编码	原始资料语句(初始概念)
性别	A09 我们这个村现在都是女的做事为主,老公就在家里玩,女的起早去做生意,老公在家玩麻将,这样的现象也有的,我们义乌女人非常能吃苦,也很会经商,别的村我不知道,我们村是这样子的,一个个家庭里面,女的做事为主的现象是比较多的。
社会资本	A04 原来村里有一对夫妇,女的是跑销售的,男的是送货司机,慢慢地这对夫妇和进货和卖货的人都认识了,接下来他们就自己开始创业,现在听说生意不错,原来他们的老板现在在帮他们打工。 A09 当时石家庄一个企业在义乌市场批发袜子,然后慢慢地跟他们合作,客户都产生信任感了,现在在做这个品牌的总代理。
人力资本	A03 原来创业都是自己摸索的,我们父母也都没有创业过,没有人教,更没有参加过什么创业培训,原来国家也没有这个培训。现在这个培训,特别是电商培训在我们村是慢慢多起来了。(创业培训) A09 原来每个人都去经商,现在每个人都去搞电商,电商我们现在用不起来了,因为年纪大了,只有给那些年轻人去搞了,让他们去参加电商培训。(创业培训) A05 我们在开副食店,我老婆以前帮别人家看店,然后慢慢就知道是怎么经营的,后来自己家也就开了一家店。(非正规培训) A08 当时我们也没有读什么书,只要能吃苦,再加上机遇就能赚钱,但现在难了,现在要靠脑子了,那一般能读上大学的人脑子也聪明的,现在你们这些读书的人去做生意,肯定比不读书的要容易些。(受教育年限) A02 原来是做箱包的,然后自己拿到市场上去卖,但制造十分辛苦,现在日子好了些,现在就直接跟厂家联系,厂家生产好,我们就只从事箱包销售了。(创业经验) A09 原来是一直从事袜子行业,代理多个品牌,做袜子也有些经验了,现在只做浪莎袜子这个品牌,因为跟他们都建立了一种信任的关系,浪莎这个品牌也好,所以在石家庄办厂雇用了人(因为那边人工成本低,再加上跟石家庄那边企业有合作),一年能销售额达 1500 万~1600 万。(创业经验) A03 最开始,我是开办服装厂的,后来把摊位和房屋租出去了,一年租金就有 100 万,现在在安徽入股一家制药企业,我不用管理,也没有经验,但我看准了这个行业,是可以投资的。(创业经验) A06 原来我是从事袜子销售的,但后来生意不好做,把摊位出租了,一年大概有 7 万~8 万(笔者认为,被访谈者保守说的),现在旧村改造做排房,又要投一笔钱,我选位费就 200 万,还不包括建房子的费用,等以后房子建起来了,有了租金,我可能还会从事袜子销售,因为我已经做了这么多年了,有了些经验。(创业经验)

续 表

开放式编码	原始资料语句(初始概念)
融资环境	A06 义乌做的都是小企业,一般不会出现资金断裂的问题,但融资环境应该还是可以的,但我自己没有贷款过。 A04 我创业从来没有贷过款,原来都是通过挑货郎档,做泥工累积起来的钱,然后用钱去创业,对于创业融资的贷款,我们这里是有的,但我没有贷款过。
市场环境	A03 在义乌市场,不管做什么,我感觉比其他市场来的要快些,其他市场要来的慢些。 A03 当时我们村离福田市场近,拿货方便,招工也容易些。 A09 现在创业比以前要难了,工人难招了,工人要求变高了,成本很高,原来一个工人的月工资 500 多块钱,现在义乌工难招了,有些人都出去办厂了。
政策环境	A03 现在政府组织他们(在福田市场有摊位的商人,包括外地人)去参加电商培训的,每个月培训一次,他们又不用交钱的。 A03 义乌政府对创业的支持力度还是大的,据我了解,在别的地方贷款要难些,但在义乌,创业贷款相对要容易些。
征地拆迁补偿金额	A09 我们义乌征地补偿金额很少的,原来一亩是 4.3 万,现在是 6.6 万一亩,这些钱对我们创业几乎没有影响,我们在没有征地时就开始创业了。不过,村里也有些是在征地之后开始从事电商创业的。 A02 我们村里旧房拆迁补偿价大概是一百块钱的样子一个平方,很少的,对创业几乎没有什么影响,原来创业的还继续创业,这些钱对创业也没有什么用处。
征地安置用地大小	A08 义乌村民现在大多数还是靠收取租金为生,安置用地面积越大,以后房子建起来了,肯定收的租金也就越多了,那对创业肯定是有影响,有些人嘛,觉得吃吃喝喝够了,不去经商了,天天闲坐在家,这样的人有的,但还是少数。有些通过收取租金,然后把产业扩大,或转行做别的,那也有的,这个因人而异,不好说。

(二)主轴编码

经过开放性编码,得到了人口统计学特征、网络规模、网络支持、资源要素、创业氛围、个人特质、创业榜样、社会资本、人力资本、市场环境、政策环境、征地安置用地大小等范畴,这些范畴之间相互独立。主轴编码建立了"围绕类属之轴"的密集关系网络,使得主范畴和副范畴联系起来,主范畴的属性和维度具体化,给生成的分析一种连贯性。本研究根据不同范畴在概念层次上的相互关系和逻辑次序对其进行归类,共归纳出 5 个主范畴。各主范畴及其对应的开放式编码范畴如表 6-4 所示。

表 6-4　主轴编码形成的主范畴

主范畴	对应范畴	关系的内涵
个人要素层面	人口学特征	性别、婚否、年龄等
	人格心理特质	创新精神、风险承受程度、自信程度
	人力资本	受教育年限、创业经历、创业培训
网络要素层面	社会资本	主要任村干部、政府、企业管理职位及金融机构的亲友数
	创业榜样	父母创业的带动
	网络规模	经常联系的亲戚、朋友、其他人的认识人数,这里包括强连带规模和弱连带规模
	网络支持	家人、亲戚、朋友对自己创业的帮助和支持程度
征地补偿层面①	住房安置面积	住房安置所获得的面积大小,在差不多区位条件下,获得的租金与这成正比。
环境要素层面	融资环境	创业活动是否较容易得到当地的金融机构的支持
	政策环境	创业政府政策的支持力度,如举办创业培训及指导、税收优惠、贷款扶持等
	市场环境	创业的市场门槛、创业机会等
	创业氛围	整个地区的创业氛围

(三)选择性编码

选择性编码是使主范畴之间的关系变得具体化,使我们的分析性的故事具有连贯性,代码不仅会使实质代码之间的关联形式概念化,也会使分析性的故事变得理论化。本研究中,主范畴的典型关系结构如表6-5所示。

---

①　在征地补偿层面,一般的,包括货币补偿和住房安置补偿,但由于集体土地补偿没有统一的、标准的补偿政策,各地差异显著,且农民对货币补偿,即使通过访谈,也只笼统说个标准,对具体的补偿金额避而不言,很难获得这方面的数据,因此,本书暂且不考虑货币补偿对失地农民创业行为的影响。

表 6-5　主范畴的典型关系结构

典型关系结构	关系结构的内涵
个人要素层面→创业行为	失地农民个人要素层面对其创业行为选择产生的影响,它主要由失地农民自身素质及基本人口统计信息构成。
网络要素层面→创业行为	失地农民网络要素层面对其创业行为选择产生的影响,它是影响其创业的外部因素。
征地补偿层面→创业行为	失地农民征地补偿层面对其创业行为选择产生的影响,它是主要由失地这一因素给予失地农民的补偿性资源。
环境要素层面→创业行为	失地农民所在地的环境要素层面对其创业行为选择产生的影响,它是影响其创业的体制性因素。

四、模型选择

根据图 6-1 所得的失地农民创业行为特征影响因素模型,笔者把失地农民创业行为特征从行业分类、企业性质及创业动机这三大方面进行一一分析。

首先,对于失地农民创业行为的研究,笔者根据实地调研及文献和案例研究,在参考国民经济行业分类(GB/T 4754-2011)的基础上,总结出失地农

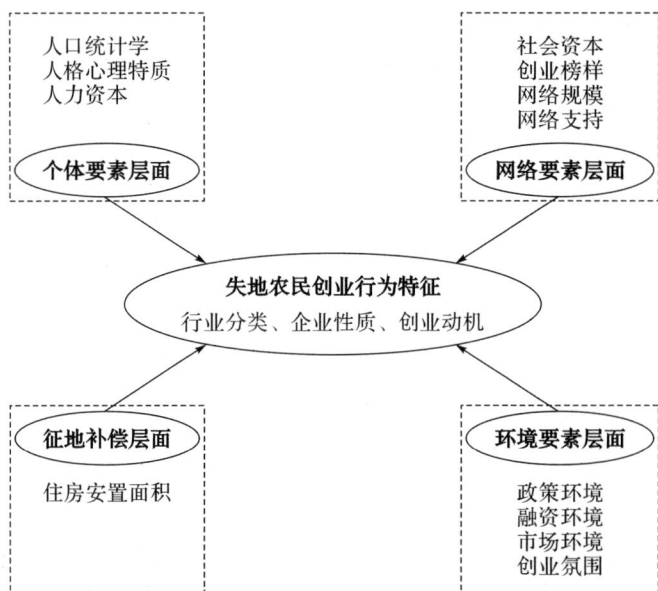

图 6-1　失地农民创业行为特征影响因素模型

民创业行为大致分为以下几类：①住宿和餐饮业；②批发和零售业；③交通运输、仓储和邮政业；④居民服务、修理和其他服务业，具体各行业下的细分行业，参见附录四。把划分的行业类型选择作为因变量，把居民服务、修理和其他服务业作为参照组。由于因变量的取值类数大于2，且类别间没有序次关系，因此采用 Multinomial Logit 模型来分析。

其次，按失地农民创业的企业性质划分，可以分为：①个体户；②合伙企业；③个人独资企业[①]；④有限责任公司。由于因变量的取值类数大于2，且类别间没有序次关系，因此采用 Multinomial Logit 模型来分析。

最后，按失地农民创业行为的动机来划分，把失地农民创业行为分为生存型创业和发展型创业。由于因变量取值为 0 和 1，只有两种可能的结果，因此，采用二分类 logistic 回归模型来分析。

接下来，简单介绍二分类 logistic 回归和 Multinomial Logit 模型。假设理论上存在的连续反应变量 y^* 代表事件发生的可能性，其值域为负无穷至正无穷。当该变量的值跨越一个临界点 c（比如 $c=0$），便导致事件发生，于是，当 $y^*>0$ 时，$y_i=1$，在其他情况下，$y_i=0$，设有 k 个自变量，因此有

$$y^* = \alpha + \beta_1 x_{1i} + \beta_2 x_{2i} + \cdots + \beta_k x_{ki} + \varepsilon_i = \alpha + \sum_{k=1}^{k} \beta_k x_{ki} + \varepsilon_i$$

所以，我们得到

$$P\left(y_i = \frac{1}{x}\right) = P\left[\varepsilon_i \leqslant \left(\alpha + \sum_{k=1}^{k}\beta_k x_{ki}\right)\right] = \frac{1}{1+e^{-\varepsilon_i}}$$

当 $\varepsilon_i = \alpha + \sum_{k=1}^{k}\beta_k x_{ki}$ 时，$P\left(y_i = \dfrac{1}{x_i}\right) = \dfrac{1}{1+e^{-\left(\alpha+\sum\limits_{k=1}^{k}\beta_k x_{ki}\right)}}$

将事件发生的条件概率标注为 $P(y_i = 1/x_i) = p_i$，则 logistic 回归模型为

$$p_i = \frac{1}{1+e^{-\left(\alpha+\sum\limits_{k=1}^{k}\beta_k x_{ki}\right)}} = \frac{e^{\alpha+\sum\limits_{k=1}^{k}\beta_k x_{ki}}}{1+e^{\alpha+\sum\limits_{k=1}^{k}\beta_k x_{ki}}}$$

其中，p_i 为第 i 个案例发生的概率，它是由一个解释变量 x_i 构成的非线性函数，然而这个非线性函数可以被转化成线性函数。

$$1 - p_i = 1 - \frac{e^{\alpha+\sum\limits_{k=1}^{k}\beta_k x_{ki}}}{1+e^{\alpha+\sum\limits_{k=1}^{k}\beta_k x_{ki}}} = \frac{1}{1+e^{\alpha+\sum\limits_{k=1}^{k}\beta_k x_{ki}}}$$

---

①　独资企业（sole proprietorship），即个人出资经营、归个人所有和控制、由个人承担经营风险和享有全部经营收益的企业，自然人企业，最古老、最简单的一种企业，组织形式。主要盛行于零售业、手工业、农业、林业、渔业、服务业和家庭作坊等。

那么,事件发生概率与事件不发生概率之比为 $\dfrac{p_i}{1-p_i}=e^{\alpha+\sum\limits_{k=1}^{k}\beta_k x_{ki}}$

这个比被称之为事件的发生比(the odds of experiencing an event),简称为 odds。因为 $0<p_i<1$,并且没有上界,将 odds 取对数就能得到概率函数与自变量之间的线性函数,如下所示:

$$\ln(\frac{p_i}{1-p_i})=\alpha+\sum_{k=1}^{k}\beta_k x_{ki}$$

把 logistic 函数做了自然对数转换,这称作 logit 形式,即 logit(y)。所谓 logit,意思是"罗吉斯蒂概率单位",即英文 logistic probability unit 存头取尾的缩写。

$$\text{logit}(y_i)=\ln[p_i/(1-p_i)]=\alpha+\sum_{k=1}^{k}\beta_k x_{ki}$$

其中,$p_i=P(y_i=1/x_{ki})$ 为在给定自变量 $x_{1i},x_{2i},\cdots,x_{ki}$ 的值时的事件发生概率。

五、研究假设

(一)个人要素层面对创业行为特征影响的研究假设

大量研究表明,创业者个体要素会影响对企业的创业过程(Blake,David,2014)。为什么有些人会成为创业者,而有些不会?有些个体能充分利用市场机会,而另一些不能?人口统计特征也许能起到一部分的解释作用。比如实证研究表明,年轻个体更愿意从事创业活动(Moren,Maria,2006)。男性和女性对成就有不同的看法(Eccles,2005),这显然会影响其进行创业的选择。另外,有学者研究表明,男性与女性在创业兴趣上存在较大差别。Matthew 和 Moser(1995)认为,与男性相比,女性的创业兴趣会随着时间的变化而衰减。Zhao 和 Seibert(2005)等研究证明,男性的创业意向普遍高于女性;GEM 报告中的结论显示女性的创业活动比例比男性低。在受到"男主外,女主内"等传统习俗影响较大的中国农村,男性与女性在创业活动上更是存在较大差异。因此,把性别作为个人因素进行测量。

另外,西方国家相关研究数据表明,25~44 岁是创业最活跃的时期。人们普遍认为,年轻人思维敏捷,敢于冒险,而随着年龄增大,行为也趋向稳定和保守。失地农民创业年龄分布与大学生等其他创业群体不同,其创业年龄整体偏大。韩志新(2009)研究失地农民创业年龄发现,创业失地农民主要集中在 36~45 岁,46 岁以上的失地农民创业比重明显大于有地农民,创业者比例高达 19.57%。年龄优势使得年轻人比较容易找到工作;而年龄大的失地农民,体力不如年轻人,又不具备相关技能,在"养家糊口"的压力下,不得已选择其他方式获得收入,如自己创业。因此,把年龄作为个人因素进行测量。

另外,有研究表明婚姻、家庭收入等人口统计学特征对创业行为有显著影响,但在正负向关系上,不同学者得出不同的结论(见表6-1)。因此,把婚姻、家庭收入作为个人因素进行测量。

人力资本理论认为,人们一般通过两种途径获得人力资本积累:一是通过接受教育或培训,二是通过自身的工作经验积累,而创业行为所需要的知识、技能、经验可以概括为人力资本。有学者研究结论表明,受教育情况对失地农民创业有显著的正向影响(周易,2012),学校教育能够形成和增加人力资本的知识存量。受教育程度在一定程度上能够反映认知风格和个体个性(Holland,1973)。国外学者在研究创业态度时发现,不同教育背景的创业者之间存在较大差异(蒋雁,2008)。失地农民文化水平整体偏低,但受教育经历在一定程度上会影响失地农民"思想觉悟"水平和"思想开放"程度,影响创业行为选择。参加培训情况对失地农民创业有显著的正向影响(张晖等,2012)。人力资本的积累的还可以通过以往的创业经历来形成,有过创业经历的失地农民必然会在先前的创业过程中积累一定的创业知识和经验,因而有可能创业意向更加明确,创业行为选择更加理智。因此,人力资本中的受教育情况和创业经历对失地农民创业行为有显著影响。

创业理论中,心理学家对成功创业者进行的大量研究发现,他们的共同心理特征主要包括风险承担倾向、自信和创新精神(张贵平,2011)。鉴于此,本章引入的个人特质因素主要包括:风险承担、创新精神和自信心。因此,本章认为个人特质因素对失地农民创业行为有显著影响。

(二)征地补偿层面对创业行为特征影响的研究假设

城镇化过程中的征地拆迁补偿可以为失地农民创业提供一笔资金,有学者研究指出拆迁收入变量对失地农民再就业具有明显的抑制的作用。与无业相比,拆迁获得的补偿收入及租金收入越高,失地农民越不愿意被雇佣或者自主创业(张晖、温作民、李丰,2012)。另一方面,由于全国集体土地征用拆迁还没有统一的补偿标准,用地安置面积的大小存在较大的差异,在同等区位条件下,安置面积大小直接决定着失地农民年总租金收入的多少。然而,根据经济学理论,闲暇与劳动具有替代作用,一般情况下,随着人们收入的增加,他们对闲暇的需求也会相应地增加。如果失地农民获得了一次性较高的补偿款,并通过出租多余的安置住房获得了稳定的房租收入,则失地农民从事劳动创业的积极性会明显降低。而较少的一次性补偿金额会使失地农民变得更加富有创业精神,因为他们会采用各种方法来改变自己的状况。而另一方面,对于想创业或正在创业的失地农民来说,征地拆迁补偿也为其创业提供了大量的资金,从而有利于他们创业。

因此,本章认为征用拆迁补偿额及安置用地面积对失地农民创业行为有显著影响。

(三)网络要素层面对创业行为特征影响的研究假设

在中国社会"关系"文化背景下,社会网络的影响作用尤为显著,创业者借助网络关系获取外部资源成为创业活动的有利条件。

Adler和Kwon(2002)认为,结构、关系、认知性社会资本分别反映了主体间通过社会互动获得资源的接触机会、交换意愿与认知能力。一般认为,社会资本越广,则其获得的创业相关资源也就越多,那么他就越有可能选择相关的行业进行创业。因此,本章认为社会资本对失地农民创业行为有显著影响。

田晓明、孙秀娟、段锦云(2014)在对农民工城市融入与其返乡创业意向的关系进行研究时,发现在高创业榜样的带动下,农民工返乡创业意向将会变得更加强烈。因此,本章认为创业榜样对失地农民创业行为有显著影响。

布迪厄认为,社会网络规模是指构成一个个体的社会网成员的数量,它通常是用来测量一个人拥有社会资源多少的重要指标之一。一般来说,若失地农民拥有的网络规模越大,即从事各个行业的亲朋好友越多,那么他越有可能会比其他人获得更多的信息和帮助。网络资源可以分为强关系和弱关系。根据差序格局理论以及特殊信任理论,强关系在我国创业者社会网络中扮演着关键角色,而弱关系所获取信息的异质性高、重复性更小(任迎伟,2011)。因此,本章认为网络规模、网络支持对失地农民创业行为有显著影响。

社会网络支持一般包括来自家庭和外部社会网络,高社会网络支持可以提高失地农民创业的自信心,从而促进他们采取创办企业的行为。在家庭网络支持方面,它不仅可以提供创业所需的物质资源或帮助寻找外部支持(Anderson et al.,2007),而且也可以为创业提供劳动力和情感支持(Karra et al.,2006);通常情况下,除了从家庭获取创业所需资源,创业者还需要从外部社会网络获取信息、资金、物质和人力资源的帮助(Greve et al.,2003),从而降低失地农民创业的风险感知,并提高他们的创业自信心,增加其做出创业行为选择的概率。因此,本章认为网络支持对失地农民创业有显著影响。

(四)环境要素层面对创业行为特征影响的研究假设

根据创业过程理论中的William模型,影响创业的核心要素之一就是环境,这主要包括宏观政策、法规等,而对于失地农民创业群体,也不可避免地会受宏观政策的影响,如当地政府是否出台创业优惠政策、举办创业培训项目等。资金资源对创业活动也起着至关重要的作用,因此当地的融资环境对创业活动的影响很大。市场环境,如创业在当地的市场门槛是否低,市场销售是否好,离市场的距离是否近等因素会影响创业活动的成功。另外,创业氛围这一特殊的宏观环境也对创业活动有显著影响,主要表现在两个方面,一是创业氛围好的地方,大多数人都在创业;二是创业氛围具有产业特色的特点,即一个地区创业活动以当地特色产业为主,如义乌以小商品市场创业为主,如果具体到每个村庄,则每个村庄也有自己的特色产业,如宗宅村主要制作并销售圆珠笔。

因此,本章认为政策环境、融资环境、市场环境、创业氛围对失地农民创业行为有显著影响。

第三节　变量说明与样本设计

如第二节图 6-1 所示,本章的实证分析框架中影响失地农民创业行为特征的因素来自四个要素层面。对于如何测量这些指标,本节参考了国内外相关研究测量变量的量表。

本书设计了检验理论模型的调查问卷,为了确保变量的信度和效度,问卷大部分题项参考和借鉴了相关学者在农民创业领域的调查问卷,另外的测量指标则是通过网络数据挖掘和访谈记录进行提炼而设计的。问卷内容包含受访者的基本个人信息,主观题项以 Likert 5 级量表方式表达,要求被调查者对陈述的命题表明态度,1~5 分的含义分别为非常不同意、不同意、不确定、同意、非常同意。部分题项则以"是"和"否"作答,另外一部分题项则以填空作答。在正式问卷发布前,笔者对 5 名硕士研究生、2 名本科生、1名讲师和 1 名教授进行预测验,请他们针对问卷题项意义与表达的语法提出意见,然后根据反馈意见修改问卷。

一、个体要素层面

个体要素层面下的解释变量主要包括受访失地农民的人口统计学、人格心理特征、人力资本三方面。①在人口学特征方面,本文选取年龄、性别、婚姻、家庭年收入这四个变量来反映受访失地农民的人口学特征。②人格心理特质方面,本文选取创新程度、风险态度及自信程度来反映失地农民受访者的人格特质,这主要是用 Likert 5 级量表方式表达,要求被调查者对陈述的命题表明态度,1~5 分的含义分别为非常不同意、不同意、不确定、同意、非常同意(见表 6-6)。③人力资本方面,人力资本是指个人拥有的用于谋生的知识、技能以及劳动能力(周易、付少平,2012),本书选取受教育年限、是否参加有关创业培训项目及创业前是否从事相关行为的先前经验来测量。

表 6-6　个人特质量表设计

编号	题项	题项来源
PT1	我会经常想出新的想法去提高效率	俞宁(2014)
PT2	我会经常找到新技术、新产品、新市场的信息	俞宁(2014)
PT3	我会推广新的想法给别人	俞宁(2014)
PT4	大多时候我会选择做一些风险小的事情	俞宁(2014)
PT5	我会经常很有把握去做一些多数人认为有风险的事情	据俞宁(2014)修改
PT6	如果项目的回报非常高,我会毫不犹豫地把钱投进去	俞宁(2014)
PT7	在大多数人眼中,我是一位自信的人	访谈设计
PT8	只要下决定的事情,我相信我能把它办好	访谈设计
PT9	当创业遇到困难时,我相信我有能力把它克服	访谈设计

二、网络要素层面

本部分题项的调查问卷也主要是参考学者俞宁的调查问卷来设计的,主要包括四个部分:①社会网络中嵌入资源,本书通过受访失地农民亲友中从事特定职业的人数来反映社会资源的水平。②创业榜样,通过调查受访者的父母是否创业来了解其社会网络中是否存在创业榜样。③网络关系强度,从受访失地农民平日往来的强关系和弱关系规模来了解其网络规模状况。④网络支持,通过调查失地农民家人、亲戚和朋友对其创业活动的支持程度来反映其网络支持情况。

三、征地补偿层面

城镇化过程中征地拆迁迫使农民在失去其赖以生存的土地资源之后,政府一般都会给予其相应的征地补偿金额和旧房拆迁补偿金额,并划出一定用地安置面积来安置失地农民,由于集体土地征地拆迁补偿标准在全国各地还没有统一的法律规定,因此,各地的征地补偿安置方式有所差异。关于货币补偿具体方面,各地补偿金额相差巨大,且由于受访者不方便透露具体的补偿金额,由此很难获取货币补偿信息,所以本章暂且不考虑这一因素。然而,关于安置用地面积的信息较为公开透明,大多数地区都是根据人口数来计算的,信息较易获取。且安置面积的大小直接决定其收取租金的多少,这一因素必然会影响其创业的行为。如由从事其他行为的创业转为创业民宿行业,或通过收取不菲的租金来投资创办其他行业。因此,在征地补偿层面,本章认为安置房的面积大小对创业行为有显著影响。

四、环境要素层面

在外部环境要素层面,主要包括融资环境、政策环境、市场环境和创业氛围,而这些潜在变量的测量都是用 Likert 5 级量表方式表达,要求被调查者对所陈述的命题表明态度,1~5 分的含义分别为非常不同意、不同意、不确定、同意、非常同意,具体内容如表 6-7 所示。

表 6-7　外部环境量表设计

编号	题项	题项来源
PO1	本地政府提供了较多的创业项目	访谈设计
PO2	本地政府提供了较多的创业引导与咨询项目	访谈设计
PO3	本地政府有鼓励创业的税收、审批、补贴政策	俞宁(2014)
PO4	本地政府设有扶持创业的创业基金	俞宁(2014)
CR1	本地创业可以比较容易获得金融机构的贷款	俞宁(2014)
CR2	本地创业可以比较容易获得民间资本的贷款	俞宁(2014)
CR3	本地创业可以比较容易地获得政府贴息的贷款	俞宁(2014)
MU1	新创办产品能比较容易地找到市场	俞宁(2014)
MU2	新创办企业能够比较容易地进入市场	俞宁(2014)
MU3	新创办企业进入市场门槛较低	访谈设计
UI1	本地有鼓励人们独立和创业的氛围	俞宁(2014)
UI2	本地有鼓励人们有新的想法和做法的氛围	俞宁(2014)
UI3	本地人们会经常谈到与创业相关的话题	俞宁(2014)

第四节　基于大样本数据的实证检验

在考虑到经济发展不同程度地区的失地农民,其创业环境、征地补偿政策等会有所差异,失地农民创业行为特征也会有所不同。但就全国来说,整个浙江地区失地农民创业群体相对较多,但又有地区经济差异情况,因此,笔者选取浙江省义乌、杭州和宁波这三个具有代表性的地方进行发放问卷。

调查对象必须符合两个条件:①已经或正在创业(属于自我雇佣);②属于失地农民(被征地农民)。

一、主观性变量的测量

(一)信度分析

由于调查问卷有一部分主观题项是用 Likert 5 级量表设计而成的,因此在模型回归前应对这些主观潜在变量进行信度和效度分析。DeVellis(1991)提出,Cronbachc's Alpha 值在 0.70~0.80 为相当好,在 0.80~0.90 为非常好。Nunnally(1978)认为,Cronbachc's Alpha 值等于 0.70 是一个较低但可以接受的量表边界值。本章运用 SPSS21 软件对所收集的数据进行信度分析,分析结果如表 6-8 所示,发现绝大多数量表的 Cronbachc's Alpha 值都大于 0.8,最低的也有 0.790,这说明量表主观题项所收集的数据可靠真实,可以进行下一步分析。

表 6-8 主观性变量测量量表的信度分析

因子	题数	Cronbachc's Alpha 值
创新程度	3	0.879
风险程度	3	0.926
自信程度	3	0.898
政策环境	4	0.863
融资环境	3	0.861
市场环境	3	0.795
创业氛围	3	0.790
网络支持	3	0.810

(二)效度分析

调查问卷中,由于量表的设计是参考前人研究成果设计而成,且用以测量的每一个主观性解释变量的量表题项都与相关教授、讲师和同学一起反复讨论和不断修正,因此,量表具有一定的表面效度和内容效度。

此外,本章运用探索性因子分析方法进行效度分析。分析结果如表 6-9 所示,结果显示,所有量表的 KMO 值均大于 0.7,Bartlett 球形检验 P 值也均小于 0.001,表明本研究所采取的主观性变量测量量表均适合做探索性因子分析,且因子累计方差解释率均大于 70%。各个潜在变量的测量题项均取出一个公共因子,说明量表设计具有较好的效度。通过进一步计算因子得分系数矩阵,可以得到每个潜在变量的公共因子得分,并以此代替原始量表中的题项观测值进入模型回归。

表 6-9　主观性变量测量量表的效度分析

因子	KMO 检验	Bartlett 球形检验近似卡方	Bartlett 球形检验 P 值	特征根值	累计方差解释率(%)
创新程度	0.745	345.679	0.000	2.422	80.724
风险程度	0.748	529.872	0.000	2.618	87.251
自信程度	0.712	438.605	0.000	2.497	83.242
政策环境	0.723	485.369	0.000	2.881	72.037
融资环境	0.728	320.272	0.000	2.369	78.972
市场环境	0.704	198.476	0.000	2.129	70.982
创业氛围	0.705	205.295	0.000	2.146	71.520
网络支持	0.707	219.634	0.000	2.177	72.557

(二)初步统计结果分析

为了更好地方便读者对问卷及变量的说明进行理解,表 6-10 显示了失地农民创业行为特征及影响因素分析涉及变量的定义及初步统计结果。

表 6-10　失地农民创业行为特征及影响因素变量的定义及初步统计结果

变量名称	变量定义	平均值	标准差
被解释变量			
失地农民创业行为行业选择	住宿和餐饮业=1;批发和零售业=2;交通运输、仓储和邮政业=3;居民服务、修理和其他服务业=4	2.06	1.025
失地农民创业行为企业性质选择	个体户=1;合伙企业=2;个人独资企业=3;有限责任公司=4	3.68	0.746
失地农民创业行为动机选择	生存型创业=1;非生存型创业(发展型创业)=2	3.58	0.668
解释变量			
性别	男=1;女=0	0.65	0.477
婚姻	已婚=1;未婚=0	0.86	0.345
年龄 C(岁)	受访失地农民的实际年龄	(0.0017)	10.56057
年龄 C 的平方	受访失地农民的实际年龄的平方项	111.0164	137.76432

续 表

变量名称	变量定义	平均值	标准差
受教育年限 C(年)	受访失地农民接受正规教育的年数	0.0045	3.03737
受教育年限 C 的平方	受访失地农民接受正规教育的年数的平方项	9.1835	10.86945
创业经历情况	有创业经历=1;没有创业经历=0	0.60	0.490
参加培训情况	参加过=1;没有参过=0	0.53	0.501
家庭劳动力数量(人)	受访失地农民家庭拥有的劳动力数量	2.62	1.281
强连带规模	受访失地农民的社会网络中强连带的规模,取值从 1 到 5 表示规模递增	3.65	0.861
弱连带规模	受访失地农民的社会网络中弱连带的规模,取值从 1 到 5 表示规模递增	2.6096	0.31309
任村干部亲友数(人)	受访失地农民亲友中担任村干部的人数	8.00	6.990
任公务员亲友数(人)	受访失地农民亲友中担任公务员的人数	1.95	1.900
任企业管理职位亲友数(人)	受访失地农民亲友中担任企业管理职位的人数	7.25	10.298
任职金融机构亲友数(人)	受访失地农民亲友中在金融机构任职的人数	1.73	2.989
父母创业情况	曾经或正在创业=1;从未创业=0	0.32	0.467
创新程度*	受访失地农民的创新程度	0.000	1.000
风险程度*	受访失地农民的风险程度	0.000	1.000
自信程度*	受访失地农民的自信程度	0.000	1.000
亲友支持度*	受访失地农民亲友对其创业的支持程度	0.000	1.000
政策环境*	受访失地农民感知到的政策环境	0.000	1.000
融资环境*	受访失地农民感知到的融资环境	0.000	1.000
市场环境*	受访失地农民感知到的市场环境	0.000	1.000
创业氛围*	受访失地农民感知到的创业氛围环境	0.000	1.000
安置用地面积	受访失地农民因征地拆迁而获得的安置用地面积	519.02	509.195
地区虚拟变量	义乌=1;杭州=2;宁波=3	1.78	0.800

注:表中带"*"的变量是采用相应量表进行测量的,所计算的平均值和标准差为该量表经由因子分析而产生的标准化公共因子得分的平均值和标准差;表中年龄 C 和受教育年限 C 这两个变量则由年龄和受教育年限经过去中心化处理后得到的,表中带有"()"的数值表示为负数。

二、基于行业分类的 Multinomial Logit 实证分析

与线性回归一样,拟合 logistic 回归模型时,也对自变量中存在的多元共线性很敏感。但目前 SPSS 的 Logistic 回归过程中,尚没有关于多重共线性诊断的结果输出,替代方法之一是运用相同的因变量与自变量,拟合线性回归模型,并进行相应的共线性诊断,而一般用容忍值(tolerance)和方差膨胀因素(variance inflation factor,VIF)来评估共线性的影响。一般的,当VIF 大于 5 时(容忍值大于 0.2),自变量之间就有很高的相关性;当 VIF 大于 10 时(容忍值大于 0.1),表示共线性已经严重威胁参数估计的稳定性。

从表 6-11 中可以看出,变量的 VIF 值大多数都小于 5,最大的 VIF 值也不超过 10,表明变量间呈中低度相关,所计算的回归系数估计是无偏且有效的。因此,可以进行下一步的分析。

表 6-11　变量的相关性检验结果

变量	容差	VIF
性别	0.689	1.451
婚姻	0.616	1.623
年龄 C	0.187	5.360
年龄 C 的平方	0.224	4.462
受教育年限 C	0.250	4.002
受教育年限 C 的平方	0.279	3.590
创业经历情况	0.679	1.472
参加培训情况	0.514	1.945
家庭劳动力数量	0.191	5.248
强连带规模	0.658	1.520
弱连带规模	0.519	1.925
任村干部亲友数	0.189	5.297
任公务员亲友数	0.124	8.060
任企业管理职位亲友数	0.102	9.772
任职金融机构亲友数	0.202	4.939
父母创业情况	0.419	2.388
创新程度	0.425	2.351
风险程度	0.279	3.587

续　表

变量	容差	VIF
自信程度	0.458	2.184
亲友支持度	0.861	1.162
政策环境	0.264	3.794
融资环境	0.456	2.195
市场环境	0.530	1.886
创业氛围	0.351	2.846
安置用地面积	0.263	3.806
地区虚拟变量	0.390	2.566

接下来进行多分类项 logistic 回归，表 6-12 显示了被解释变量及分类解释变量的基本描述性信息。基于行业的创业行为特征中，Y1＝1 代表住宿和餐饮业，Y1＝2 代表批发和零售业，Y1＝3 代表交通运输、仓储和邮政业，Y1＝4 代表居民服务、修理和其他服务业。可以看出，在受访失地农民创业行业选择中，有 38.4% 的失地农民选择住宿和餐饮业，这主要是因为农民土地被征用或房屋被拆迁后，都会得到一部分的安置用地面积，而村民一般都会选择把自己闲置的房屋出租给外来租客，因为转型成本和技能要求较低。其次是选择批发和零售业（占 27.9%），这主要是与调查选址有关，即有 99 个被调查失地农民来自义乌地区，而该地大多数农民是从事批发和零售业。接下来有 22.8% 的失地农民选择交通运输、仓储和邮政业，而这与最近网络 Uber、滴滴快车、一号专车软件运营有关，大多失地农民得到补偿后，有条件的家里都会有一辆私家车，而注册一个 Uber 软件的门槛较低，只要满足以下两个条件即可：一是拥有 2 年以上的驾龄；二是运营汽车的市场价值估价需在 15 万元及以上。而注册运营滴滴快车软件的汽车市值要求更低，只需 10 万元及以上即可。

表 6-12　基于行业的失地农民创业行为特征案例处理摘要

变量名称		数量	百分比
Y1	1	84	38.4%
	2	61	27.9%
	3	50	22.8%
	4	24	11.0%

变量名称		数量	百分比
婚否	否	30	13.7%
	是	189	86.3%
地区	义乌	99	45.2%
	杭州	69	31.5%
	宁波	51	23.3%
创业榜样	父母未创业	149	68.0%
	父母创业	70	32.0%
性别	女	76	34.7%
	男	143	65.3%
先前创业经历	否	87	39.7%
	是	132	60.3%
参加培训情况	否	104	47.5%
	是	115	52.5%

从表 6-12 中可以看出的其他信息如婚姻状况,发现绝大多数(86.3%)的失地农民创业时已经结婚。关于受访者来自的地区,有 99 位失地农民创业者来自义乌,69 位来自杭州,51 位来自宁波;创业榜样方面,有 149 位失地农民创业者的父母没有创业经历,70 位失地农民创业者的父母有创业经历或正在创业。从图 6-2 中可以看出,在义乌、杭州、宁波地区,父母创业和父母未创业的失地农民在行业选择上差异显著。如在义乌地区,有父母作为创业榜样的失地农民大多选择在批发和零售业进行创业,而没有父母作为创业榜样的失地农民大多选择在住宿和餐饮业和批发和零售业进行创业。在杭州和宁波地区,父母创业的失地农民主要选择在出租等交通运输业和居民服务、修理和其他服务业进行创业,而父母没有创业的失地农民除了交通运输业外,还会选择在住宿和餐饮业进行创业。从这里可以看出,失地农民所在地区宏观经济发展状况和创业机会等条件的不同和父母是否有创业经历,会显著影响失地农民的创业行业选择。事实上,父母没有创业的失地农民受调查者一般年龄较大,选择出租房屋来创业是一个在各地区都比较可行的选择。在性别方面:有 76 位是女性失地农民创业者,143 位是男性失地农民创业者。在人力资本方面:绝大多数失地农民都曾有过创业经历(60.3%),只有 39.7% 的失地农民没有创业经历;另外,有 115 位失地农民在创业前或正

在创业时,参加过创业相关的培训,占总数的 52.5％,剩下的 104 位失地农民在创业前或正在创业时,没有参加过相关的创业培训,占总数的 47.5％。

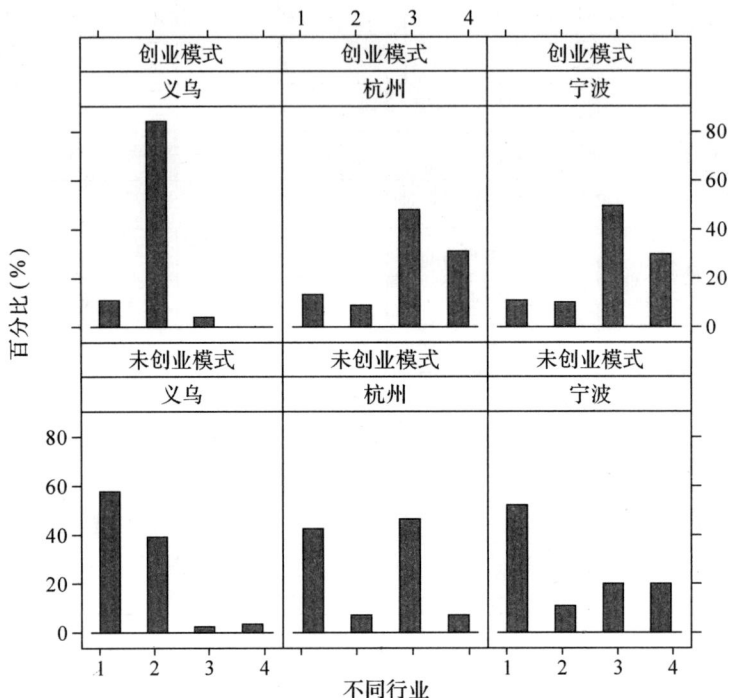

图 6-2　地区与创业榜样共同作用影响下的创业行业特征

从表 6-13 中可以看出,截距模型的－2 倍对数似然值为 570.761,最终模型的－2 倍对数似然值为 123.201,两者的差值即为卡方值为 447.560。在自由度为 81 的情况下,统计检验显著,说明模型具有显著的解释能力,回归系数至少有一个显著不等于 0。

表 6-13　基于行业的失地农民创业行为特征模型拟合信息

模型	模型拟合标准		似然比检验	
	－2 倍对数似然值	卡方	df	显著水平
仅截距 最终	570.761 123.201	447.560	81	0.000

表 6-14 中的伪 R^2 用来描述模型的解释能力,该值的范围在 0～1,越接近 1,说明模型的解释能力越好,从表中可以看出,三个伪确定系数都在 0.7 以上,表明模型具有良好的解释能力。

表6-14　基于行业的失地农民创业行为特征伪 R^2

Cox 和 Snell	0.870
Nagelkerke	0.940
McFadden	0.784

在表6-15中,显示自变量的三套系数及其检验结果。模型一表示的是各自变量对住宿和餐饮业关系相对于居民服务、修理和其他服务业关系的对数发生比的作用。模型二表示的是各自变量对批发和零售业关系相对于居民服务、修理和其他服务业关系的对数发生比的作用。模型三表示的是各自变量对交通运输、仓储和邮政业关系相对于居民服务、修理和其他服务业关系的对数发生比的作用。

表6-15　基于行业的失地农民创业行为特征影响因素实证模型估计结果

变量	模型一 住宿和餐饮业/居民服务、修理和其他服务业			模型二 批发和零售业/居民服务、修理和其他服务业			模型三 交通运输、仓储和邮政业/居民服务、修理和其他服务业		
	B	显著水平	Exp(B)	B	显著水平	Exp(B)	B	显著水平	Exp(B)
截距	15.779	0.147		−12.741	0.200		10.430	0.364	
家庭劳动力数量	0.628	0.739	1.873	−1.308	0.654	0.270	−1.122	0.575	0.326
年龄 C	0.088	0.551	1.092	−0.339*	0.074	0.712	−0.451**	0.042	0.637
受教育年限 C	0.175	0.782	1.192	−1.356*	0.075	0.258	−0.761	0.183	0.467
受教育年限 C 的平方	0.283*	0.074	1.328	0.278	0.156	1.321	0.099	0.530	1.105
年龄 C 的平方	0.005	0.686	1.005	0.000	0.979	1.000	−0.021	0.285	0.979
创新程度	−1.852*	0.081	0.157	0.500	0.677	1.649	−0.959	0.275	0.383
风险程度	1.729	0.183	5.634	1.891	0.215	6.628	−0.712	0.524	0.491
自信程度	0.434	0.682	1.544	−1.197	0.465	0.302	0.575	0.552	1.777
政策环境	−0.638	0.636	0.528	0.424	0.788	1.528	−0.935	0.538	0.393
融资环境	0.257	0.778	1.293	−0.440	0.689	0.644	−0.209	0.796	0.811

续　表

变量	模型一			模型二			模型三		
	住宿和餐饮业/居民服务、修理和其他服务业			批发和零售业/居民服务、修理和其他服务业			交通运输、仓储和邮政业/居民服务、修理和其他服务业		
	B	显著水平	Exp(B)	*B*	显著水平	Exp(B)	*B*	显著水平	Exp(B)
市场环境	−0.612	0.587	0.542	−0.754	0.545	0.470	−0.170	0.883	0.843
创业氛围	−3.447**	0.017	0.032	2.133	0.100	8.441	−0.235	0.805	0.791
亲友支持度	1.791**	0.039	5.993	1.379	0.110	3.972	2.483***	0.009	11.979
弱连带规模	−0.805	0.803	0.447	1.602	0.602	4.961	−1.418	0.697	0.242
强连带规模	−3.945***	0.000	0.019	0.082	0.948	1.085	−1.914***	0.009	0.148
任村干部亲友数	−1.164	0.144	0.312	0.379	0.532	1.462	−0.525	0.507	0.591
任公务员亲友数	0.375	0.803	1.454	−0.276	0.836	0.759	1.034	0.445	2.812
任企业管理职位亲友数	−0.923**	0.029	0.397	−0.073	0.795	0.929	−0.149	0.632	0.861
任职金融机构亲友数	2.604*	0.059	13.515	0.319	0.762	1.375	1.445	0.259	4.243
安置用地面积	0.016**	0.030	1.016	0.017**	0.022	1.018	0.005	0.397	1.005
婚姻	0.414	0.863	1.512	−4.098	0.238	0.017	−0.630	0.734	0.532
地区虚拟变量1	−4.893	0.207	0.007	1.699	0.677	5.467	−1.357	0.575	0.257
地区虚拟变量2	−2.038	0.156	0.130	−2.687	0.368	0.068	1.592	0.159	4.915
性别	3.160*	0.090	23.570	2.896	0.194	18.106	3.419**	0.035	30.541
创业榜样	1.572	0.394	4.814	−0.882	0.785	0.414	0.228	0.877	1.256
创业经历情况	0.906	0.654	2.473	−2.867	0.284	0.057	1.100	0.543	3.004
参加培训情况	4.061**	0.012	58.005	3.294	0.107	26.949	1.682	0.409	5.377

注:"***"、"**"、"*"分别表示在1%、5%、10%的水平上显著。参考类别是:居民服务、修理和其他服务业。

在模型一中可以看出,受教育年限 C 的平方的系数为 0.283,达到了 P 在 10% 的显著水平,说明受教育程度相对越高的失地农民,越有可能选择住宿和餐饮业,在控制模型中其他变量的情况下,失地农民的受教育年限每增加一年,他们选择住宿和餐饮业和选择居民服务、修理和其他服务业的对数发生比增加 0.283。也就是说,这一变化将会导致新发生比值为原来的 1.005 倍。在创新程度方面,创新程度的系数为 −1.852,说明创新程度越高的失地农民,越不可能选择住宿和餐饮业。失地农民创新程度每增加一个等级,他们选择住宿和餐饮业与选择居民服务、修理和其他服务业的对数发生比减少 1.852。也就是说,这两种结果的优势比为原来的 15.7%。创业氛围这一影响因素也达到了 $P<0.05$ 的显著水平,创业氛围越浓厚的地区,失地农民越不可能选择住宿和餐饮业,而更愿意选择居民服务、修理和其他服务业。失地农民当地的创业氛围每增加一个等级,他们选择住宿和餐饮业与选择居民服务、修理和其他服务业的对数发生比减少 4.447,即创业氛围每增加一个等级,失地农民选择住宿和餐饮业相对于选择居民服务、修理和其他服务业的优势比为原来的 3.2%。这可能与当地农民的对创业的定义有关,据调查,在大多数失地农民仅通过收取租金而维持生计的地区中,多数失地农民都不认为该行为属于创业行为。亲友支持度的系数为正值,说明亲友越支持,失地农民选择住宿和餐饮业的可能性就越大,其对应的优势比表示失地农民亲友支持每增加一个等级,则失地农民选择住宿和餐饮业相对于选择居民服务、修理和其他服务业的发生比增加 4.993 倍。强连带规模影响因素达到了 $P<0.001$ 的显著水平,由于其系数值为负,说明连带规模越强,越有可能选择居民服务、修理和其他服务业。强连带规模每增加一个等级,失地农民选择住宿和餐饮业与选择居民服务、修理和其他服务业的对数发生比下降 3.94,其优势比为原来的 1.9%。失地农民任企业管理职位亲友数每增加一人,则失地农民选择住宿和餐饮业与选择居民服务、修理和其他服务业的对数发生比下降 0.923,两种结果的优势比为原来的 0.397。失地农民任金融机构亲友数每增加一位,则失地农民越有可能选择住宿和餐饮业,他们选择住宿和餐饮业与选择居民服务、修理和其他服务业的对数发生比增加 2.604。换句话说,失地农民选择住宿和餐饮业相对于选择居民服务、修理和其他服务业的优势比提高 12.515 倍。失地农民土地征用拆迁后所获得的安置用地面积对其行业选择也有显著影响,安置用地面积越多,则失地农民越可能选择住宿和餐饮业,每增加一位人口的补偿安置面积,则失地农民选择住宿和餐饮业相对于选择居民服务、修理和其他服务业的优势比提高 1.6%。在个人特征方面,性别对这两个行业的选择也达到了 P 在

10%上的显著影响,由于其系数值为正,说明男性更倾向于住宿和餐饮业,且男性选择在住宿和餐饮业相对于选择居民服务、修理和其他服务业的优势比增加22.570倍,这一结果可能受被调查对象性别的影响较大。即受访问卷大多数由五六十岁的男性老人填写,他们多数赋闲在家,出租家里空闲的房屋以获得租金。由于参加培训情况的系数为4.061,说明失地农民是越是参加培训,越有可能从事住宿和餐饮业,这主要是与失地农民自身特殊的条件相关,绝大多数失地农民的受教育程度为高中,接受教育较少,因此,技能较高的行业如汽车修理等居民服务、修理和其他服务业的培训,对失地农民来说较难接受。另一方面,由于土地被征用或房屋被拆迁后,失地农民都能得到相对面积较多的安置房,因此就有了从事住宿业的资源,而且餐饮业培训对失地农民来说也相对较容易接受一些。

模型二中,受教育年限的系数为负数,说明年龄越大,越不可能从事批发和零售业,年龄每增加一岁,失地农民选择批发和零售业与选择居民服务、修理和其他服务业关系的对数发生比减少0.339。换句话说,失地农民选择批发和零售业相对于选择居民服务、修理和其他服务业的优势比为原来的71.2%。这可能是随着电商和网络购物的崛起,经营电子商务都需要一定技能,而这些知识技能的学习和掌握越来越年轻化,比如互联网行业的员工一般也是青年人居多。在受教育年限方面,失地农民的受教育程度越高,则越不可能从事批发和零售业,即失地农民的受教育年限每增加一年,则他们选择批发和零售业与选择居民服务、修理和其他服务业关系的对数比减少1.356,两种结果的优势比为原来的25.8%。这主要是由于受访的是创业群体,他们大多进入社会较早,文化程度大多为高中,也有极少数是本科学历。再者,他们父辈的农民就开始从事实体批发零售创业,且这部分受访群体较多,而这部分群体的文化程度大都集中在高中层次上,导致他们的文化程度总体上不是很高,而从事居民服务、修理和其他服务业如机动车、电子产品和日用产品修理业、托儿所服务、理发及美容服务等都需要一定的技能,而他们的文化程度大部分都是高中及以上,如专科院校。安置用地面积达到了$P<0.05$的显著水平,由于系数为正,说明安置用地面积越大,失地农民越有可能从事批发和零售业。更详细地说,每增加一位人口的补偿安置面积,失地农民选择批发和零售业相对于选择居民服务、修理和其他服务业的优势比为原来的1.018倍。在受访失地农民中,大部分失地农民会把自己闲置的房屋出租以收取租金,但有部分失地农民会在自己家楼下开一个商铺而从事批发零售业,可省去租金成本。这与笔者选取的地区——义乌有关,因为当地的批发零售小商品市场发达,市场环境较好,所以空置的

安置房为失地农民批发零售业的创办提供了基础。

　　模型三中，人口统计学中的年龄系数为负，说明年龄越大，越不可能从事交通运输、仓储和邮政业，失地农民的年龄每增加一岁，则他们选择在交通运输、仓储和邮政行业创业与选择在居民服务、修理和其他服务业创业关系的对数发生比下降0.451，他们选择在交通运输、仓储和邮政行业创业相对于选择在居民服务、修理和其他服务业创业的优势比为原来的63.7％。通过调查发现，大多数运用打车软件如Uber、滴滴快车、一号专车等进行交通运输创业的都是青年人，一是软件下载、注册、运用对这部分群体来说容易操作，二是青年人精力旺盛，即便周一至周五正常上班，周末的闲置时间也会用来开车赚取额外收入。在网络要素层面，亲友支持度的系数为正，说明失地农民的亲友越支持，他们越有可能在交通运输、仓储和邮政业创业，亲友支持每增加一个程度，则失地农民选择在交通运输、仓储和邮政行业创业和选择在居民服务、修理和其他服务行业创业关系的对数发生比增加2.483，换句话说，两种结果的优势比为原来的11.979倍。这可能是由于从事交通运输业的风险相对较小，加上近期打车软件的支持，因此市场前景较好，目前的创业成本只是油费和车子本身的费用，而私家车本身也可以作为失地农民家庭日常的交通工具，所以亲友越支持，越会增加其自信去运营；相反，居民服务、修理和其他服务行业需要一定的特殊技能和投入一定的固定资产，如店面的租金和装修等，甚至人员的招聘，所以风险相对较大，即便有亲友的支持，对于风险承受能力和自信心低的失地农民，依然不敢轻易尝试。然而在网络要素层面的强连带规模也达到$P<0.01$的显著水平，其系数为-1.914，说明强连带规模越大，失地农民越不可能在交通运输、仓储和邮政行业进行创业。研究数据表明，强连带规模每增加一个等级，失地农民选择在交通运输、仓储和邮政行业进行创业和选择在居民服务、修理和其他服务行业进行创业的对数发生比减少1.914，而两种结果的优势比只有原来的12.8％。强关系是在性别、年龄、受教育程度、职业身份、收入水平等社会经济特征相似的个体之间发展起来的，农民的关系网络一般也是在强关系中发展起来的。在义乌调研中，发现义乌农民之所以有强烈的创业精神，原因之一就是强关系网络的带动作用。强连带规模越大，则其认识的相似背景的亲友的人数越多，而从这里发展起来的人脉资源对居民服务、修理和其他服务行业创业尤为重要，因为这可以通过亲友的介绍而成为创业者的顾客，且顾客来源较为稳定，而交通运输的顾客较则是短暂、随机的。人口统计学中的性别也达到了$P<0.05$的显著水平，由于其系数为正，说明越是男性越有可能在交通运输、仓储和邮政行业创业，在控制其他变量的情况下，

男性在交通运输、仓储和邮政行业创业和在居民服务、修理和其他服务行业中创业的优势比增加 29.541 倍。在现实生活中,从事交通运输进行创业时,要经常外出,而在中国文化传统中,女性更倾向于照顾家庭,因此她们更倾向于选择有固定地点和时间的行业进行创业,所以将会有更少的女性选择在交通运输业进行创业,更多的女性选择在美容、理发等服务性行业进行创业。

三、基于企业性质的 Multinomial Logit 实证分析

表 6-16 显示了被解释变量及分类解释变量的基本描述性信息。基于企业性质的创业行业特征中,Y2＝1 代表个体户,Y2＝2 代表合伙企业,Y2＝3 代表个人独资企业,Y2＝4 代表有限责任公司。可以看出,在受访失地农民创业行业选择中,有 42.9％的失地农民选择个体户形式的创业,这主要是因为个体户形式的创业程序简单,且不需要注册资金,创业风险小,因此,多数失地农民都采取这种形式的创业活动。其次,20.1％的失地农民选择合伙企业,仅有 14.2％的失地农民选择有限责任公司这种形式进行创业。当然,这与失地农民创业时的注册资金和企业规模有关,当企业规模较大,或者创业进行到一定阶段时,会选择相应的企业形式进行创业。从数据比例来看,说明失地农民绝大多数选择规模小,风险小的个体户形式创业(见图 6-3),如出租房屋、开小饭店、开小的批发或零售店、开 Uber 交通运输,等等。

表 6-16　基于创业性质的失地农民创业行为案例处理摘要

变量名称		数量	百分比
Y2	1	94	42.9％
	2	44	20.1％
	3	50	22.8％
	4	31	14.2％
婚否	否	30	13.7％
	是	189	86.3％
地区	义乌	99	45.2％
	杭州	69	31.5％
	宁波	51	23.3％
创业榜样	无	149	68.0％
	有	70	32.0％

变量名称		数量	百分比
性别	女	76	34.7%
	男	143	65.3%
创业经历情况	无	87	39.7%
	有	132	60.3%
参加培训情况	无	104	47.5%
	有	115	52.5%

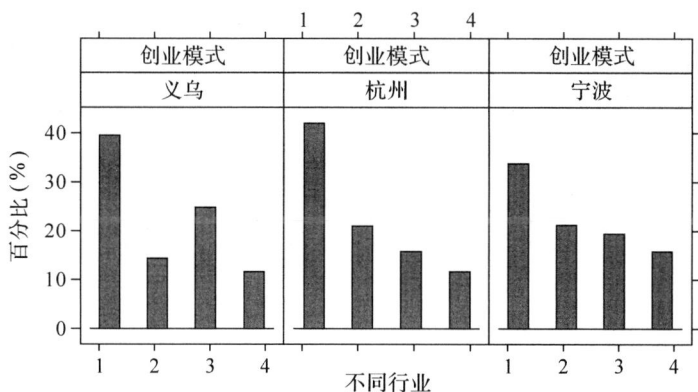

图 6-3　不同地区失地农民所创办的企业性质

从表 6-17 中可以看出,截距模型的－2 倍对数似然值为 567.770,最终模型的－2 倍对数似然值为 283.988,两者的差值即卡方值为 283.782。在自由度为 81 的情况下,统计检验显著,说明模型具有显著的解释能力,回归系数至少有一个显著不等于 0。

表 6-17　基于创业性质的失地农民创业行为模型拟合信息

模型	模型拟合标准		似然比检验	
	－2 倍对数似然值	卡方	df	显著水平
仅截距 最终	567.770 283.988	283.782	81	0.000

表 6-18 中的伪 R^2 用来描述模型的解释能力,该值的范围在 0～1,越接近 1,说明模型的解释能力越好,从表中可以看出,三个伪确定系数分别为 0.726、0.785、0.499,表明模型具有相对良好的解释能力。

表 6-18　基于创业性质的失地农民创业行为伪 R^2

Cox 和 Snell	0.726
Nagelkerke	0.785
McFadden	0.499

表 6-19 显示了基于企业性质的失地农民创业行为特征影响因素实证模型估计结果,显示了自变量的三套系数及其检验结果。模型一表示的是各自变量对个体户关系相对于有限责任公司关系的对数发生比的作用。模型二表示的是各自变量对合伙企业关系相对于有限责任公司关系的对数发生比的作用。模型三表示的是各自变量对个人独资企业关系相对于有限责任公司关系的对数发生比的作用。

表 6-19　基于企业性质的失地农民创业行为特征影响因素实证模型估计结果

变量	模型一 个体户/ 有限责任公司			模型二 合伙企业/ 有限责任公司			模型三 个人独资企业/ 有限责任公司		
	B	显著水平	Exp(B)	B	显著水平	Exp(B)	B	显著水平	Exp(B)
截距	−3.455	0.637		−1.897	0.782		−8.291	0.232	
年龄 C	−0.085	0.381	0.918	−0.066	0.507	0.937	0.038	0.662	1.039
受教育年限 C	0.026	0.946	1.026	0.323	0.405	1.382	0.078	0.825	1.082
受教育年限 C 的平方	0.134	0.289	1.144	0.056	0.669	1.057	0.178	0.128	1.195
年龄 C 的平方	−0.007	0.426	0.993	−0.006	0.456	0.994	−0.012	0.132	0.988
安置用地面积	0.002	0.433	1.002	0.001	0.708	1.001	0.003	0.350	1.003
家庭劳动力数量	3.060	0.216	21.318	3.989	0.112	53.990	3.271	0.179	26.343
创新程度	−1.667 **	0.011	0.189	−1.278 *	0.058	0.279	−0.539	0.324	0.583
风险程度	−1.327	0.133	0.265	−0.969	0.266	0.379	−1.488 *	0.085	0.226
自信程度	−0.398	0.511	0.672	−0.013	0.982	0.987	0.021	0.972	1.021
政策环境	−2.423 *	0.081	0.089	−2.610 *	0.063	0.074	−1.026	0.455	0.358

续　表

| 变量 | 模型一 | | | 模型二 | | | 模型三 | | |
| | 个体户/
有限责任公司 | | | 合伙企业/
有限责任公司 | | | 个人独资企业/
有限责任公司 | | |
	B	显著 水平	Exp(B)	B	显著 水平	Exp(B)	B	显著 水平	Exp(B)
融资环境	0.436	0.505	1.546	0.250	0.699	1.284	−0.363	0.573	0.695
市场环境	−0.711	0.258	0.491	−0.292	0.656	0.747	−0.535	0.391	0.586
创业氛围	−1.021	0.183	0.360	0.501	0.505	1.651	−0.189	0.772	0.828
亲友 支持度	0.915**	0.043	2.496	0.967**	0.048	2.631	0.890**	0.035	2.435
任村干部 亲友数	−0.122	0.718	0.885	−0.737**	0.039	0.478	0.078	0.561	1.081
任公务员 亲友数	−0.375	0.616	0.687	−0.102	0.892	0.903	0.162	0.803	1.176
任企业管 理职位 亲友数	−0.058	0.750	0.944	0.213	0.198	1.238	−0.074	0.557	0.929
任职金融 机构 亲友数	−1.406*	0.084	0.245	−1.937**	0.020	0.144	−0.727	0.134	0.483
弱连带 规模	2.297	0.197	9.948	1.464	0.377	4.322	2.228	0.196	9.277
强连带 规模	−1.397***	0.008	0.247	−0.724	0.154	0.485	−0.639	0.205	0.528
婚姻	−1.383	0.354	0.251	−1.703	0.248	0.182	0.256	0.801	1.292
地区虚拟 变量1	2.067	0.246	7.900	0.678	0.698	1.970	−0.025	0.987	0.975
地区虚拟 变量2	2.700**	0.016	14.881	1.515	0.162	4.548	0.478	0.651	1.612
创业经历 情况	0.613	0.568	1.846	0.929	0.390	2.532	0.099	0.923	1.104
参加培训 情况	1.783*	0.087	5.946	1.380	0.183	3.976	0.897	0.316	2.453
创业榜样	−2.281*	0.083	0.102	−0.848	0.491	0.428	−1.596	0.191	0.203
性别	1.049	0.372	2.856	−0.565	0.630	0.568	0.967	0.399	2.631

注："***"、"**"、"*"分别表示在1%、5%、10%的水平上显著。参考类别是有限责任公司。

从表 6-19 的模型一中可以看出，自变量创新程度达到了 $P<0.05$ 的显著水平，由于其系数为负，说明失地农民创新承受程度越高，那么他越不倾向于选择个体户形式的创业，具体地说，创新程度每增加一个等级，则失地农民选择以个体户形式进行创业和选择以有限责任公司的形式进行创业的对数发生比减少 1.667，两种结果的优势比为原来的 18.9%。在宏观环境层面，自变量政策环境越有利于创业，则失地农民越不可能选择个体户的创业形式，当创业政策环境每增加一个有利等级，则失地农民选择个体户和选择有限责任公司的对数发生比减少 2.423，失地农民选择个体户形式创业相对于选择有限责任公司形式创业的优势比为原来的 18.9%。优惠的创业政策会鼓励失地农民进行更大规模的、拥有一定注册资金的有限责任公司形式创业。在网络支持层面，失地农民亲友的支持程度每增加一个等级，则他们选择个体户和选择有限责任公司的对数发生比增加 0.915，也就是说，失地农民选择个体户形式创业相对于选择有限责任公司形式创业的优势比增加 1.496 倍。在控制其他变量不变的情况下，亲友的支持会增加其创业的自信心，但毕竟创业是一项有风险的活动，所以他们首先会选择小规模、小资本的个体户。任职金融机构亲友数每增加一位，他们选择个体户和选择有限责任公司的对数发生比减少 1.406，也就是说，失地农民选择个体户形式创业相对于选择有限责任公司形式创业的优势比为原来的 24.5%。任职金融机构的人数越多，越能获得创业贷款金额的优惠信息或者更容易获得贷款，而为企业创办提供条件，而不能有效获得金融贷款的失地农民则只能选择小额资金成本的个体户形式。强连带规模的系数为负，说明失地农民的强连带规模越大，则越不会选择个体户的创业形式，规模每增加一个等级，则他们选择个体户形式创业相对于选择有限责任公司形式创业的优势比为原来的 24.5%。一般来说，规模越大，人脉资源越广，获取的信息越多，越有可能创办更大的企业。地区虚拟变量 2(杭州)显著，说明在杭州的失地农民更倾向于选择个体户这种形式的创业。据调查，他们一般会选择运用打车软件如滴滴快车或 Uber 从事交通行业。在人力资本方面，参加培训情况达到了 $P<0.1$ 的显著水平，由于其系数为 1.783，说明失地农民越参加培训，越有可能选择个体户形式的创业，因为目前政府为失地农民提供的一般是技能方面的培训，而个体户形式的创业可能正好匹配失地农民的创业，如跑运输、出租房屋、开淘宝店等等。最后，父母是否创业会影响失地农民创业行为的选择，由于其系数为负，说明失地农民的父母如果创业，则他们越不可能选择通过个体户形式进行创业。因为父母已经创业成功给他们树立了榜样，则他们对创业也更加自信，父母创业也为他们提供了创业的基础(如人

脉资源、创业资金等),所以他们也倾向于在父母的基础上,扩大企业成立有限责任公司,或自己独立创建更大的企业。

从表 6-19 的模型二中可以看出,同模型一的结果类似,越是具有创新精神的失地农民越不会以合伙企业的形式创业,相反的,他们会更倾向以有限责任公司的形式进行创业。当创新程度增加一个等级时,失地农民选择以合伙企业形式进行创业和选择以有限责任公司的形式进行创业的对数发生比减少 1.278,两种结果的优势比为原来的 27.9%。在宏观政策环境方面,当创业政策环境每增加一个有利等级,则失地农民选择合伙企业和选择有限责任公司的对数发生比减少 2.610,他们选择以合伙企业形式创业相对于选择有限责任公司形式创业的优势比为原来的 7.4%。在网络支持层面,失地农民亲友的支持程度每增加一个等级,则他们选择合伙企业和选择有限责任公司的对数发生比增加 0.967,也就是说,失地农民选择合伙企业形式创业相对于选择有限责任公司形式创业的优势比为原来的 2.631 倍。任村干部亲友数每增加一位,失地农民选择以合伙企业形式创办企业和选择以有限责任公司形式创办企业的对数发生比下降 0.737,两种结果的优势比则为原来的 47.8%。一般情况下,村干部获取的资源较多,若失地农民任村干部的亲友数较多,则容易为其创业提供较好的机会,所创办的企业更有潜力发展成有限责任公司。任职金融机构亲友数每增加一位,则他们选择合伙企业和选择有限责任公司的对数发生比减少 1.937,也就是说,失地农民选择合伙企业形式创业相对于选择有限责任公司形式创业的优势比为原来的 14.4%。

从表 6-19 的模型三中可以看出,只有两个自变量达到了显著水平,一个是个人特质中的风险程度,其达到了 $P<0.1$ 的显著水平,由于其系数为负,说明失地农民风险承受程度越高,则他越不倾向于选择个人独资企业形式的创业。具体来说,风险程度每增加一个等级,则失地农民选择以个人独资企业形式进行创业和选择以有限责任公司的形式进行创业的对数发生比减少 1.488,两种结果的优势比为原来的 22.6%。二是在网络支持层面,失地农民亲友的支持程度每增加一个等级,则他们选择个人独资企业和选择有限责任公司的对数发生比增加 0.890,也就是说,失地农民选择个人独资企业创业相对于选择有限责任公司形式创业的优势比增加 1.435 倍。

四、基于创业动机的二元 logistic 回归实证分析

从表 6-20 中可以看出,失地农民为生存而创业的有 186 人,占到了总人数的 84.9%;为实现自身发展而进行创业的失地农民仅有 33 人(占到了总

人数的 15.1%），这一结论说明当前我国失地农民创业行为还是迫于生计，为提高生活水平而进行的创业。

表 6-20　基于创业动机的分类表

创业类型	人数(人)	占比(%)
生存型	186	84.9
发展型	33	15.1

表 6-21 为 Hosmester-Lemeshow 检验，该方法根据模型预测概率的大小将所有观察单位十等分，然后根据每一组中因变量各种取值的实测值与理论值计算 Pearson 卡方，该方法通常用于自变量很多或自变量中包含连续性变量的情况。

表 6-21　Hosmester-Lemeshow 检验

卡方	df	Sig.
6.278	8	0.616

表 6-22 显示了二元 logistic 回归的自变量系数及其检验。模型表示的是各自变量对生存型创业相对于发展型关系的对数发生比的作用。

表 6-22　基于创业动机的失地农民创业行为特征影响因素实证模型估计结果

	生存型/发展型			
	B	Wals	显著水平	Exp(B)
常量	−0.767	0.031	0.860	0.464
婚姻	1.131	1.059	0.303	3.099
家庭劳动力数量	−0.977	0.555	0.456	0.376
地区	0.552	1.006	0.316	1.736
创业榜样	−0.403	0.243	0.622	0.668
创业经历情况	−0.493	0.368	0.544	0.611
参加培训情况	0.756	0.914	0.339	2.130
性别	0.181	0.043	0.836	1.198
创新程度	0.536	1.335	0.248	1.710
风险程度	0.307	0.340	0.560	1.360
自信程度	0.242	0.303	0.582	1.274

	生存型/发展型			
	B	Wals	显著水平	Exp(B)
政策环境	2.556**	4.210	0.040	12.890
融资环境	0.382	0.776	0.378	1.466
市场环境	0.821	2.079	0.149	2.273
创业氛围	−0.261	0.293	0.589	0.770
亲友支持度	−0.465	2.238	0.135	0.628
年龄 C	0.110	2.489	0.115	1.117
受教育年限 C	0.595**	4.457	0.035	1.812
受教育年限 C 的平方	−0.184**	4.693	0.030	0.832
年龄 C 的平方	−0.001	0.035	0.852	0.999
弱连带规模	−1.768	2.232	0.135	0.171
强连带规模	0.591	2.496	0.114	1.806
任村干部亲友数	−0.026	0.101	0.750	0.975
任公务员亲友数	0.357	0.518	0.472	1.429
任企业管理职位亲友数	−0.019	0.052	0.820	0.981
任职金融机构亲友数	0.377	2.082	0.149	1.458
安置用地面积	−0.001	0.386	0.535	0.999

注:"***"、"**"、"*"分别表示在 1%、5%、10%的水平上显著。参考类别为发展型。

从表 6-22 中可以看出,只有三个自变量达到了显著水平,分别是宏观政策环境、受教育年限 C、受教育年限 C 的平方。在宏观创业政策方面,由于其系数为 2.556,说明宏观创业环境越有利于失地农民进行创业。那么失地农民就越有可能为生存而进行创业。具体地说,创业环境的有利条件每增加一个等级,那么失地创业的目的出于生存型和出于发展型的对数发生比增加 2.556,两种结果的优势比为原来的 12.89 倍。这可能是由于好的创业环境会鼓励更多的失地农民进行创业,因为那些原本只是通过就业而生存的失地农民在好的创业环境下,也会尝试进行创业。通过访谈笔者也发现,大多数失地农民创业的出发点仅仅是为提高自己的生活水平和生活质量,改善生计条件。另外,人力资本中的受教育程度对失地农民创业的目的也存在显著影响。我们可以看到,自变量受教育年限 C 的系数为正,而受教育年限 C 的平方的系数为负,即失地农民的受教育年限与其创业的目的之间呈"倒 U 形"的关系,失地农民中的受教育年限为 11 年左右的更容易出于生存而进行创业,这个结果跟访谈的结果相符合。这一现象特别是在义乌地区尤为突出,11 年的受教育年限大约是高中毕业,有些农民高中毕业后就开始创业,而目前的旧村改造使得他们失去土地或房屋被拆,但所获得的安置用地面积较大,建造房屋的巨额资金和选位费是由村民自己出资。因此,这时失去土地的农民通过使用累积存款或向银行贷款,不可避免地会影响到日常的开支消费,因此这时的创业大都也是为还清贷款或为改善生活条件而进行创业的,属于生存型创业。而年数较大的失地农民(一般也是受教育年限更少的失地农民),一方面,旧村改造后,高额的租金可以给他们提供舒适的生活条件;另一方面,也为他们创业提供了创业资金。因此,这时他们选择再次创业反而是为实现他们的发展问题。案例中一位受访失地农民仅靠收取租金一年收入就能达到 100 万元,而这笔可观的资金解决他们的生活开支绰绰有余,但他还是继续投资、入股创办企业,显然这次的创业目的已不是简单的提高生活水平而是为实现他的人生理想。而受教育年限更多的失地农民,多为失地农民的子女,一般也都接受了良好的教育,获得本科或硕士学历,他们会有更充足的就业选择和机会。这种机会完全可以满足这类人群的生活需求,而创业对他们来说则是一个风险较大的挑战,但还是有一部分人选择去创业,因为创业可以更好地实现他们的发展问题。

第五节　研究结论

一、基于行业性质的失地农民创业行为研究结论

选择在不同行业创业的失地农民受不同因素的影响,据调查结果,并根据国民经济行业分类标准,失地农民大多选择在住宿和餐饮业,批发和零售业,交通运输、仓储和邮政业和居民服务、修理和其他服务业。在研究各自变量对住宿和餐饮业关系相对于居民服务、修理和其他服务业关系的对数发生比的作用时,发现受教育年限 C 的平方、创新程度、创业氛围、亲友支持度、强连带规模、任企业管理职位亲友数、任职金融机构亲友数、安置用地面积、性别、参加培训情况达到了显著水平。这启示政策制定者可从上述几个因素来考虑,鼓励失地农民从事住宿和餐饮业或居民服务、修理和其他服务业,也可作为失地农民自身的参考因素来选择住宿和餐饮业还是居民服务、修理和其他服务业进行创业。

在研究各自变量对批发和零售业关系相对于居民服务、修理和其他服务业关系的对数发生比的作用时,发现年龄C、受教育年限C、安置用地面积存在显著的影响作用。这启示当地政府,特别是具有地方特色产业的地区,如义乌小商品批发市场,若想继续鼓励失地农民从事批发和零售业行业时,相对于居民服务、修理和其他服务业,应重点从年龄、受教育年限、安置用地面积三个方面进行考虑。

在研究各自变量对交通运输、仓储和邮政业关系相对于居民服务、修理和其他服务业关系的对数发生比的作用时,发现年龄C、亲友支持度、强连带规模、性别达到了显著的影响作用。这启示政府在鼓励失地农民进行交通运输创业时,应选择对青年人进行宣传才会有效。这也启示失地农民应根据自身条件,如年龄、亲友支持度、强连带规模、性别等因素来考虑进行交通运输、仓储和邮政业及居民服务、修理和其他服务业的创业选择。

二、基于企业性质的失地农民创业行为研究结论

失地农民在创办不同企业性质的创业时,同样也会受到不同因素的影响。在研究各自变量对个体户关系相对于有限责任公司的对数发生比的作用时,研究结果表明创新程度、政策环境、亲友支持度、任职金融机构亲友数、强连带规模、地区虚拟变量2(杭州)、参加培训情况、创业榜样达到了显著的影响作用。这启示失地农民在选择以个体户还是有限责任公司形式进行创业时,应从上述几个因素进行考虑。

在研究各自变量对合伙企业关系相对于有限责任公司关系的对数发生比的作用时,发现创新程度、政策环境、亲友支持度、任村干部亲友数和任职金融机构亲友数达到了显著的影响作用。这启示失地农民在选择以合伙企业还是有限责任公司形式进行创业时,应从上述几个因素进行考虑。

在研究各自变量对个人独资企业关系相对于有限责任公司关系的对数发生比的作用时,发现仅有风险程度和亲友支持程度达到了显著的影响水平。这启示失地农民在选择以个人独资企业还是有限责任公司形式进行创业时,应从上述几个因素进行考虑。

三、基于创业动机的失地农民创业行为研究结论

在研究哪些因素会影响失地农民创业属于生存型还是发展型时,研究表明仅有宏观政策环境、受教育年限C、受教育年限C的平方这三个自变量因素达到了显著水平。这启示政策制定者首先应创造良好的宏观创业环

境,使更多的失地农民进行自主的生存型创业,然后,应大力提升失地农民的人力资本和自身素质,而这主要通过受教育年限来体现。当然受教育年限并不是越高越好,而是达到一个临界值,才会使失地农民创业的动机是为实现自身的人生价值。

第七章 促进失地农民创业的对策研究

第一节 失地农民创业培训体系与运行机制

从各国实践来看,采取创业培训措施是弱势群体摆脱弱势地位进而走上发展之路的有效做法(郑风田、孙谨,2006)。从 20 世纪 60 年代开始,美国颁布了多项关于职业培训的法令(Cledy,2002)。通过职业培训,提高了劳动者素质,有利于劳动者就业,而且在一定程度上缓解了失业问题(吴岩,2005)。韩国的农民创业培训呈现出多元化、个性化特点,其中"四 H"教育培训具有典型性,"四 H"的教育目标是使农民具有聪明的头脑(head)、健康的心理(heart)、强健的身体(health)和较强的动手能力(hand)。目前,美国、日本及欧洲发达国家又将创业培训推广到弱势群体和失业群体,并制订了较为完善的创业支持体系(Maria,2003),促进了弱势群体的发展。国际公认的农民教育培训模式有 3 种:一是东亚模式,主要代表国家为日本、韩国;二是西欧模式,主要代表国家为英国、法国和德国;三是北美模式,主要代表国家为美国。这些培训模式,普遍具有培训管理法制化、培训体制科学化、培训投入规范化等特点,对提高农民科技文化素质产生了积极影响(李玉峰、童红兵、李斌,2012)。借鉴国际经验,创业培训可能成为解决失地农民问题的新思路。

一、失地农民创业培训体系的构建

失地农民是城市化中产生的一类特殊群体,这类群体的创业培训不同于一般的创业培训,创业培训体系建设也有其特殊性。笔者认为,失地农民创业培训体系至少应包括培训资金、培训内容、培训机构以及培训监督等方面。图 7-1 给出了失地农民创业培训体系的总体框架。

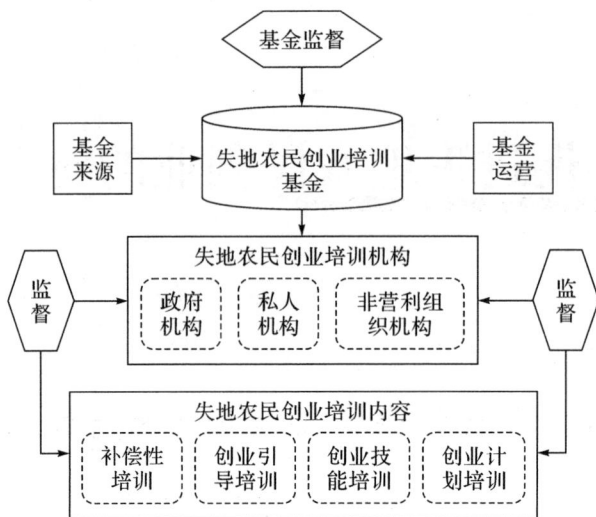

图 7-1　失地农民创业培训体系的总体框架

(一)失地农民创业培训基金

1.基金来源

培训经费是开展失地农民创业培训的基础条件。目前,失地农民的培训经费主要来源于地方政府财政专项和培训学费。我国大部分地方政府财政较为紧张,以财政专项形式支付的培训经费极为有限且难以持续,无法满足失地农民的培训需求。

通过立法和政策支持失地农民培训已被多数发达国家实践所证明是有效的(赵西华,2005),如英国规定,农场工人上课时间的工资由农业培训局的政府基金支付,农场主不用支付;法国规定,农民或农业学徒工在参加培训期间,由政府或有关农业专业协会组织的培训基金会发给补助费;澳大利亚《培训保障法》明确规定,年收入在 25 万澳元以上的农牧企业(场)雇主,应将其工资预算总额的 15% 用于培训;加拿大和德国政府让企业把花费的培训费用计入生产成本,待企业售出产品时再对其减免税收;德国农民在参加培训时,可免交杂费并获得伙食补贴;在丹麦,为了鼓励农民学习新知识、提高农业生产水平,当农场主外出学习而请帮工时,政府还会为其负担一部分帮工费用。

因此,从长远来看,要解决失地农民培训经费问题必须构建政策支持体系,通过立法和政策设立失地农民创业培训基金。但是,由国家财政全部负担失地农民创业培训费用并不现实。如何解决失地农民创业培训基金的来源便是问题的关键。笔者认为,征地中土地补偿费和安置补助费以及土地转用后的增值收益是失地农民创业培训基金的主要来源。

参照《国务院关于大力推进职业教育改革与发展的决定》（国发〔2002〕16号）中关于"一般企业按照职工工资总额的1.5％足额提取教育培训经费，从业人员技术要求高、培训任务重、经济效益较好的企业，可按2.5％提取，列入成本开支"的规定，建议从土地补偿费和安置补助费总额中提取2.5％用于失地农民创业培训。然而，由于城乡二元体制，农村的教育投入一直非常有限，农民的文化程度较低。因此，对失地农民的培训任务重、难度大。仅仅依赖土地补偿费和安置补助费总额中提取2.5％尚不足以建立失地农民创业培训基金，需要从土地转用后的增值收益中提取部分资金，用于建立失地农民创业培训基金。

虽然有部分学者主张"涨价归公"的观点，认为农村土地转用后带来的增值收益理应收归国家所有，理由是社会、经济发展导致土地自然增值，所以应该由社会共同占有这部分增值收益。然而，涨价事实上并未归公，土地转用后的巨额增值收益，大部分被中间商（如房地产开发商）或地方政府所获取（鲍海君、吴次芳，2002），而"一生下来就完全同样地参与社会缔结和创建"并作为土地所有者的农民集体和农民，却分文未得。土地转用后的巨额增值收益不加以公平分配并不符合社会正义原则。因此，从社会公正角度看，占全国人口70％的农民有权利获得农地转用后的增值收益，70％或者至少50％的"涨价"应归农民（农民也是缔结、创建社会的重要分子）。事实上，在我国当前还是城乡二元结构的体制下，属于农民部分的土地转用"涨价"是建立失地农民创业培训基金的主要来源之一。

此外，失地农民创业培训基金的可能来源还有中央政府和地方政府的财政拨款、失地农民创业培训基金运营收入以及慈善机构的捐赠等。

2.基金运营

失地农民创业培训基金能否高效运营、保值增值，关系到失地农民创业培训能否顺利实现。

借鉴社会保障等基金运营的国际经验（邓大松、方晓梅，2001；鲍海君、吴次芳，2002），将失地农民创业培训基金交由私营机构运营和管理，以确保未来有足够的支付能力。当然，我们未必要像智利等国家那样全部交由私营机构经营管理，可以交由银行和非银行金融机构经营管理，并引入竞争机制，来促进基金的保值增值。要保证失地农民创业培训基金的顺利保值增值，就必须实现投资方式多样化，应适当涉足实物投资、银行存款、国债及其他各种债券、股票、投资基金、抵押贷款、外汇、期货和国际投资等，在确保安全性的前提下，充分体现基金的收益性。但是这些投资领域的风险和收益具有很强的正相关关系,必须加强投资的风险管理。

基金投资的风险管理工作可分为两个阶段:投资前的风险管理和投资中的风险管理。投资前的风险管理即为失地农民创业培训基金进入具体投资运作前的风险管理,主要由信托公司及其聘用的投资顾问公司来完成;投资中的风险管理即为失地农民创业培训基金在具体的投资运作过程中的风险管理,主要由投资机构来完成。投资前的风险管理主要包括:对投资市场和投资工具的风险和收益进行评估,在国家规定的投资比例限制下,确定最为合理的投资组合;通过招投标方式选择合适的投资执行公司,以确保管理风险最小。投资中的风险管理主要包括:根据信托公司规定的投资组合比例和方向,确定更为具体的投资组合;对风险进行严密监控,并随时调整投资组合;对于自身难以规避的风险应及时向信托公司汇报,以便信托公司迅速作出反应;等等。

3. 基金监管

智利等国家的成功经验表明,基金交由专门机构经营管理并期望取得很好的成效,离不开严格的监管。因为创业培训基金的投资运营毕竟不能等同于一般的商业行为,它事关国家的发展大计和无数失地农民的利益。缺乏严格有效的监管,基金投资运营注定难以成功。近年来,由于劳动社会保障部门集"运动员"和"裁判员"于一身,我国一些地方的劳动保障部门与不法培训机构合谋造假套取国家农民工培训资金等严重事件先后发生,善良的百姓对那些肆无忌惮的"官仓硕鼠"深恶痛绝(周之江、王丽,2009)。这种现象产生的关键是监管机制不健全,监管手段和力度不够。

失地农民创业培训体系的运行,必须汲取农民工培训的经验教训,加强基金的监管。首先,必须有明确的法律体系,依法监管。因此,需要尽快建立健全创业培训领域的法律法规体系,刻不容缓;其次,必须有依法赋予监督职责的监督主体,借鉴智利等国的经验,失地农民创业培训基金管理机构与经营机构必须分开设置,前者负责对后者的监管和对创业培训市场的调控,后者负责基金的筹集、投资运营和创业培训资金的发放等,并保证监管机构的权威性、公正性、科学性和独立性。

对失地农民创业培训基金经营管理机构的监管,重点应集中于金融、财务和业务方面,督促经营机构建立完善的管理规章。为防止舞弊行为,要建立市场准入制度,规定基金经营管理机构的最低法定准备金和相应责任,建立财务公开、信用和绩效评级制度以及严格的经济处罚制度。

图 7-2 给出了失地农民创业培训基金监管的一个模式。在该模式中,劳动社会保障管理部门承担对保管银行、投资机构、信托公司、失地农民培训

档案管理等总体管理工作,如制订严格的、具体的监督规则,定期考核这些机构的风险管理水平和绩效等。但失地农民创业培训基金不能由社保机构部门单独控制,应该由信托公司来管理,而信托公司只能把钱存放在保管银行中,然后社会保障管理部门将失地农民的培训档案反馈给投资机构,由投资机构做出投资决策。投资机构做出决定后,信托公司才通知保管银行拨钱给投资机构,这样,就可以形成一个严密的监督机制。

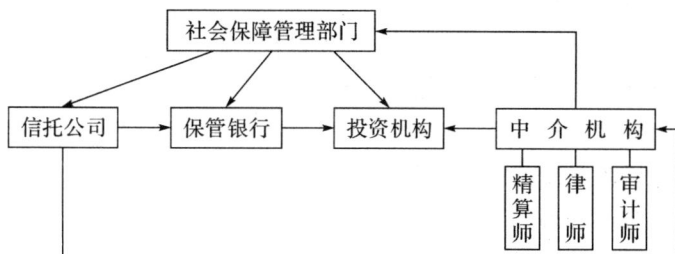

图 7-2　失地农民创业培训基金监管模式

目前,失地农民创业培训管理部门可在县级社会保障管理部门设立,以县级为单位建立失地农民创业培训基金,从土地补偿费和安置补助费总额中提取 2.5％作为失地农民创业培训经费,用于建立个人账户;另外,从土地转用后的增值收益中提取部分作为的失地农民创业培训经费;最后一部分创业培训经费由中央政府和地方政府的财政拨款、失地农民创业培训基金运营收入、慈善机构捐赠等构成,用于建立社会账户。待条件成熟时,在全国联营失地农民创业培训基金,促进基金更好地保值增值。

(二)失地农民创业培训内容

1.补偿性培训

多年来,我国的教育一直以城市为中心,城市教育长期拥有比农村教育优越得多的资源(刘华蓉、高伟山,2009)。因此,我国农民的文化程度无法与城市居民相比。笔者在调查中也发现失地农民的文化程度多为高中及以下,受过高等教育的寥寥无几。鉴于此种状况,为使失地农民更好地接受创业培训,笔者认为首先要对他们进行补偿性培训。

补偿性培训的思路来自于美国、加拿大、以色列等国的补偿教育(compensatory education)。补偿教育针对在经济上和社会地位上处于不利地位的、没有机会享受正规教育的、丧失了良好教育权利的儿童(包括学龄前儿童和学龄儿童,主要是少数民族儿童)进行的教育(赵晶,2008)。它以"文化剥夺理论"为基础,认为经济上贫困、处境不利的儿童之所以难以获得学业上的成功,是由于其在语言、阅读、认知、社会性以及情感等方面存在的能力不足或缺陷造成的,而造成这种能力不足的根本原因是他们的社会和文化背景的限制。这种"文化上的欠缺"造成了他们学业不佳进而导致就业困难。要想从根本上断绝这种"经济和文化上的贫困＋智力低下、发展缓慢—学业不佳—就业不利—贫困"的恶性循环,就必须对这些儿童实行在教育上提供帮助的政策,即补偿教育。

我国失地农民的处境与美国等国家接受补偿教育的儿童相似,由于社会和文化背景的限制,他们在语言、阅读、认知、社会性以及情感等方面均存在着能力不足或缺陷。根据失地农民的特征,对他们的补偿性培训宜侧重于基础知识培训,包括语言认知、阅读能力、社会交往、法律法规、世界政治经济以及国情国力等。通过补偿性培训,最大程度地消除失地农民"文化上的欠缺",为创业培训奠定基础。

2. 创业引导培训

创业引导培训主要培养失地农民的创业意识。创业意识即创业实践中对人起动力作用的个性倾向,包括需要、动机、兴趣、理想、信念和世界观等,是创业者对创业这一实践的正确认识、理性分析和自觉决策的心理过程。

创业培训的首要任务是引导失地农民的创业意识,从上文的研究结论中也可看到,创业意识对创业行为起着直接的影响作用,因此要鼓励失地农民进行创业,可以从培养他们的创业意识入手,意识是行动的指南,创业意识集中体现了创业素质的社会性质,支配着创业者对创业活动的态度和行为,规定着其态度和行为的方向与强度,具有较强的能动性,是创业素质的重要组成部分。根据失地农民的特点,笔者认为以下三种创业意识是创业引导培训的主要内容。

一是艰苦创业意识。虽然农民的生产生活较为辛苦,但是创业的艰辛可能是失地农民难以预料的。在创业初期,困难和挫折往往是无法预料的,没有艰苦创业意识的创业者,在这些困难面前,会心灰意冷,停滞不前。因此,必须在创业之前就让失地农民了解创业的艰辛,通过培养使他们具有坚韧不拔,不怕苦、不怕累,不怕失败、勇往直前,不达目的决不罢休的艰苦创业精神。

二是风险创业意识。创业的风险不同于失地农民以前的农业生产风险。创业者要承担多种风险,选择创业就要投入金钱,就有赔赚的财务风险;需要更多的时间、精力来创办和经营企业,将带来家庭的风险;企业随时面临倒闭,还要经常承受精神风险以及技术选择、市场开拓等每时每刻都要遇到的经营管理方面的决策风险,等等。风险意味着机会,意味着财富。一个人创业成功与否,在一定程度上说,就是是否具有抓住机遇的胆量和气魄。创业者要有充足的承受失败(承担风险)的勇气,这个素质往往是成功的关键因素。因此,要培养失地农民树立风险创业的意识,加强他们的心理素质教育。

三是合作创业意识。农民独家独户的小农经营方式使得他们缺乏合作的经历和经验。在创业领域,合作具有十分重要的意义。有的创业者个人能力很强,但是不善于将自己的能力外化为组织的能力,结果整个企业的运作就变成创业者个人的"独角戏",创业者不得不独自支撑整个企业的运转,企业的其他成员爱莫能助,缺少的就是合作和团队精神(周湘浙、谢志远,2006)。鉴于失地农民缺乏合作的经历和经验这一特点,必须高度重视他们合作创业意识的培养。

3.创业技能培训

相对于补偿性培训和创业引导培训,创业技能培训侧重于创业操作能力的培养。创业技能培训包括行业技术培训和经营管理技能培训两方面。

失地农民创业选择的行业多种多样,因而行业技术培训具有个性化和特殊性。尽管如此,可结合各地资源和创业优势,选择失地农民创业的主要方向与行业,进行集中培训。

经营管理技能培训则具有共性,大致可分为三方面的技能。一是企业管理技能,如企业经营理念、企业发展方向与战略、企业部门和岗位设置、员工配备以及管理制度等。二是销售与采购技能,如顾客需求分析、产品营销方式和产品价格确定、进货渠道以及销售活动中的洽谈与合同签订等。三是财务管理技能,如企业收入和支出的款项、企业每天盈亏计算和调整、阶段性财务预算和结账、投资预算与成本控制等。

4.创业计划培训

通过创业计划培训形成一份完整的创业计划书,可以为失地农民理清创业思路、明确各个创业阶段的关键任务,从而提升创业成功概率。由于失地农民文化程度较低,可采用国际劳工组织(ILO)和中国劳动与社会保障部倡导的 SYB(Start Your Business)培训。SYB 是一套简明、通俗、易懂、实用的创业培训方法(Vickie,1997),目前,已经在全球 80 多个国家广泛推行和使用。SYB 主要侧重于创业计划培训,共分十个步骤。第一步,将你作为创业者来评价(即创业适应性分析);第二步,为自己建立一个好的企业构思(即创业项目构思和选择创业项目);第三步,评估你的市场(即产品、客户及竞争对手分析);第四步,企业的人员组织(即经营上的人员安排);第五步,选择一种企业法律形态(即申办何种经营许可);第六步,法律环境和你的责任(即创业方面的法律法规,创业对你意味着何种法律风险和法律责任);第七步,预测启动资金需求;第八步,制订利润计划(包括成本效益分析);第九步,判断你的企业能否生存(包括你的创业项目的可行性分析,草拟创业计划书);第十步,开办企业(介绍开办企业的实际程序和步骤)。

(三)失地农民创业培训的机构

根据办学主体的不同,失地农民创业培训的机构可以分为三类:一是政府设立的培训机构,二是私人设立的培训机构,三是非营利组织设立的培训机构。

能为失地农民提供创业培训的政府培训机构主要是普通高校和职业技术学校,这些机构主要以学历教育为主,对失地农民的创业培训并不关注,但它们拥有大量的师资、培训场所等培训条件。因此,各地劳动保障部门和教育部门应通力合作,挖掘普通高校、职业技术学校以及相关机构的资源,成立专门的失地农民培训机构,满足失地农民的培训需求。但这些机构可能会产生培训动力不足、培训效率低下的现象,导致失地农民培训上的"政府失灵"。

市场是弥补"政府失灵"的可行途径,失地农民创业培训可利用市场上的培训机构。私人设立的培训机构不同于政府培训机构,它以追求利润为导向,培训动力问题迎刃而解。但如果缺乏政策引导和资金支持,无法降低培训供给成本,供给价格(即培训费)过高,将在失地农民面前筑起一道"经济门槛"。因此,要从根本上吸引、鼓励企业参与失地农民创业培训,国家必须出台一系列的税收优惠政策。如税收返还,即对那些在失地农民培训资金上投入大的培训企业,可以减免部分企业所得税等。除了培训成本问题外,个别培训机构可能存在培训理念模糊、动机不正确,培训缺乏科学性和实用性,甚至弄虚作假,结果失地农民花费了昂贵的代价参加了培训,却不一定能获得良好的效果。由此可见,失地农民培训也存在着"市场失灵"。

目前,公共领域治理机制正朝着多元化趋势发展(鲍海君,2008)。理论上,建立政府培训机构、私人培训机构和非营利培训机构相互补充、相互合作、相互制衡的培训机制,可以有效解决失地农民培训方面"市场失灵"和"政府失灵"相互交织的问题(见图7-3)。政府培训机构、私人培训机构和非营利培训机构相互补充、相互合作、相互制衡的培训机制包含两方面含义,一是这三类机构共存本身就是一种补充和制衡;二是这三类机构根据各自优势相互分工和合作。根据这些机构的特点,政府培训机构更擅长的可能是补偿性培训和创业技能培训,私人培训机构更愿意做创业引导培训和创业计划培训,而非营利培训机构则在补偿性培训和创业计划培训上更有优势。

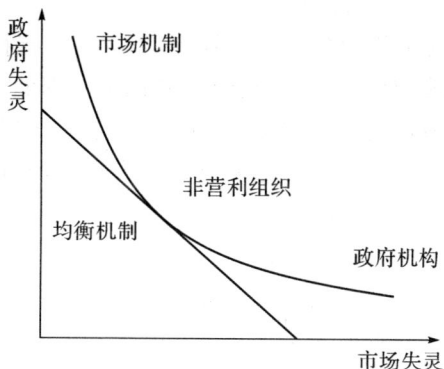

图 7-3　三类培训机构相互补充、相互合作与相互制衡机制

近年来,越来越多的非营利、非政府组织加入到农民职业技能培训的行列。如北京农家女培训学校举办农村妇女非农职业培训项目,晏阳初乡村建设学院积极开展农民培训活动,两者均取得了较好的培训效果。因此,从实践来看通过非营利组织设立失地农民创业培训机构也是可行的。

(四)失地农民创业培训的监督

失地农民的创业培训是一项较复杂的工作,只有建立起科学的培训需求预测系统、有效的培训组织系统、恰当的培训操作系统和必要的培训监督系统,才能使其真正落到实处,提高培训效率,达到培训目标。失地农民创业培训的监督可从内部监督和外部监督两方面来建设。

内部监督是培训机构内部通过建立结构合理、配置科学、程序严密、相互制约的运行机制对培训行为进行控制。要提高内部监督的效果,培训机构应健全监督的组织架构,按照不同类型的培训机构设置与其相一致的监督部门,配备少而精的工作人员,建立一种能够起相互制约作用的、具有相对独立性的监督体。

外部监督包括立法监督、行政监督、培训行业监督以及社会监督(郭军灵,2008)。立法监督主要是建立健全的法律体系,其涉及的内容包括法律形式和登记控制、管理和运行机制、商业活动的规制、税收优惠政策、不公平竞争的规制、捐赠等,让外部监督有章可循;行政监督主要是政府的调控和监管,包括审计机构的年度报告、财务报告、财务审计报告、下年度预算和经营计划等,政府的相关监管部门包括社保、教育、工商、科技、物价、税务、财政、审计等部门;培训行业的互律监督包括同行联合会、全国性协会、行业性社团的互律,通过制订一个共同遵守的道德标准和行为规范,维护会员共同的社会形象;社会监督主要是指社会团体、新闻舆论、捐助者、培训对象、社会公众等社会各方对培训机构的监督。

失地农民由于其所处的社会层次较低,各界普遍关注的是这一弱势群体的生存与保障问题,而忽视了他们的发展机会与创业途径。本书分析表明,失地农民具有强烈的创业欲望。但是,由于创业知识和技能的缺乏,失地农民中潜在的创业者无法实现创业梦想。在当前经济增长放缓、就业岗位不足的背景下,借鉴国际经验,在完善征地补偿机制和失地农民社会保障体系的基础上,政府积极创建服务平台,建立失地农民创业培训体系,大力支持失地农民自主创业,加大培训力度提升失地农民人力资本,培养一批懂技术善经营的创业型失地农民,以创业带动就业,解决失地农民的长远生计并促进失地农民的持续发展,这是当前民生领域中公共政策的新动向。

二、失地农民创业培训的运行机制

培训的真正目的不在于培训本身,而是如何提高被培训者所需要的技能。失去土地后,由于农民缺乏相应就业和创业技能,因此需要对失地农民进行全面的培训,即采取系统的培训模式。这种培训模式主要包括:制定培训政策;确定培训需求;制定目标与计划;实施培训计划;对计划的实施进行评估、审核这五个方面。因此培训机构对失地农民进行培训时,首先就要了解失地农民的培训需求,根据前文研究成果,我们可以得知不同年龄段和不同受教育程度的失地农民会更倾向于选择不同行业进行创业,因此他们会有不同的创业培训需求。如果脱离具体实际情况而对失地农民进行盲目或形式主义的培训,那么不仅会导致培训效果欠佳,还会造成培训资源的浪费。

一般地,失地农民培训需求可通过调查问卷和个人深度访谈的方法收集资料,通过系统的文本分析,并在结合当地产业特色和区位优势的基础上,明确当地培训的目标。如义乌湖塘村依靠当地的"国际批发市场"优势,拟通过招商引资把村庄打造成"淘宝第二村"。该村可结合当地失地村民自身的培训需求,对有意向从事电子商务的失地村民进行系统的淘宝培训,从而培训目标也就确定下来了,即失地农民能真正从实体批发创业走向网络批发创业的道路。

但失地农民创业培训不同于一般的职业教育培训或大学生创业培训,针对失地农民群体的共同特点及失地农民个体差异(性别、年龄、受教育程度、个人特质等等),并结合他们的具体培训需求和当地的培训经费,设计切实可行的培训方案,这主要包括培训内容和教材、培训教师及培训基地的选择。在反复甄选确定培训方案后,开始组织实施培训方案。待培训结束后,还要适时制定培训效果评估体系,如确定由哪些人采用什么方法来对参与培训的失地农民组织、实施培训效果评估。通过系统的分析培训评估结果,修正和调整培训方案中存在不足的地方。整个培训过程如图 7-4 所示。

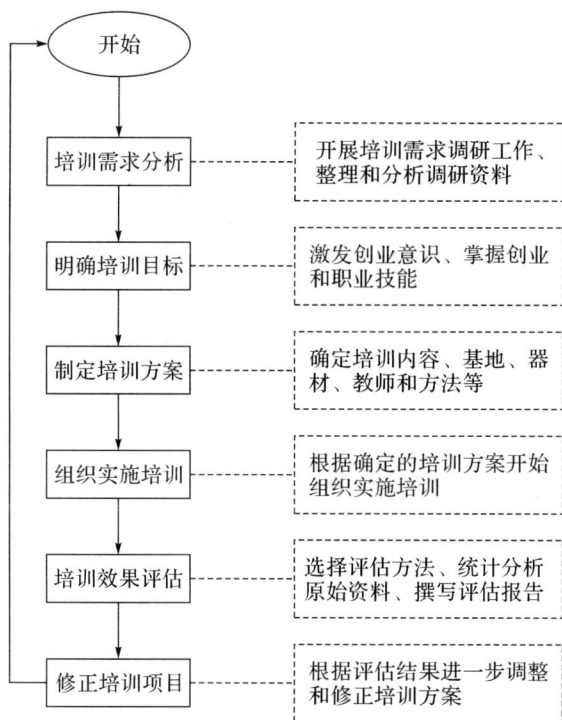

```
                    ┌──────────┐
                    │   开始   │
                    └──────────┘
                          │
        ┌──────────────┐       ┌────────────────────┐
        │ 培训需求分析 │------ │ 开展培训需求调研工作、 │
        └──────────────┘       │ 整理和分析调研资料   │
                │              └────────────────────┘
        ┌──────────────┐       ┌────────────────────┐
        │ 明确培训目标 │------ │ 激发创业意识、掌握创业 │
        └──────────────┘       │ 和职业技能          │
                │              └────────────────────┘
        ┌──────────────┐       ┌────────────────────┐
        │ 制定培训方案 │------ │ 确定培训内容、基地、器 │
        └──────────────┘       │ 材、教师和方法等     │
                │              └────────────────────┘
        ┌──────────────┐       ┌────────────────────┐
        │ 组织实施培训 │------ │ 根据确定的培训方案开始 │
        └──────────────┘       │ 组织实施培训        │
                │              └────────────────────┘
        ┌──────────────┐       ┌────────────────────┐
        │ 培训效果评估 │------ │ 选择评估方法、统计分析 │
        └──────────────┘       │ 原始资料、撰写评估报告 │
                │              └────────────────────┘
        ┌──────────────┐       ┌────────────────────┐
        │ 修正培训项目 │------ │ 根据评估结果进一步调整 │
        └──────────────┘       │ 和修正培训方案      │
                               └────────────────────┘
```

图 7-4　创业培训运行流程

为了顺利完成培训运营管理工作,消除各种潜在风险,培训管理人员应在规范执行流程关键点事项的基础上,对参与学员的召集、培训器材的准备、培训场所的选择、培训方法的选择、培训讲师的选聘及反馈意见的征集这六大关键点事项或业务进行重点管理和控制,具体如图 7-5 所示。只有把这六个环节做好了,才能保证失地农民培训有效地运行。

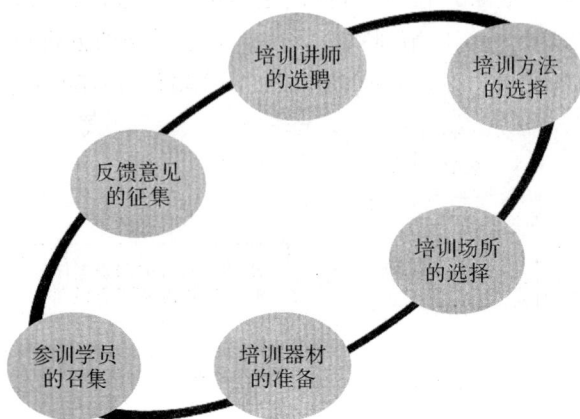

图 7-5　培训运营管理六大关键点

第二节　非正式培训的嵌入与失地农民创业培训体系的优化

人力资本理论认为教育投资是人力资本的核心,其形成可以通过两种途径:一种是学校教育,一种是非正规教育,即"边干边学"或在职培训。对失地农民进行培训是一种人力资本投资,失地农民的人力资本主要体现在后一种实现途径(谢建设,2005)。然而,相对于正式培训而言,失地农民赖以发展和知识来源的非正式培训方式未得到应有的重视。因此,应在完善失地农民正式培训体系基础上,推动非正式培训模式的发展。

一、失地农民创业的非正式培训模式

非正式培训是与正式培训相对应的概念,非正式培训是指进行没有固定的场所、统一的形式、系统的规划、具体的材料、精确的进度、专业的培训者、确定的时间、严格的实施管理和评价的一种相对隐性的、非连续的、随时的培训。它是以"人力资本投资"、"开放式教育"和"终身教育"等现代政府人力资源开发为理念,以能力提升为本位,注重随时性、融合性、有效性的培训模式。非正式培训在阶段划分、方式确定和成本绩效等方面更注重灵活性,在内容选择与模式应用方面更具有针对性,更加重视政府人力资源差异性、岗位性的特点,在培训内容与应用、模式与结构选择方面不断有所创新。非正式培训包括以下三种模式。

（一）学徒辅导模式（一对一或一对多模式）

学徒辅导式也就是由师傅带领着徒弟学习某项技能。有经验的师傅带领新手徒弟一起工作，在工作过程中，徒弟观察师傅的工作方式、工作流程、工作情况和工作技巧，感受师傅的工作态度，这种方式对新手来说十分有效，能在短时间内掌握工作所需的技能，碰到疑问能随时向师傅请教。如在"中国网店第一村"的义乌青岩刘村，遍地都是淘宝培训工作室和自己创业的淘宝卖家，有创业想法的年轻人往往会选择在成功的电商那里边打工边学习，很多年轻人认为"拜一个师傅，不仅能将所有流程都学会，在实际操作中有很多经验的积累传授是培训工作室无法传授的，这种方式更加高效，有针对性"。一般情况下，一个师傅只带一个学徒，而有些特别有能力的师傅也会同时带好几个徒弟，这种非正式培训方式能快速提升能力，而且有助于培养新进员工良好的工作态度。

（二）伙伴模式

伙伴式的非正式培训方式指的是同行之间的交流，与异质性社会关系进行经验或者心得的交流活动。这种交流过程伴随着知识的分享和传递。此种模式在青岩刘村是最常见和最普遍的。青岩刘村组建了较多电商交流协会。集聚了一大批有激情、肯吃苦、能创业的电商人，他们常常一起组织活动，交流平时在工作中的心得体会，互相帮助解决问题。"往往一个人想破脑子也想不出的办法，不同背景、不同价值观的人聚在一起会有意想不到的收获。"这在网络技术发达的今天，各种微信群、QQ群也成了伙伴之间知识分享的工具，使得这种非正式培训方式更加快捷有效。在经验交流与问题探讨过程中，还可能产生新的想法和成果。通过失地农民伙伴之间知识的交流、转化、共享和创新来提高个体和整体水平。

（三）个人领悟模式

个人领悟式学习主要包括反思式学习和模仿学习。这种学习方式对个人主动学习意愿和学习能力的要求比较高。反思式学习是指在团体帮助下，失地农民自己能否对交流内容进行反思、总结、提高。反思是一个人学习能力的具体体现，一个善于反思的人，在工作上能比被人做得更细致、超前，能想到别人没有想到的细节，从而获得成功。一定程度上，也就是我们所说的"会钻研"的精神。反思式学习从现象思考入手，上升到理论，然后寻找解决办法，再回到实践，经过反复，最后达到能力的提高，使个人经验得到充分利用（张维友，2004）。模仿式学习，指的是在自己陌生或者不熟悉的领域，跟着该领域的前辈学习，然后自己再去琢磨、反思、提升，最终将这些经验化为己有，通过自我认识和他人认识的结合到达提高、进步的目的，是一种可行性较高的非正式学习方式。在青岩刘村活跃着的农民往往这方面能力出众,他们会主动去琢磨电商的运行方式,并抓住自己的优势——丰富的人生经历,去跟年轻人竞争。在碰到问题时,也会积极向年轻人请教。

二、失地农民创业培训体系的优化

在正式培训体系的总体框架中,将非正式培训嵌入到失地农民创业培训的各个环节。非正式培训主要模式有学徒辅导式(一对一或一对多模式)、伙伴式、个人领悟式。失地农民交流的过程中伴随着知识的分享,因此,要积极为失地农民提供更多、更方便的交流机会。比如利用节假日举办经验交流会和心得交流会,分享各自的生活工作经验,通过这些活动促进失地农民公共区域的扩展,在失地农民进行经验交流、问题探讨的过程中,激发灵感;重视信息化交流平台的建设,加强微信公众号的建设,加快失地农民信息获取速度,使交流能及时、方便,不受地域与时间限制;加强失地农民伙伴之间知识的交流、转化、共享和创新来提高个体和整体水平。在完善的失地农民培训体系基础上,将非正式培训贯彻于正式培训的各个方面,以最低成本嵌入到正式培训框架中,如图7-6所示,发挥正式培训与非正式培训的叠加效应。

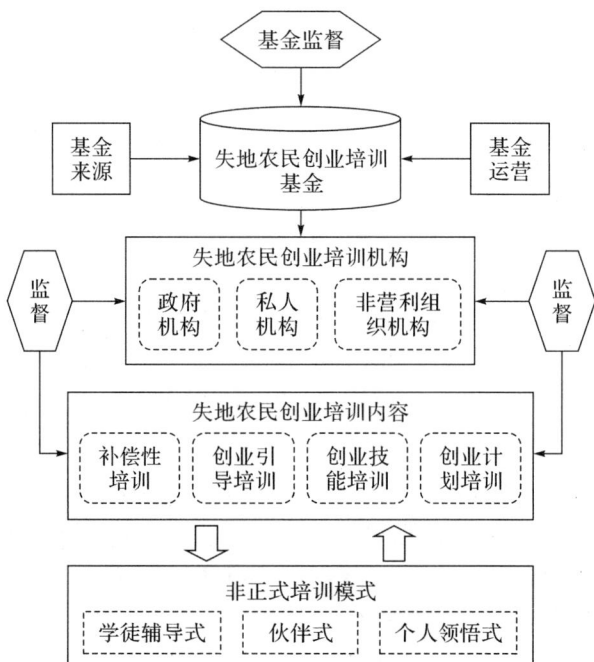

图7-6 失地农民嵌入式培训模式总体框架

第三节　促进失地农民创业的政策支持系统

除了改善和健全失地农民培训体系与提升失地农民自身的创业能力和技能外，还需要创建良好的宏观政策支持系统，才能提高失地农民创业的积极性与创业成功的概率。

一、基于创业意向对创业行为影响的公共政策建议

第五章的研究结论表明：创业意向是创业行为的内驱因子（predisposing factor），征地情境变量通过影响创业意向—创业行为间的关系强度和方向起着调节作用。基于此结论，本书提出了以下政策思路和实施路径。

（一）提高创业意识——重视"能人"效应，活跃创业氛围

第一，重视创业典型示范效应，营造创业氛围，增加失地农民的创业渴求知觉，提升失地农民的成就动机与创新导向。通过社会认同、角色示范等方式间接对失地农民创业意向产生影响。在总结失地农民创业成功经验的基础上，通过对典型事迹的宣扬，培养失地农民的心理意识，引领更多的人创业。这种带动方式简单，效果明显。浙江桐庐环溪村，近两年乡村美景引旺了人气，各地参观者和游客纷至沓来，村里出现一批创业能人，把"人气"转为"财气"，开办民宿、农家乐、特色咖啡店并取得成功。在"美丽乡村"建设中当先锋的村干部，在"二次创业"中义无反顾地当起了领头人。村委主任决心在发展"民宿经济"上先做出个样子来，她把自家的楼房，按星级宾馆标准进行设计装潢，力求楼中的每个细节，都做到朴素而雅致、舒适而温馨。在她的带领下，村里其他农户也积极行动起来，平时围着"田头、灶头"转的农家女，成了环溪村发展"民宿经济"的主力军。村民们照着村主任的样子做，把自家老房子精心装修。全村村民宿客房的床上用品、卫生间用品，也由村里统一网购，分发到各户。在"能人"带领下，激发了失地农民的创业热潮。镇政府和村两委将这些成功案例进行宣传并辅以一定的创业培训，村民们纷纷行动起来，在"美丽"中"掘金"，有的开办农家乐，有的摆摊卖旅游商品，还有的搞民宿，农民创业热情被激发出来。

政府要尊重失地农民创新精神，鼓励失地农民发掘机会，开拓市场，进行创造性活动。积极引导和教育失地农民转变思想观念，培育失地农民勇于接受挑战和敢于面对现实的精神状态，在变化面前通过不断调整自我，提高独立自主、自谋职业的能力，对于一切法律范围内的失地农民创业就业形式提供帮助和支持。

第二,通过宽松的创业环境建设增加失地农民创业可行性知觉。失地农民受制于个人知识、市场信息限制等因素的影响,创业感知能力较弱;加之创业经验相对匮乏,创业活动可能过于盲目,容易错失机会或决策失误,在把握市场规律和识别创业机会等方面存在诸多欠缺。宽松的创业环境建设主要包括三个方面:教育培训,平台建设和政策渠道。政府应简化办事手续、开辟绿色通道,搭建创业服务平台,加大金融支持(小额贷款)等。同时提供针对失地农民的创业保险措施,在创业起步阶段为失地农民提供一定额度的保险金,万一创业失利,不至于"血本无归"。具体来说,对具备创业潜力的失地农民开展有针对性的创业教育,培养他们的合作与风险意识,增加他们的创业技能,例如企业管理技能、销售与采购技能、财务管理技能(鲍海君,2012)。创业培训可以分为培训前选拔和扶持创业两个阶段。对那些没有创业意向的失地农民来说,可以在了解劳动力市场中用人单位的需求情况基础上,制定就业培训方案,确定就业培训内容,促进其在就业市场就业。对于有创业意向的失地农民,其创业指导和培训要注重针对性和层次性,失地农民在年龄、文化水平、性别上都有差异,要有区别地开展有科技含量的专业技能、技术工种的培训和社区服务业、家庭手工业技能培训等。平台建设包括专门向失地农民开放的"创业孵化器"、创业服务中心等,聚集一批专业人才(可以是兼职的),在初始阶段,提供各方面的援助:如提供办公的物业场地和设施设备,帮助他们建立经营管理制度和财务制度以及会计账目,帮助他们策划如何开拓市场等。

(二)优化创业环境——挖掘区位优势,增加创业机会

征地区位作为失地农民创业的重要情境变量,其影响是多方面的。与城市中心的距离、征地后土地用途类型等都会影响失地农民创业意愿及其创业活动。"城中村"、城乡接合部等经济发展水平相对较高的地区,应当首先改善当地创业环境,拓宽当地创业渠道,如建设"创业孵化器"与创业服务中心等。失地农民在技能和经验方面往往不足以对抗就业市场巨大的竞争压力,因此失地后面临的生存问题要靠"自谋出路"来解决,这使得失地农民走上了创业道路。在这一过程中,能否挖掘和利用身边创业资源,能否察觉到周围的市场和机会成为决定失地农民创业行为选择的重要影响因素,同时也影响了失地农民创业的类型、规模以及创业活动的成败。而对于经济发展水平一般甚至相对落后的偏远郊区失地农民,征地后的生活保障问题是其考虑的主要问题,政策制定时,应当首先提高征地补偿标准满意度,充分考虑当地的就业与社会保障政策,以解决其后顾之忧。相较于城市近郊失地农民,位于中远郊区的失地农民大部分创业主动性较差。因此,政府要

搞活当地市场经济,充分利用和挖掘区位优势,成为带动失地农民创业的"源头活水",通过招商引资等方法,改善当地投资环境,结合当地实际情况,制定特色的发展计划。如位于浙江省桐庐县城 20 余公里处的古村落江南镇,当地政府通过"美丽乡村"建设,挖掘资源优势,如环溪村以周敦颐的"莲文化"为特色,深奥村修复成片古建筑群,荻蒲村则走田园牧歌式的路线。各具特色的"美丽乡村"建设可以更好地满足游客需求,给他们更多个性化的选择。镇干部希望每个村落都能独树一帜,一同提高桐庐古村落群的知名度,获得人们的更多青睐。荻蒲村里的旧牛棚开起了时髦的牛棚咖啡馆,始建于元代的保庆堂戏台还将上演新排的现代剧目。曾经咿呀甜糯的唱腔、水袖飞转的舞蹈,已将古村的历史镌刻进了戏台上精美的牛腿梁里,微微泛着黄。美丽乡村建设正引领着村民们在蓬勃的经济浪潮中寻觅新的发家致富路。

(三)减少创业阻力——设立"绿色通道"窗口,开展"贴心帮扶"行动

政策渠道是指为失地农民创业给予一定的政策倾斜,例如失地农民在申请个体工商户经营手工业执照时,工商、城建、税务等部门应考虑简化手续,优先办理,并在一定时间内享受与城镇失业人员相同的税收待遇;发放信用社贷款,在一定程度上可以缓解农民的融资难问题;建立健全失地农民创业融资体系,完善农村贷款制度。

在梳理已出台的关于失地农民创业政策的基础上,针对不同职能部门和政策主体,完善现有相关创业扶持政策。降低失地农民创业的市场准入标准,减免相关创业税费。将失地农民创业园区建设纳入政府建设规划,尽可能为失地农民创业提供与大学生等创业群体等同的创业基础设施条件。全方位提供创业信息覆盖,畅通信息渠道,为失地农民提供便利的创业条件,增强其自主创业的信心和热情。

此外,我们必须转变思维,加大政策的支持力度,努力从过去的"输血式"支持政策转向"开发式"或"造血式"的支持政策。"开发式"或"造血式"支持政策的重点是强化对失地农民的教育培训,提升他们的学习和发展能力,形成由自我积累、自我吸收到自我发展的能力转变,积极倡导弱势群体及其后代与主流文化相互接纳,实现真正意义上的社会融合。

(四)提升创业能力——搭建创业培训平台,助力新生代失地农民创业

失地农民创业培训应当确保培训质量,强化创业培训师资队伍建设。破除政府主导、效率不高的失地农民创业培训机制;定期对培训师资进行考核,保持失地农民创业培训工作的质量水平;在创业培训的方式和途径上,实行"定向培训",开展"引导型＋技能型"培训。建立失地农民创业培训的动态管理模式,在失地农民创业培训的计划、组织、实施、反馈、控制等各个阶段加强失地农民创业培训的管理。创业培训师资队伍应当深入到失地农民当中,了解素质状况及培训需求,跟踪失地农民创业的过程,只有这样才能真正了解他们在创业中需要的知识和技能。创业培训应当为失地农民提供接触成功创业者的平台,让失地农民去了解、去感悟。培育积极探索、敢试敢闯的开拓的创业精神,激发创业热情。

此外,调研中我们发现新生代失地农民,即20世纪80年代后出生的失地农民逐渐成为失地农民的主体,值得注意的是,这部分人群也是征地带来的"一夜暴富"、"不良消费"等社会问题的主力。新生代失地农民受教育程度、职业期望值、物质与精神享受等方面远高于老一代失地农民,渴望融入城市生活并谋求城市社会的认同。他们"初生牛犊不怕虎",却缺乏老一辈吃苦耐劳的精神。因而用一种合适的方式帮助他们融入新的生活显得特别重要。对这部分人进行创业培训时,应当注重互联网的应用,如电子商务、微商等。如杭州江干区(丁桥)创业就业服务中心,为创业者提供政策咨询、就业援助、培训教育、小额贷款"一条龙"服务。同时,设立网上创业基地、创意设计基地、科技贸易基地,门类不同,提供的指导也不同。在这里,不少新生代失地农民成功开办了线上线下同步的网店,成了"小老板"。

在当今中国快速推进的城镇化进程中,如何解决好失地农民的问题,如何让众多失地农民学习到新的知识技能,担当起新的社会角色,建立起新的社会关系,顺利地融入城市社会生活中,将直接关系到城镇化的质量高低与政府绩效管理的质量。政府对失地农民的绩效管理要落到实处,首先应当转变思路,从以GDP(土地)为导向的政府管理转向以创业就业指导为主的可持续管理模式,深化行政体制改革,推进服务型政府建设,构建以公共服务为主要内容、以提高公共服务效能为主要目的服务型政府绩效管理体制。其次就是要制定切实可行的政策来提升失地农民的创业意识,让失地农民可以想,可以做,做得起是我国未来实现繁荣的根本。

二、基于失地农民创业行为特征的公共政策

本书第六章运用 Multinomial Logit 和二元 logistic 回归来分析失地农民创业行为特征,基于行业划分、创业性质和创业动机三个方面得出了相关研究结论,据此本书提出以下三个方面的公共政策,使失地农民能选择合适的行业和企业类型进行创业,并提升自己创业行为的动机,真正促进失地农民"物质层面"和"精神层面"的发展和更好地融入市民生活。

（一）创业行业引领——根据可控因素制定扶持政策，引导创业行业的选择

众多因素影响失地农民的行业选择，而政府可以通过公共政策来强化某些可控因素对其创业行业的选择，从而促使其进行成功创业。

选择行业一：住宿和餐饮业或居民服务、修理和其他服务业是失地农民创业的首选行业。这些行业的选择受失地农民的教育年限、性别、用地安置补偿面积、网络因素、个人特质中创新程度等因素影响。因此，可通过这些可控因素制定相应的公共政策，以引导失地农民创业行业选择，提高失地农民创业的成功率。

第一，在受教育年限层面，调研表明，受教育年限相对较高的失地农民更愿意选择住宿和餐饮业或居民服务、修理和其他服务业进行创业。因此，在对受教育程度相对较高的失地农民进行创业培训时，应考虑到这类群体更适合培训其住宿和餐饮业与居民服务、修理和其他服务业技能。随着人们生活水平的提高，当代人们越来越注重健康的生活方式，如通过旅行放松身心。因此，民宿和餐饮业是一个前景不错的选择，如创办农家乐等。此外，可对失地农民开展网络技能培训，使失地农民能够借助网络为游客提供网络服务。而受教育年限相对较长的新生代失地农民，在接受诸如职业教育时已掌握一些技术，如机动车、电子产品和日用产品修理业、托儿所服务、理发及美容服务等技能，政府应鼓励为这类群体依托所学技能进行创业，并为其创业提供便利条件，如创业前三年免房租费和相应的水电费，并提供小额的无息贷款等。另外的辅助措施如提供创业指导与咨询，使失地农民少走弯路和更快地摆脱困境。调查发现，掌握相应的技术，选择合适的区位作为店铺，则这种类型的创业成功的概率较大。

第二，从性别层面看，男性失地农民更倾向于选择在住宿和餐饮业或交通运输、仓储和邮政业进行创业。应考虑到性别的差异，分别采取不同的政策措施鼓励不同性别的失地农民从事不同的行业。

第三，从用地安置补偿面积层面看，获得补偿面积越大的失地农民，则越倾向选择住宿和餐饮业。若安置区位处于经济较发达、外部市场良好的地区，租客一般也会较多。然而，简单的出租闲置空房给出租者，显然将慢慢地失去市场竞争力。如何培训失地农民，使失地农民能够提供更舒适、更人性化的出租房将是新的市场要求。比如，在义乌的抱湖塘村就出现了失地农民大量的空置房屋没有出租出去的现象。一方面，政府可以大力发展当地经济，创造更多的就业机会，为农民出租房屋创造前提条件。另一方面，当地政府可培训他们如何出租房屋，比如房屋设计、广告布置等，对于建有"立地房"的失地农民,还可以鼓励他们利用自家门面开办小型超市或家常饭店,并提供他们从事这一行业的市场信息和免费培训经营技能(如厨艺技能培训)。

第四,从网络和个人特质层面看,失地农民自身的一些网络因素、个人特质中的创新程度等因素也会影响失地农民创业行为的选择。通过调查发现,村主任或村书记的社会网络资源比普通村民的社会网络资源更广,因此创业机会也会更多。通过对比发现,他们创办的企业规模也更大,年销售量更多。应为失地农民提供一个创业交流平台,让普通失地农民也有机会与更多的创业者交流,扩大他们的人脉资源,增加他们的创业机会。对于个人特质,主要集中在培训环节,有学者认为对农民进行培训时,应包括以下内容:创业心理品质培训(包括创业意识、创新意识、市场意识、风险意识、创业能力等方面的培训,它们是个体创业所必需具备的心理条件),创业知识培训,创业过程指导,市场信息提供和新技术培训(王海滨,2006),这与笔者所研究结论一致,承认了创业心理品质的作用。另外,有学者对宿州市农民创业的现状进行调查发展,创业培训农民普遍在创业意向、创业心理品质、创业能力和创业知识等方面较欠缺(李斌等,2011)。因此,提供这方面的评估与培训显得格外重要,这样可以让失地农民在了解自身因素的情况下,在参考其他类似失地农民做出的创业成功选择的创业行为,做出自己的创业行为决定。

选择行业二:批发和零售业或交通运输业是失地农民创业愿意选择的重点行业之一。这些行业的选择受失地农民的年龄、用地安置补偿面积、网络因素、个人特质中创新程度等因素影响。上述对用地安置补偿面积、网络因素、个人特质中创新程度等因素进行了探讨,这里主要从年龄层面进行分析。从年龄层面来看,青年失地农民倾向于选择批发和零售业或交通运输、仓储和邮政业。据调查,在小商品批发市场较为繁荣的义乌地区,从事实体批发和零售的创业者在受到外部宏观环境的冲击下,纷纷开始转行从事电子商务的批发和零售。因而在鼓励失地农民在电子商务批发和零售业进行创业时,政府及有关部门应针对青年失地农民群体进行宣传与引导,一是由于这类群体更倾向于电子零售行业,通过运用电脑等设备即可简单快捷地进行创业;二是由于这类群体更容易接受新技术(如网络淘宝店的运营及操作)。在访谈过程中,老一辈义乌创业农民自述已难以跟上互联网潮流便通过让后辈经营网络店铺以弥补传统市场后劲不足的缺陷。

浙江省各地失地农民也有较多使用征地拆迁补偿款从事交通运输业,政府可以因此提供相关培训,为青年农民在交通运输业的创业提供条件。

据调查,杭州等地的失地农民,在各类叫车软件优惠政策的刺激下,开始全职或兼职运营类似出租车性质的"打车"行业,相比传统出租车行业的高门槛、高承包费用,新兴"打车"行业门槛低、费用低、市场需求度高、优惠力度大,对于失地农民来说是创业较为轻松、自由且收入较好的行业。这对政府及相关部门来说,应抓住市场提供的就业机会,在采取鼓励政策的基础上,严格监管相关叫车软件运营,保证失地农民的合法权益,同时对失地农民可进行相关的专业培训及引导,规范行业运作,保障多方权益。

(二)创业性质引领——优化资源与政策环境,引导企业类型选择研究结论表明,在失地农民创新程度、亲友支持程度、任职金融机构亲友数、强连带规模、区位、参加培训情况、创业榜样和政策环境等因素会影响失地农民创办企业时选择哪种类型的企业进行创业

这表明政府一方面要鼓励失地农民充分利用和挖掘自身的优势资源,选择适合自身创办的企业类型,另一方面要为失地农民在创办企业时提供优越的政策环境,如针对失地农民创业程序的简化,缩短审查批准时间等调节性政府行为,为失地农民创业提供便利。另外,还可对失地农民如何运营企业提供专门的培训,如根据区位优势与产业特点开展培训项目,实行"政府推动、部门监管、机构培训、地方扶持、农民创业"的模式(李玉峰等,2012),建立促进失地农民创业的政策支持系统。

(三)创业动机引领——提供优惠政策与适度教育,激发创业动机

影响失地农民创业动机是生存型还是发展型主要取决于当地的创业政策和失地农民自身的受教育年限。因此,一方面政府及相关部门应提供更多的创业优惠条件,鼓励更多的失地农民加入创业的队伍,尽管此时生存型创业的数量会增多,但生存型创业符合失地农民自身特色,其创业成功的概率也会增加。另一方面,应不断提高失地农民的受教育水平,如前文所述的补偿性教育,从提高失地农民子女受教育水平做起,提高失地农民下一代创业接班人的受教育水平。由于教育对失地农民创业动机是呈现"倒 U 型"的影响机制,这表明并不是受教育程度越高,失地农民的创业动机越是发展型,因为更高的教育程度也会使失地农民有拥有更多的就业机会选择,从而放弃风险相对较大的创业。

三、促进失地农民创业的政府行为及政策支持系统

一般来说,在宏观层面对失地农民创业培训保障和支持的政策主要包括:教育政策、金融政策、土地政策以及财政税收政策等四个方面(鲍海君,2014)。从政府行为视角分析,上述政策实际上也可以概括为生产性政府行

为(如提供便捷服务的渠道、创业教育与培训、创业孵化器等公共产品和公共服务)、调节性政府行为(创业税收、财政补贴等)以及保护性政府行为(相关政策出台、创业融资服务、技术支持、创业门槛设定、市场准入与运行管制等法规政策和政府管制),形成完整的政策平台支持体系,从而促进创业的顺利实施。

(一)以政府职能转变为核心的生产性政府行为

生产性政府行为主要是为创业活动提供公共产品,包括有形基础设施、政府提供的项目支持和各类服务等,这里主要是通过提供便捷服务的渠道、创业教育与培训、创业孵化器等公共平台来引导失地农民进行创业,提升创业能力,"生产"出一批成功的失地农民创业者。以政府职能转变为核心,由领导型政府向服务型政府转变,实现政府资源主要投向公共产品和公共服务。具体建议如下:

第一,为失地农民创业提供便捷服务的渠道。应提高政府管理服务效率,缩短企业注册时间,减少审批环节,实现"一站式"服务或设立"绿色通道"窗口。降低进入"门槛",减轻初创中小企业的税费负担,杜绝乱收费、乱罚款和乱摊派,轻赋养育中小企业,营造一个外部成本较低的成长环境。

第二,为失地农民创业提供创业教育与培训。为引导失地农民由被动性就业转向主动型创业,根据第五章研究结果,应首先提高失地农民的创业意识,重视"能人"效应,活跃当地创业氛围。当前比较有效的方法是创业教育与培训平台建设。对于失地农民创业培训,培训内容不仅应包括创业引导培训,来激发失地农民的创业意识,而且还应包括补偿性培训来提高失地农民下一代的综合素质,使失地农民创业成为一个可持续的发展过程。根据第六章研究结果,年龄、受教育程度、创新程度、创业氛围、亲友支持度、安置用地面积等因素会影响失地农民的创业行为选择,因此不同类型的失地农民具有不同的创业培训需求。除了对失地农民进行一般的创业技能和创业计划培训外,还应根据失地农民差异化的培训需求,结合失地农民的个人特质来展开创业技能培训。如在义乌地区,根据失地农民的培训需求,对接受过一定教育的青年群体进行淘宝批发零售培训,对于年龄大、安置用地面积多的失地农民进行民宿业培训。

第三,为失地农民创业提供"创业孵化器"平台。建设专门面向失地农民开放的"创业孵化器"和创业服务中心等平台,聚集一批专业人才(可以是兼职的),在失地农民创业的初始阶段提供各方面的援助:如提供办公场地和设施设备,帮助他们建立经营管理制度和财务制度以及会计账目,帮助他们策划开拓市场等。另外,第六章研究结果表明,失地农民的社会网络关系会影响其创业行业选择。因此,政府还有必要创建创业者交流平台,扩大普通失地农民创业者的人脉资源,让其建立新的社会关系,接触更多的创业管理层人员和金融机构人员,为其所选择的创业行业建立好的创业环境。

(二)以税收制度改革为核心的调节性政府行为

调节性政府行为是指政府运用税收和财政补贴等对收入和财富进行再分配的手段,包括改变结果的税收、转移支付和改变机会的影响财务资本、物质资本和人力资本的积累手段等,以减少失地农民创业阻力,增加失地农民创业的可行性知觉。而税收是政府调节失地农民创业活动的一项主要工具,税收政策对于失地农民创业活动的一个重要效应在于,失地农民的新创企业注册成为正式企业所获取的利益与税收所带来的成本之间的衡量,将影响失地农民创业的决策选择。从美国、加拿大、英国、德国、法国、意大利、日本等发达国家的经验来看,一些税收方面的措施是较为有效的,如降低税率或提高起征点(美、英、德、意)、延期纳税(德)、税收减免(美、英、德、法、意)、加速折旧(美)、创业投资(美)、纳税方式的可选性(美)、准备金制度(日)、资本所得扣除优惠(加)等。我国的税收制度作为调节性政府行为的主要手段之一,对失地农民创业行为起到重要的作用。近年来,我国在《中小企业促进法》《企业所得税法》以及其他法规中对开办新企业的税收有一定程度的优惠。但是与发达国家相比,我国还没有制定详细的税收政策鼓励创业,特别是鼓励失地农民创业税收政策还不完善,创业税收政策大都停留在行政层面,持续性和实效性还有待提高。鼓励失地农民创业的调节性政府行为建议如下:

第一,扩大创业税收政策的适用范围。我国对鼓励创业的税收政策,主要是针对特定群体包括下岗职工、大学生、转业军人、残疾人等群体创业来制定的,体现了国家的政策倾斜,通过创业解决就业问题。但要促进失地农民的创业活动,尤其是失地农民的生存型创业和发展机会型创业就应扩大创业税收政策优惠面。

第二,完善创业税收政策的具体税种。对企业创建和发展产生主要影响的增值税、营业税、企业所得税和个人所得税,目前相关规定仍较为原则性和笼统,在具体操作时不好把握,最终导致税收优惠落不到实处。因此,应针对失地农民创业涉及的具体税种制定优惠政策。

第三,优化创业税收征管模式。在税收管理方面,我国实行的是统管全社会所有纳税人的税收征管模式,在征管方面,中小企业和大企业没有不同。这种征管模式不能有效地减轻中小企业的行政负担,影响了税收征管效率,也阻碍了失地农民创业的可行知觉。因此,建议税务部门简化税收征纳程序,把失地农民创业的企业进行单列,针对失地农民群体实行不同的税收征管模式;可以借鉴欧盟成员国简化税制和减轻中小企业行政负担的做法,开设失地农民创业企业税收专用通道;税务机关对失地农民创业的企业提供免费的培训和咨询等服务;鼓励社会中介服务机构为失地农民创业企业提供税务代理和税收筹划服务。

(三)以融资政策扶持为核心的保护性政府行为

保护性政府行为是政府颁布、执行相关政策法规(制度)以保护与维护个人自由,其中相当一部分是通过政府管制来实现的。政府颁发的创业政策法规可以分为三类,包括人才政策法规、技术政策法规和融资政策法规。而对于失地农民创业来说,资金短缺是制约创业和中小企业发展的重要因素,更是制约失地农民创业的关键。尽管失地农民创业时或多或少都有积蓄,但是对于创办企业、搞生产性经营所需的资金额来说,这点积蓄仍显不足。如果政府和银行不给予较大力度的支持,资金问题就得不到解决,多数失地农民只好空怀一腔热情,难以实施创业计划和施展自己的才能。因此,鼓励失地农民创业的保护性政府行为建议如下:

第一,建立创业专项资金服务。资金问题是创业者创业初期最大的难题,是创业者把创业意向变为创业行动的关键节点。资金约束是创业者创业活动所面临的一个关键性难题。新企业创办及以后的成长阶段,都需要外部资金的支持,而这种获得资金支持的难度在世界范围内都是较大的。失地农民自身积累较少,创业的资金约束问题尤其突出。

第二,制定创业信用担保制度。失地农民所创立企业大多规模较小,信用等级不高,金融机构一般认为向这些企业放贷有较大的风险。要消除金融机构的这种顾虑,就必须提高失地农民创立企业的信用担保能力。为此,政府可以实施为失地农民新创企业担保贷款的信用保证制度,建立信用保证机构。当失地农民新创企业向金融机构借款遇到麻烦或因某种原因到期无力还款时,保证机构提供一种贷款担保,甚至到期代替偿还贷款,这样就可以大大增加失地农民新创企业从金融机构取得贷款的机会。

第三,制定创业贴息政策。贴息政策是指以低于市场通行的利息率向失地农民新创企业提供贷款。贴息贷款能以较少的财政支出带动较大量的社会资金参与对失地农民创业的援助,从本质上说,这是一种政府财政对失地农民新创企业的利息补贴。

第四,设立失地农民创业基金。目前各界普遍认为征地补偿标准偏低,可以提高该标准,提取一定比例建立创业基金,从而在一定程度上解决失地农民创业资金不足的问题。失地农民创业基金的资金来源除了补偿款提取外,还需要政府将其征地收益按一定比例投入。政府应该给失地农民创业提供直接的资金支持。

综上所述,通过采取以政府职能转变为核心的生产性政府行为、以税收制度改革为核心的调节性政府行为、以融资政策扶持为核心的保护性政府行为,可以形成全方位的失地农民创业政策支持系统,提高失地农民的自身发展能力和市场竞争能力,减少其创业阻力,从而有助于他们进行成功的创业。

参考文献

[1] 阿马蒂亚·森著.论社会排斥,经济社会体制比较,王燕燕,译,2005
(03):1-7.

[2] 鲍海君.城乡征地增值收益分配:农民的反应与均衡路径[J].中国土地
科学,2009(7).

[3] 鲍海君,黄会明.失地农民创业潜力的优先度评估[J].统计与决策,2010
(16):44-46.

[4] 鲍海君.论失地农民的创业培训体系建设[J].江淮论坛,2012(04):
50-57.

[5] 鲍海君,吴次芳.论失地农民的社会保障体系建设[J].管理世界,2002
(10).

[6] 鲍海君.征地中公共租金问题的产权规则探讨[J].商业时代,2008(19):
51-52.

[7] 曹慧芳,夏海鹰."1+3"农民创业培训模式研究[J].中国成人教育,2011
(03):157-159.

[8] 晁伟,王凤忠.农民创业培训模式及对策研究[J].农业科研经济管理,
2009(04):45-49.

[9] 陈广华.土地征用及失地农民入股安置制度研究——以南京工业园区为
例[M].北京:中国政法大学出版社,2012.

[10] 陈建明,陈忠浩.让失地农民有个"家":关于构筑失地农民集体经济组
织的思考[J].国土资源,2005(08).

[11] 陈绍军.失地农民和社会保障水平分析与模式重构[M].北京:社会科
学文献出版社,2010.

[12] 陈世伟,反社会排斥:失地农民和谐就业的社会政策选择[J].求实,
2007(03):92-94.

[13] 陈世伟,张淑丽.对和谐社会创业中失地农民的社会政策支持研究[J].

内蒙古农业大学学报(社会科学版),2007(03):114-116.

[14] 陈兴敏.失地农民创业研究:以政府为视角[J].重庆行政,2008(04):25-27.

[15] 陈映芳.征地与郊区农村的城镇化——上海市的调查[M].上海:文汇出版社,2003.

[16] 程洁.土地征收征用中的程序失范与重构[J].法学研究,2006(1).

[17] 迟英庆,陈文华,张明林.创业理论与实务[M].南昌:江西人民出版社,2004.

[18] 邓大松,方晓梅.美国社会保障信托基金的运行和启示[J].中国保险管理干部学院学报,2001(2).

[19] 刁细泽.广东南海探索土地股份合作制的新模式[N].中国经济时报,2003-05-25.

[20] 丁国杰,朱允荣.欧盟三国农民教育培训的经验及其借鉴[J].世界农业,2004(08).

[21] 杜伟,黄善明.失地农民权益保障的经济学研究[M].北京:科学出版社,2009.

[22] [法]阿兰·梅涅昂.管理培训[M].姚纪恩,译.北京:清华大学出版社,2012.

[23] [法]布迪厄.布尔迪厄访谈录:文化资本与社会炼金术[M].包亚明,译.上海:上海人民出版社,1997.

[24] 范巍,王重鸣.创业倾向影响因素研究[J].心理科学,2004,27(05):108.

[25] 高卉,左兵.英国"教育优先区"政策对我国少数民族地区教育的启示[J].民族教育研究,2007(6):12-15.

[26] 高建,程源,李习保,姜彦福.全球创业观察中国报告(2007)创业转型与就业效应[M].北京:清华大学出版社,2008.

[27] 高越.人力资本成为现代经济增长的动力源泉[J].学术界,2005(06):227-231.

[28] 关宏超.如何构建失地农民创业的金融支持体系[J].浙江金融,2007(07):60,56.

[29] 郭金云,江伟娜.促进失地农民自主创业的对策研究——基于创业过程的一般模型分析[J].农村经济,2010(02):106-109.

[30] 郭军灵.非营利科研机构的外部监督机制探讨[J].科学学研究,2008(2).

[31] 郭军盈.影响农民创业的因素分析[J].现代经济探讨,2006(05):77-80.

[32] 郭克莎.工业化与城市化关系的经济学分析[J].中国社会科学,2002(02):44-55,206.

[33] 韩志新.可持续生计视角下的失地农民创业研究[D].天津大学,2009.

[34] 黄建伟.近十年我国失地农民问题研究的现状与研究建议——基于对相关国家社科基金项目及其成果的分析[J].江西农业大学学报(社会科学版),2012(1):9-14.

[35] 黄祖辉,汪晖.非公共利益性质的征地行为与土地发展权补偿[J].经济研究,2002(5).

[36] 黄祖辉,俞宁.失地农民培训意愿的影响因素分析及其对策研究[J].浙江大学学报(人文社科版),2007(3).

[37] 贾生华、张红斌.中国农地非农化过程与机制实证研究[M].上海:上海交通大学出版社,2002.

[38] 贾旭东,谭新辉.经典扎根理论及其精神对中国管理研究的现实价值[J].管理学报,2010.

[39] 简丹丹,段锦云,朱月龙.创业意向的构思测量影响因素及理论模型[J].心理科学进展,2010,18(01):162-169.

[40] 姜开勤.征用土地增值收益分配分析[J].农业经济,2004(10):14-16.

[41] 蒋剑勇,郭红东.创业氛围、社会网络和农民创业意向[J].中国农村观察,2012(02):20-27.

[42] 蒋省三.南海土地股份合作制在探索中完善[N].中国经济时报,2003-05-16.

[43] 蒋雁.大学生创业倾向影响因素的结构方程构建与实证研究[D].浙江工商大学,2008.

[44] 金晶,张兵.城镇化进程中失地农民的安置补偿模式探析[J].城市发展研究,2010(05):74-79.

[45] 柯春晖.城乡统筹发展中的教育政策取向和政策制定[J].教育研究,2011(04):15-19.

[46] 雷寰.农民集体土地产权权益与失地农民利益保障研究[J].经济界,2005(04):92-96.

[47] 李斌,李玉峰,童红兵.宿州市农民创业培训实施现状及对策分析[J].宿州教育学院学报,2011(01):25-26,44.

[48] 李康.埃利亚斯[M].北京:北京大学出版社,1999.

[49] 李蕊.失地农民权益保障[M].北京:知识产权出版社,2009.

[50] 李淑梅.失地农民社会保障制度研究[M].北京:中国经济出版社,2007.

[51] 李素娟,张明.城镇化进程中失地农民创业融资支持体系构建[J].会计之友,2012,30:35-37.

[52] 李祥兴.失地农民创业的制约因素及其对策[J].山东科技大学学报(社会科学版),2007(01):66-69.

[53] 李新乡,张俊钦.台湾地区教育优先区计划成效之研究[J].上海教育科研,2006(03):3-6.

[54] 李燕.失地农民创业投资问题探析——以青海省东部农业区为例[J].柴达木开发研究,2014(06):28-31.

[55] 李永生,高洪源.美国解决弱势群体教育问题的政策与实践[J].基础教育参考,2007(03):7-10.

[56] 李永友,徐楠.个体特征、制度性因素与失地农民市民化——基于浙江省富阳等地调查数据的实证考察[J].管理世界,2011(01):62-70.

[57] 李玉峰,童红兵,李斌.新型农民创业培训模式研究[J].安徽农业科学,2012(28):14124-14127.

[58] 梁巧转,赵文红.创业管理[M].北京:电子工业出版社,2013.

[59] 林南.社会资本:关于社会结构与行动理论[M].上海:上海人民出版社.

[60] 刘斌.失地农民创业意向影响因素研究[D].成都:西南交通大学,2011.

[61] 刘斌.失地农民创业意向影响因素研究[D].西南交通大学,2011.

[62] 刘海平.新型城镇化内涵探析[J].决策探索,2012(07):31-32.

[63] 刘海云.城镇化进程中失地农民问题研究[D].河北农业大学,2006.

[64] 刘海云.从我国土地征用制度的变迁论土地征用制度的完善[J].改革与战略,2008(06):14-16.

[65] 刘和平.城市化过程中失地农民的权益损失及其保障[J].调研世界,2005(06):20-23.

[66] 刘华蓉,高伟山.加强农村教育政府要发挥好资源配置作用[N].中国教育报,2009.2(28).

[67] 刘家强,罗蓉,石建昌.可持续生计视野下的失地农民社会保障制度研究——基于成都市的调查与思考[J].人口研究,2007,04:27-34.

[68] 刘杰.边疆地区城市化进程中失地农民创业现状分析——基于昆明市

呈贡新区的实证调研[J].农村经济与科技,2014(05):139-141,138.

[69] 刘莉君,黄欢.失地农民创业引导:基于生计可持续目标的研究框架[J].湖南工程学院学报(社会科学版),2013(02):6-8,28.

[70] 刘晓燕.可持续生计视角下的失地农民创业政策体系研究——以西安市为例[J].天水行政学院学报,2013(4):111-114.

[71] 刘正山.涨价收益应该归谁?——与周诚先生再商榷[J].中国土地,2005(08):36-37,45.

[72] 楼培敏.农民就业:考问中国城市化[M].北京:中国经济出版社,2011.

[73] 吕尖,朱荀.成都市失地农民创业行业选择的社会学分析:一个理性选择理论的视角[J].经营管理者,2009(17):146.

[74] 吕彦彬,王富河.落后地区土地征用利益分配:以B县为例[J].中国农村经济,2004(02):50-56.

[75] 罗天虎.创业学教程[M].西安:西北工业大学出版社,2004.

[76] 马驰,张荣,彭霞.城市化与失地农民就业[J].华东经济管理,2005(01).

[77] 马丁·所罗门.培训战略与实物[M].北京:商务印书馆国际有限公司,2002.

[78] [美]埃文·塞德曼.质性研究中的访谈:教育与社会科学研究者指南[M].周海涛,译.重庆:重庆大学出版社,2012.

[79] [美]萨缪尔森.经济学[M].北京:商务印书馆,1986:254.

[80] [美]伊曼纽尔·沃勒斯坦.现代世界体系:第二卷[M].北京:高等教育出版社,1998.

[81] [美]伊曼纽尔·沃勒斯坦.现代世界体系:第一卷[M].北京:高等教育出版社,1998.

[82] 苗青.公司创业:机会识别与决策机制研究[M].北京:兵器工业出版社,2006.

[83] 潘光辉.失地农民社会保障和就业问题研究[M].广州:暨南大学出版社,2009.

[84] 钱永红.女性创业意向与创业行为及其影响因素研究[D].杭州:浙江大学,2007.

[85] 钱忠好.农民土地产权认知、土地征用意愿与征地制度改革——基于江西省鹰潭市的实证研究[J].中国农村经济,2007(1).

[86] 曲福田,冯淑怡,诸培新,陈志刚.制度安排、价格机制与农地非农化研究[J].经济学(季刊),2004(4).

[87] 曲庆.企业人力资源开发的实现机制[J].中国人力资源开发,2002
(12):33-36.

[88] 权锡哲.培训管理关键点精细化设计[M].北京:人民邮电出版
社,2013.

[89] 任迎伟.社会网络关系强度视角下的创业行为研究[M].成都:西南财
经大学出版社,2011.

[90] 佘赛男.四川支柱产业选择及培育研究[D].成都:四川师范大
学,2014.

[91] 宋斌文.失地农民问题事关社会稳定的大问题[J].调研世界,2004
(01).

[92] 宋青锋,左尔钊.试论失地农民的社会保障问题[J].农村经济,2005
(5).

[93] 孙才仁,王玉莹,张霞,王云等,山西农民专业合作社金融支持研究[J].
经济问题,2014(1).

[94] 孙红霞,孙梁,李美青.农民创业研究前沿探析与我国转型时期研究框
架构建[J].外国经济与管理,2010(06):31-37.

[95] 孙立平.我们在开始面对一个断裂社会[J].战略与管理,2002(02):
9-10.

[96] 孙秋明,叶海平.失地农民就业的法律保障:以成都市"城乡一体化"实
践为例[J].成都大学学报(社科版),2006(04).

[97] 孙晓娥.扎根理论在深度访谈研究中的实例探析[J].西安交通大学学
报(社会科学版),2011(6):87-92.

[98] 孙旭友,和秀涓.失地农民:一种新含义的注解[J].山西青年管理干部
学院学报,2006(02).

[99] 陶志琼.如何让失地农民不失望的教育思考[J].集美大学学报,2004
(03):35-39.

[100] 滕世华.治理理论与政府改革[J].福建行政学院福建经济管理干部学
院学报,2002(03).

[101] 田晓明,孙秀娟,段锦云.农民工城市融入与其返乡创业意向:创业榜
样的调节作用[J].人类工效学,2014(03):1-4,9.

[102] 田杨.中西方培训模式介绍[J].人才瞭望,2005(07).

[103] 汪发元,邓娜,陈险峰,孙文学.农民创业培训需求调查分析:以湖北省
江汉平原为例[J].职业技术教育,2012(34):71-74.

[104] 汪晖.城乡结合部的土地征用:征用权与征用补偿[J].中国农村经济,

2002(02):40-46.

[105] 王道勇.国家与农民关系的现代性变迁—以失地农民为例[M].北京：中国人民大学出版社,2008.

[106] 王海滨.新农村建设与农村创业培训模式构建[J].职业技术教育,2006(13):60-61.

[107] 王慧博.失地农民社会排斥机制研究.南京社会科学[J].2008(03):114-120.

[108] 王建明,王俊豪.公众低碳消费模式的影响因素模型与政府管制政策——基于扎根理论的一个探索性研究[J].管理世界,2011(04):58-68.

[109] 王思斌.改革中弱势群体的政策支持[J].北京大学学报(哲学社会科学版),2003(06).

[110] 王晓辉.教育优先区:"给匮者更多":法国探求教育平等的不平之路[J].全球教育展望,2005(01):4-7.

[111] 王益峰.关于"城中村"失地农民市民化思考[J].台州社会科学,2006(05).

[112] 文军.农民市民化:从农民到市民的角色转型[J].华东师范大学学报(哲学社会科学版),2004(03):55-61,123.

[113] 吴岩,论美国联邦政府在高等职业教育中的政策取向[J].比较教育研究,2005(9).

[114] 谢建设.新产业工人阶层——社会转型中的"农民工"[M].北京社会科学出版社,2005.

[115] 徐维祥,唐根年,陈秀君.产业集群与工业化、城镇化互动发展模式研究[J].经济地理,2005(06):868-872.

[116] 徐熙泽,马艳.马克思地租理论的拓展及现代价值[J].财经研究,2011(05):47-57.

[117] 严新明.失地农民的就业和社会保障研究[M].北京:中国劳动社会保障出版社,2008.

[118] 杨盛海.社会资本对失地农民就业影响因素探析[J].湘潮(下半月),2010(09):58-60.

[119] 杨涛,施国庆.我国失地农民问题研究[J].社会学研究,2004(07).

[120] 姚梅芳.基于经典创业模型的生存型创业理论研究[D].吉林:吉林大学,2007.

[121] 易国锋.城市化进程中失地农民问题研究述评[J].改革与战略,2009

（07）:178-182.

[122] 尹文清.襄阳市新型农民创业培训的研究与思考[J].农村经济与科技,2014(05):212-213.

[123] [英]凯西·卡麦兹.建构扎根理论:质性研究实践指南[M].边国英,译,陈向明,校.重庆:重庆大学出版社,2013.

[124] [英]罗伯特·罗茨.新的治理[A]//俞可平.治理与善治.北京:社会科学文献出版社,2000.

[125] [英]伊利,莫尔豪斯.土地经济学原理[M].北京:商务印书馆,1982:223.

[126] 余飞.外国企业培训的模式及启示[J].广东行政学院学报,2001,(01):93-95.

[127] 俞宁.农民农业创业机理与实证研究[M].杭州:浙江大学出版社,2014.

[128] 喻萍.失地农民再就业与制度创新[J].兰州学刊,2004(02):175-176.

[129] 约翰·麦纳.创业高手:了解你自己的创业基因[M].北京:知识出版社,2004.

[130] 曾群,魏雁滨.失业与社会排斥:一个分析框架[J].社会学研究,2004(03):11-20.

[131] 曾湘泉.劳动经济学[M].上海:复旦大学出版社,2011.

[132] 翟年祥,项光勤.城市化进程中失地农民就业的制约因素及其政策支持[J].中国行政管理,2012(02):50-53.

[133] 张广花.优化农民培训模式的实践与对策:以徐州市农民创业培训重点班为例[J].江西农业学报,2009(03):188-189,193.

[134] 张贵平.创业实招[M].北京:清华大学出版社,2012.

[135] 张晖,温作民,李丰.失地农民雇佣就业、自主创业的影响因素分析:基于苏州市高新区东渚镇的调查[J].南京农业大学学报(社会科学版),2012(01):16-20.

[136] 张汝立.农转工失地农民的劳动与生活[M].北京:社会科学文献出版社,2006.

[137] 张维友."反思式"发展简论:英语教师在职修养之道[J].中国外语,2004(02):56-58,66.

[138] 张银,李燕萍.农民人力资本、农民学习及其绩效实证研究[J].管理世界,2010(02).

[139] 张玉利,薛红志,杨俊.企业家创业行为的理性分析[J].经济与管理研

究,2003(5).

[140] 张媛媛,贺利军.城市化进程中对失地农民就业问题的再思考[J].社会科学家,2004(3).

[141] 张媛媛.失地农民社会保障的公共性问题[J].学理论,2015(09):65-66.

[142] 赵春燕,周芳.苏州失地农民再就业培训机制的研究[J].时代金融,2012(02):41-42.

[143] 赵晶.从胡森的教育平等观看美国的补偿教育[J].河北师范大学学报(教育科学版),2008(9).

[144] 赵曼,张广科.失地农民可持续生计及其制度需求[J].财政研究,2009(08):36-38.

[145] 赵蓉.对失地农民弱势群体的法学考察——基于失地农民法律权利弱势性角度分析[J].西南政法大学学报,2006(03).

[146] 赵西华.新型农民创业培植研究[D].南京农业大学博士论文,2005.

[147] 赵绚丽.创业理论与实务[M].湘潭:湘潭大学出版社,2011.

[148] 郑风田,孙谨.从生存到发展[J].经济学家,2006(1).

[149] 郑杭生.社会学概论新修[M].北京:中国人民大学出版社,2000.

[150] 郑勇.反社会排斥:支持弱势群体的政策选择[J].南京政治学院院报,2005(05).

[151] 郑振源.征用农地应秉持"涨价归农"原则[J].中国地产市场,2006(08):72-75.

[152] 中国科学技术协会.中国新农村建设创业能力研究报告[M].北京:中国科学技术出版社,2007.

[153] 钟水映.农地转用的"涨价"归属及政府在征地过程中的角色——与周诚先生商榷[J].国土资源,2006(08):18-20.

[154] 周诚.土地增值分配应当"私公共享"[J].中国改革,2006(05):77-78.

[155] 周诚."涨价归农"还是"涨价归公"[J].中国改革,2006(01):63-65.

[156] 周其仁.农地产权与征地制度[J].经济学(季刊),2004(10).

[157] 周天勇.当前我国社会就业的状况与问题[N].中国经济时报,2007.2(18).

[158] 周湘浙,谢志远.试论大学生创业意识的培养[J].中国高等教育,2006(10).

[159] 周易,付少平.生计资本对失地农民创业的影响:基于陕西省杨凌区的调研数据[J].华中农业大学学报(社会科学版),2012(03):80-84.

［160］周之江,王丽. 贵州:农民工培训造假套国家资金牵涉省厅官员［N］. 半月谈,2009.3(24).

［161］朱劲松,陈浩. 失地农民市民化的途径:基于土地征用制度的思考——以湖北省为例［J］. 生产力研究,2010(06):48-50.

［162］朱敏. 城市化与郊区农民教育发展探析［J］. 上海交通大学学报(农业科学版),2005(02):202-206.

［163］朱荣. 基于扎根理论的产业集群风险问题研究［J］. 会计研究,2010(03):44-50.

［164］ADB. Compensation and Valuation in Resettlement: Cambodia, People's Republic of China and India［R］. Manila, ADB, 2007

［165］Adler P S & Kwon S W. Social Capital Prospects for a New Concept ［J］. *Academy of Management Review*, 2002 (27): 19-40 ［166］Ajzen I. Theory of Planned Behavior［J］. *Organizational Behavior and Human Decision Processes*, 1991, 50(2):179 - 211.

［167］Ajzen. Theory of Planned Behavior ［J］. *Organizational Behavior and Human Decision Processes*,1991,50(2): 179-211.

［168］Alemu B Y. Expropriation, Valuation and Compensation Practice in Ethiopia［J］ *Property Management*, 2013, 31(2): 132-158.

［169］Anderson A R, Jack S L & Dodd S D. The Role of Family Members in Entrepreneurial Networks: Beyond the Boundaries of the Family Firm［J］. *Family Business Review*, 2005,18(2):135-154.

［170］Arregle J L, Hitt M. A, Sirmon D G, et al. The Development of Organizational Social Capital: Attributes of Family Firms［J］. *Journal of Management Studies*, 2007,44(1):73-95.

［171］Baron R A, Markman G D. Person Entrepreneurship Fit: The Role of Individual Difference Factors in New Venture Formation［J］. *Journal of Business Venturing*, 2003,18(1): 41-60.

［172］Bird B. Implementing Entrepreneurial Ideas: The Ease for Intention ［J］. *Academy of Management Review*,1988,13(3):442-453.

［173］Bourdieu P. The Forms of Social Capital: Handbook of Theory and Research for the Sociology of Education ［M］// Richardson J G (ed.). Westport, CT: Greenwood Press. 1986.

［174］Brockner J, Higgins E T, Regulatory Focus Theory and the Entrepreneurial Process［J］. *Journal of Business Venturing*, 2004,19(3):

203-220.

[175] Brown D. *Land Acquisition* [M]. 3rd ed. Butterworths, Sydney, 1991.

[176] Cledy M P, A Historical Perspective of Federal Legislation Regarding Vocational Education[J]. *Proquest Information and Learning*, 2002(5).

[177] Conner M, Armitage C J. Efficacy of the Theory of Planned Behavior: A Meta-analytie Review[J]. *British Journal of Socalial Psychology*, 2001,40(4): 471-499.

[178] Davis R A. A Cognitive-behavioral Model of Pathological Internet Use[J]. *Computer in Human Behavior*, 2001, 17(2): 187-195.

[179] De Hann A. Social Exclusion: Enriching the Understanding of Deprivation[J]. *Studies in Social and Political Thought*, 2000(2): 22-40.

[180] Denyer-Green B. *Compulsory Purchase and Compensation* [M]. 5th ed. . Estates Gazette, London:1994.

[181] DeVellis R F. *Scale Development Theory and Applications* [M]. London: SAGE, 1991

[182] Eaton J D. *Real Estate Valuation in Litigation* [M]. New York: Prentice Mcgraw, 1995.

[183] Eddie C M H, Haijun Bao & Xiaoling Zhang. The Policy and Praxis of Compensation for Land Expropriations in China: An Appraisal from the Perspective of Social Exclusion [J]. *Land Use Policy*, 2013. 32(5): 309-316.

[184] Ehrlich P R. *Human Natures: Genes, Cultures, and the Human Prospect* [M]. Washington: Island Joseph, 2000.

[185] Folmer H, Dutta S & Han O. Determinants of Rural Industrial Entrepreneurship of Farmers in West Bengal: A Structural Equations Approach[J]. *International Regional Science Review*, 2010, 33(4) 367-396.

[186] Glaser B G, Strauss A L. *The Discovery of Grounded Theory: Strategies for Qualitative Research* [M]. New York: Aldine, 1967.

[187] Greve A, Salaff J W. Social Networks and Entrepreneurship[J]. *Entrepreneurship: Theory & Practice*, 2003,28(1):1-22.

[188] Guagnano G A, Stern P C & Dietz T. Influences on Attitude Behavior Relationships: A Natural Experiment with Curbside Recycling [J]. *Environment and Behavior*, 1995(27).

[189] Hills G B, Lumpkin G T & Singh R. Opportunity Recognition: Perceptions and Behaviors of Entrepreneurs[J]. *Frontiers of Entrepreneurship Research*, 1997, 17: 168-182.

[190] Kader, R A. Success Factors for Small Rural Entrepreneurs under the One-District-One-Industry Programme in Malaysia[J]. *Contemporary Management Research*,2009, 5(2): 147-162.

[191] Karra N,Tracey P & Philips N. Altruism and Agency in the Family Firm: Exploring the Role of Family, Kinship, and Ethnicity[J]. *Entrepreneurship Theory and Practice*, 2006,30(6):861-877.

[192] Katz J. Modeling Entrepreneurial Career Progressions: Concepts and Considerations [J]. *Entrepreneurship Theory and Practice*, 1992, 19(2): 23-40.

[193] Kolvereid I. Prediction of Employment Status Choice Intentions[J]. *Entrepreneurship Theory and Practice*, 1996, 21 (1): 47-57.

[194] Krueger N F, Dickson P. How Believing in Ourselves Increases Risk Taking: Self-efficacy and Perceptions of Opportunity and Threat [J]. *Decision Sciences*,1994, 25(3):385-400.

[195] Krueger N F, Relly M D, Carsrud A L. Competing Models of Entrepreneurial Intentions[J]. *Journal of Business Venturing*, 2000, 15(5-6): 411-432.

[196] Lang R, Fink M & Kibler E. Understanding Place-based Entrepreneurship in Rural Central Europe—A Comparative Institutional Analysis[J]. International Small Business Journal,2014,32(2):204 - 227.

[197] Lourenço F,Sappleton N, Edwards A,et al. Experience of Entrepreneurial Training for Female Farmers to Stimulate Entrepreneurship in Uganda[J]. *Gender in Management: An International Journal*, 2014, 29(7):382-401.

[198] Maarten C W, Janssen, C G, Jansen L, et al. The Price of Land and the Process of Expropriation a Game Theoretic Analysis of the Dutch Situation[J]. *De Economist*, 1996,14(1).

[199] Maria K. Self-employment Policies and Migrants' Entrepreneurship in Germany[J]. *Entrepreneurship and Regional Development*, 2003 (15).

[200] Matthew C H & Moser S B. Family Background and Gender: Implications for Interest in Small Firm Ownership[J]. *Entrepreneurship & Regional Development*, 1995, 7(4):365-377.

[201] McClelland D C, Boyatzis R E. The Leadership Motive Pattern and Long Term Success in Management[J]. *Journal of Applied Psychology*, 1982, 67(6): 737-743.

[202] McClelland D C, Burnham D H. Power is the Great Motivator[J]. *Harvard Business Review*, 1976, 54(2):100-110.

[203] Meccheri, Pelloni. Rural Entrepreneurs and Institutional Assistance: An Empirical Study from Mountainous Italy[J]. *Entrepreneurship and Regional Development*, 2006,18(5): 371-392.

[204] Miceli, T J, Segerson K. The Economics of Eminent Domain: Private Property, Public Use, and Just Compensation[J]. *Foundation and Trends in Microeconomics*, 2007, 3(4):275-329.

[205] Nerys F, Midmore P & Thomas D. Entrepreneurship and Rural Economic Development: A Scenario Analysis Approach[J]. *International Journal of Entrepreneurial Behavior & Research*, 2006,12 (1): 289-305.

[206] Nerys F, Midmore P& Thomas D. Entrepreneurship and Rural Economic Development: A Scenario Analysis Approach[J]. *International Journal of Entrepreneurial Behavior&Research*, 2006, 12 (5): 289-305.

[207] Nunally J C. *Psychometric Theory*[M]. New York: McGraw-Hill Book Company, 1978.

[208] Portes A. Social Capital: Its Origins and Applications in Modern Sociology[M] Jhon H ,Karen S(ed.). Palo Alto, CA: Annual Review Inc. ,1998.

[209] Pyysiainen J,Alistair A,McElwee G,et al. Developing the Entrepreneurial Skills of Farmers: Some Myths Expored[J]. *International Journal of Entrepreneurail Behavior & Research*, 2006, 12(1): 21-39.

[210] Pyysiainen J, Anderson A, McElwee G, et al. Developing the entre-preneurial skills of farmers: some myths explored[J]. *International Journal of Entrepreneurial Behaviour & Research*, 2006, 12(1).

[211] Quan V L, Raven P V. Woman Entrepreneurship in Rural Vietnam Success and Motivational Factors[J]. *The Journal of Developing Areas*, 2015, 49(2):57-76.

[212] Room G. Poverty and Social Exclusion: The New European Agenda for Policy and Research[M]// Room G (ed.). *Beyond the Thresh-old*. Bristol: The Policy Press, 1995: 1-9.

[213] Schumpeter A F. *The Theory of Economic Development: An In-quiry into Profits, Capital, Credit, Interest, and the Business Cy-cle*[M]. New York: Transaction Publishers, 1982.

[214] Shane S, Venkataraman S. The Promise of Entrepreneurship as a Field of Research[J]. *Academy of Management Review*, 2000, 25 (1):217-226.

[215] Shapero A, Sokol L. *Social Dimensions of Entrepreneurship*[M]. Englewood Cliffs, NJ: Prentice Hall, 1982.

[216] Silver H. Reconceptualizing Social Disadvantage: Three Paradigms of Social Exclusion[Z]. International Labor Organization (Interna-tional Institution for Labor Studies), 1995.

[217] Sinsolw E K, Solomon G T. Entrepreneurs: Architects of Innova-tion, Paradigm Pioneers and Change[J]. *Great Behavior*, 1993, 27 (2): 75-88.

[218] Sliver H, Wilkinson F. Policies to combat social exclusion: A French-British Comparison [A]//Rodgers C C, Figueiredo J B (eds.). Social Exclusion: Rhetoric, Reality and Responses. Inter-national Labor Organization (International Institute for labor Stud-ies), 1995: 283-310.

[219] Stathopoulou S, Psalopoulos D& Skuras D. Rural Entrepreneurship in Europe: A Research Framework and Agenda[J]. *International Journal of Entrepreneurial Behaviour& Research*, 2004, 10 (6): 404-425.

[220] Stutton S. Predieting and Explaining Intentions and Behavior: How Well Are We Doing[J]. *Journal of Alplied Social Psychology*,

1998，28(15)：1317-1388.

[221] Timmons J A. *New Venture Creation*[M]. (5th ed.). Boston：Ir-win/ McGraw-Hill，1999.

[222] Vesala K M，Peura J& McElwee G. The Split Entrepreneurial Iden-tity of the Farmer[J]. *Small Business and Enterprise Development*，2007，14(1)：48-63.

[223] Vickie R. *Start Your Business：A Beginner's Guide*[M]. Gilmour：Drummond Publishing，1997.

[224] Wilson F，Kickul J & Marlino D. Gender，Entrepreneurial Self-effi-cacy，and Entrepreneurial Career Intentions：Implications for Entre-preneurship Education[J]. *Entrepreneurship Theory and Practice*，2007(5)：1042-2587.

[225] Zhao H，Seibert S E. The Mediating Role of Self-efficacy in the De-velopment of Entrepreneurial Intentions[J]. *Journal of Applied Psychology*，2005(90)：1265-1272.

附录一　访谈提纲

亲爱的受访者：

您好！非常感谢您愿意接受访谈。我们的课题是关于失地农民创业意向与创业行为关系的研究，所以想通过访谈对失地创业群体做一下了解。您个人的意见与创业体会将对本研究有很大的贡献。访谈的问题没有标准答案，您只要根据您的想法和实际情况来回答就可以了。本次访谈进行1小时左右。您的个人资料与访谈内容只用作研究分析，在论文中也不出现名字，采用匿名方式呈现，绝不会公开。此次研究目的，是为了了解您对创业的想法和征地前后您在创业意向以及创业行为上的变化等。基于上述研究目的，本次访谈提纲如下：

1. 在当今社会中，您对目前创业有什么看法？

2. 请问您对当前越来越多失地农民创业有什么看法？

3. 您觉得自己是个怎么样的人？

4. 平时有没有自己的做事风格？

5. 当初为何想创业，对创业有什么样的想法？

6. 从形成创业想法到创业初始阶段，您都经历了怎样的思考过程？

7. 您觉得整个创业过程中最大的困难是什么？

8. 目前的经营状况如何？对现在的事业的判断和未来风险的评估。

9. 您觉得您创业到现在算是成功了吗？与您当初的期望有什么差异？

10. 对于您的创业事业今后有什么样的打算？

11. 征地发生在什么时候，当时的大体情况是怎样的？

12. 知道自己家里没地了之后，有没有感到对未来生活的迷茫和恐惧？

13. 征地有没有对您的创业想法产生影响，比如您是征地后才想创业还是早就有创业打算？

14. 您觉得在征地这个过程中对您的创业产生哪些方面的影响，比如资金、市场、机会，等等？

15. 政府在征地后给予了哪些政策扶持你们的创业,或者就业?

16. 当地居民现在是创业的多还是出去打工的多,您认为是什么原因造成的?

附录二 浙江省失地农民创业意向—行为研究调查问卷

您好! 非常感谢您参与此项调查研究,本研究的目的在于了解当前失地农民创业情况。问卷内容包含失地农民创业意向、征地情况、创业行为等。您提供的有关信息,对此次研究是十分宝贵的。本调查仅供学术研究之用,不记名也不单独对外发表,敬请放心。本问卷所列问题,其答案无对错之分,请您根据实际情况回答。填写指导选项中的数字分别代表对该选项的态度(表1),请您在所对应的数字上打"√"或画圈,本次问卷将占用您大约10分钟的时间,请您认真阅读问卷中的每一道题目,并根据自身的实际感受作答。谢谢您的配合,祝您身体健康、万事如意!

请填写您的基本信息:

Q1 性别:□男 □女

Q2 年龄:□30 岁以下 □31~40 岁 □41~50 岁 □51~60 岁

Q3 学历:□小学 □初中 □高中、中专 □大专及以上

Q4 您的家庭收入状况:□家庭年收入小于 2 万 □家庭年收入在 2 万~3 万元

□家庭年收入在 3 万~5 万元 □家庭年收入在 5 万~10 万元 □家庭年收入高于 10 万元

表 1　失地农民意向—行为研究调查表

	题项	非常 不同意	比较 不同意	中立	比较 同意	非常 同意
渴求知觉	Q1 我很想自主创业,进行一项创业活动	1	2	3	4	5
	Q2 我会很有热情地投入到一项创业活动中	1	2	3	4	5
	Q3 对我来说,自己创业很有吸引力	1	2	3	4	5
	Q4 我进行一项创业活动的意愿很强烈	1	2	3	4	5

续　表

	题项	非常不同意	比较不同意	中立	比较同意	非常同意
渴求知觉	Q5 对我来说，创业是一件很有成就感的事情	1	2	3	4	5
	Q6 能够想办法将创业进行下去能够带来满足感	1	2	3	4	5
可行知觉	Q7 我对自己创业有信心	1	2	3	4	5
	Q8 我认为自己创业的可行性很高	1	2	3	4	5
	Q9 我觉得自己创业会十分困难	1	2	3	4	5
	Q10 我可以通过家人、亲戚、朋友取得创业资源	1	2	3	4	5
	Q11 我能够与潜在客户（顾客）建立密切的联系	1	2	3	4	5
	Q12 如果我自己创业，我觉得成功机会很大	1	2	3	4	5
征地情况	Q13 我所在的征地位置会对我的创业行为产生影响	1	2	3	4	5
	Q14 征地位置越靠近城郊越会发生创业行为	1	2	3	4	5
	Q15 征地安置方式会对我的创业行为产生影响	1	2	3	4	5
	Q16 留地安置或者住房安置会促进我的创业行为	1	2	3	4	5
	Q17 征地补偿标准的高低会对我的创业行为产生影响	1	2	3	4	5
	Q18 征地补偿金额越高越会发生创业行为	1	2	3	4	5
	Q19 就业创业扶持政策会对我的创业行为产生影响	1	2	3	4	5
	Q20 创业培训会促进创业行为的发生	1	2	3	4	5
创业行为	Q21 我在有意识地了解创办企业的流程和方法	1	2	3	4	5
	Q22 我在考虑如何开办自己的企业	1	2	3	4	5
	Q23 我已经在做创业的准备	1	2	3	4	5

附录三 失地农民创业行为特征及其影响因素调查问卷

尊敬的受访者,我们是浙江财经大学的研究生,感谢您接受本次调查,我们保证不会泄露您的任何信息,调查结果仅作研究用途。

以下题项通过调查者与被调查者的访谈,了解创业者的情况后进行选择,如果受访者难以填写,也可把问卷信息表达清楚,然后代受访者填写。

类型	住宿和餐饮业	批发和零售业	交通运输、仓储和邮政业	居民服务、修理和其他服务业
受访者属于	1	2	3	4

类型	个体户	合伙企业	个人独资企业	有限责任公司
受访者属于	1	2	3	4

类型	生存型创业	发展型创业
受访者属于	1	0

A1 性别	A2 年龄	A3 婚否	A4 受教育年限	A5 家庭年收入大约多少元?(2014 年)	A6 您家的生活水平在当地处于什么水平?
1=男 0=女	——岁	1=是 0=否	——年	——万元	1. 远低于平均水平 2. 低于平均水平 3. 平均水平 4. 高于平均水平 5. 远高于平均水平
A7 家庭总人口数?	A8 家庭劳动力数量?	A9 是否是村干部?	A10 是否是农业户口?	A11 现在是创业的第几年?	
——人	——人	1=是 0=否	1=是 0=否	——年	

请按照您自身的理解和实际情况在相应的五个等级中选一个打规范"√"。1—完全不同意；2—不同意；3—中立；4—同意；5—完全同意

PT1	我会经常想出新的想法去提高效率	1 2 3 4 5
PT2	我会经常找到新技术、新产品、新市场的信息	1 2 3 4 5
PT3	我会推广新的想法给别人	1 2 3 4 5
PT4	大多时候我会选择做一些小风险的事情	1 2 3 4 5
PT5	我会经常很有把握做一些多数人认为有风险的事情	1 2 3 4 5
PT6	如果项目的回报非常高，我会毫不犹豫地把钱投进去	1 2 3 4 5
PT7	在大多数人眼中，我是一位自信的人	1 2 3 4 5
PT8	只要下决定的事情，我相信我能把它办好	1 2 3 4 5
PT9	当创业遇到困难时，我相信我有能力把它克服	1 2 3 4 5
EP1	以前是否有过创业经历？	1＝是，0＝否
EP2	以前是否从事与现在创业相关的工作？	1＝是，0＝否
EP3	此次创业前，您是否参加过培训？	1＝是，0＝否
EP4	此次创业前，您是否拥有创业的相关手艺和技能？	1＝是，0＝否

1—完全不同意；2—不同意；3—中立；4—同意；5—完全同意

PE1	本地政府提供了较多的创业培训项目	1 2 3 4 5
PE2	本地政府设有创业引导与咨询	1 2 3 4 5
PE3	本地政府有鼓励创业的税收、审批、补贴政策	1 2 3 4 5
PE4	本地政府设有扶持创业的创业基金	1 2 3 4 5
CE1	本地创业可以比较容易地获得金融机构的贷款	1 2 3 4 5
CE2	本地创业可以比较容易地获得民间资本的贷款	1 2 3 4 5
CE3	本地创业可以比较容易地获得政府贴息的贷款	1 2 3 4 5
ME1	新创办的单位产品能比较容易地找到市场	1 2 3 4 5
ME2	新创办企业能够比较容易地进入市场	1 2 3 4 5
ME3	新创办创业进入市场门槛较低	1 2 3 4 5
EA1	本地有鼓励人们独立和创业的氛围	1 2 3 4 5
EA2	本地有鼓励人们有新的想法和做法的氛围	1 2 3 4 5
EA3	在本地，人们会经常谈到与创业相关的话题	1 2 3 4 5

1—完全不同意;2—不同意;3—中立;4—同意;5—完全同意

SC1	任村干部的亲朋好友数量	_____ 人
SC2	在政府机关任职的亲朋好友数量	_____ 人
SC3	在企业中担任管理职务的亲朋好友的数量	_____ 人
SC4	在银行、农村信用社等金融机构任职的亲朋好友数量	_____ 人

	在相应的数量上打"√"	5人以下	6~10人	11~20人	21~30人	30人以上
NS1	您经常联系密切的亲戚,共有多少人					
NS2	您经常联系密切的朋友,共有多少人					
NS3	您经常联系密切的其他人,共有多少人					

EM1	父母是否曾经或正在创业	1=是,0=否
EM2	亲戚是否曾经或正在创业	1=是,0=否
EM3	朋友是否曾经或正在创业	1=是,0=否

NB1	我创业时,我的家人支持或帮助了我	1 2 3 4 5
NB2	我创业时,我的亲戚支持或帮助了我	1 2 3 4 5
NB3	我创业时,我的朋友支持或帮助了我	1 2 3 4 5

LA1	是否获得征地拆迁补偿	1=是,0=否
LA2	若是,获得了多少征地拆迁补偿金额?	_____ 万元
LA3	所获补偿金额为我创业提供了大量的资金	1=是,0=否
HD1	是否获得住房安置	1=是,0=否
HD2	若是,获得了多少平方米的安置房	_____ 平方米
HD3	所获得的住房安置为我创业提供了便利条件	1=是,0=否

附录四 失地农民创业行业选择特征的划分依据

一、住宿和餐饮业

			住宿和餐饮业	本门类包括 61 和 62 大类
H	61		住宿业	指为旅行者提供短期留宿场所的活动,有些单位只提供住宿,也有些单位提供住宿、饮食、商务、娱乐一体的服务,本类不包括主要按月或按期出租房屋住所的活动
		611	6110	旅游饭店	指按照国家有关规定评定的旅游饭店和具有同等质量、水平的饭店活动
		612	6120	一般旅馆	指不具备评定旅游饭店和同等水平饭店的一般旅馆的活动
		619	6190	其他住宿业	指上述未列明的住宿服务
	62		餐饮业	指通过即时制作加工、商业销售和服务性劳动等,向消费者提供食品和消费场所及设施的服务
		621	6210	正餐服务	指在一定场所内提供以中餐、晚餐为主的各种中西式炒菜和主食,并由服务员送餐上桌的餐饮活动
		622	6220	快餐服务	指在一定场所内提供快捷、便利的就餐服务
		623		饮料及冷饮服务	指在一定场所内以提供饮料和冷饮为主的服务
			6231	茶馆服务	
			6232	咖啡馆服务	
			6233	酒吧服务	

			住宿和餐饮业	本门类包括 61 和 62 大类
H	623	6239	其他饮料及冷饮服务	
	629		其他餐饮业	
		6291	小吃服务	指提供全天就餐的简便餐饮服务,包括路边小饭馆、农家饭馆、流动餐饮和单一小吃等餐饮服务
		6292	餐饮配送服务	
		6299	其他未列明餐饮业	

二、批发和零售业

			批发和零售业	本门类包括 51 和 52 大类,指商品在流通环节中的批发活动和零售活动
F	51		批发业	指向其他批发或零售单位(含个体经营者)及其他企事业单位、机关团体等批量销售生活用品、生产资料的活动,以及从事进出口贸易和贸易经纪与代理的活动,包括拥有货物所有权,并以本单位(公司)的名义进行交易活动,也包括不拥有货物的所有权,收取佣金的商品代理、商品代售活动;本类还包括各类商品批发市场中固定摊位的批发活动,以及以销售为目的的收购活动
			农、林、牧产品批发	指未经过加工的农作物、林产品及牲畜、畜产品、鱼苗的批发和进出口活动,但不包括蔬菜、水果、肉、禽、蛋、奶及水产品的批发和进出口活动,包括以批发为目的的农副产品收购活动
		511		
			5111	谷物、豆及薯类批发	
			5112	种子批发	
			5113	饲料批发	
			5114	棉、麻批发	
			5115	林业产品批发	指林木种苗、采伐产品及采集产品等的批发和进出口活动
			5116	牲畜批发	
			5119	其他农牧产品批发	

续 表

			批发和零售业	本门类包括 51 和 52 大类,指商品在流通环节中的批发活动和零售活动
F	51	512		食品、饮料及烟草制品批发	指经过加工和制造的食品、饮料及烟草制品的批发和进出口活动,以及蔬菜、水果、肉、禽、蛋、奶及水产品的批发和进出口活动
			5121	米、面制品及食用油批发	
			5122	糕点、糖果及糖批发	
			5123	果品、蔬菜批发	
			5124	肉、禽、蛋、奶及水产品批发	
			5125	盐及调味品批发	
			5126	营养和保健品批发	
			5127	酒、饮料及茶叶批发	指可直接饮用或稀释、冲泡后饮用的饮料、酒及茶叶的批发和进出口活动
			5128	烟草制品批发	指经过加工、生产的烟草制品的批发和进出口活动
			5129	其他食品批发	
		513		纺织、服装及家庭用品批发	指纺织面料、纺织品、服装、鞋、帽及日杂品、家用电器、家具等生活日用品的批发和进出口活动
			5131	纺织品、针织品及原料批发	
			5132	服装批发	
			5133	鞋帽批发	
			5134	化妆品及卫生用品批发	
			5135	厨房、卫生间用具及日用杂货批发	指灶具、炊具、厨具、餐具及各种容器、器皿等的批发和进出口活动;卫生间的用品用具和生活用清洁、清扫用品、用具等的批发和进出口活动
			5136	灯具、装饰物品批发	
			5137	家用电器批发	

F	51		批发和零售业		本门类包括 51 和 52 大类,指商品在流通环节中的批发活动和零售活动
		513	5139	其他家庭用品批发	指上述未列明的其他生活日用品的批发和进出口活动
		514		文化、体育用品及器材批发	指各类文具用品、体育用品、图书、报刊、音像、电子出版物、首饰、工艺美术品、收藏品及其他文化用品、器材的批发和进出口活动
			5141	文具用品批发	
			5142	体育用品及器材批发	
			5143	图书批发	
			5144	报刊批发	
			5145	音像制品及电子出版物批发	
			5146	首饰、工艺品及收藏品批发	
			5149	其他文化用品批发	
		515		医药及医疗器材批发	指各种化学药品、生物药品、中药及医疗器材的批发和进出口活动;包括兽用药的批发和进出口活动
			5151	西药批发	
			5152	中药批发	指中成药、中药材的批发和进出口活动
			5153	医疗用品及器材批发	
		516		矿产品、建材及化工产品批发	指煤及煤制品、石油制品、矿产品及矿物制品、金属材料、建筑和装饰装修材料以及化工产品的批发和进出口活动
			5161	煤炭及制品批发	
			5162	石油及制品批发	
			5163	非金属矿及制品批发	
			5164	金属及金属矿批发	
			5165	建材批发	指建筑用材料和装饰装修材料的批发和进出口活动
			5166	化肥批发	

219

续　表

F	51		批发和零售业		本门类包括 51 和 52 大类,指商品在流通环节中的批发活动和零售活动
		516	5167	农药批发	
			5168	农用薄膜批发	
			5169	其他化工产品批发	
		517		机械设备、五金产品及电子产品批发	提供通用机械、专用设备、交通运输设备、电气机械、五金、交通器材、电料、计算机设备、通讯设备、电子产品、仪器仪表及办公用机械的批发和进出口活动
			5171	农业机械批发	
			5172	汽车批发	
			5173	汽车零配件批发	
			5174	摩托车及零配件批发	
			5175	五金产品批发	指小五金、工具、水暖部件及材料的批发和进出口活动
			5176	电气设备批发	
			5177	计算机、软件及辅助设备批发	
			5178	通讯及广播电视设备批发	指电信设备、广播电视设备的批发和进出口活动
			5179	其他机械设备及电子产品批发	
		518		贸易经纪与代理	指代办商、商品经纪人、拍卖商的活动;专门为某一生产企业做销售代理的活动;为买卖双方提供贸易机会或代表委托人进行商品交易代理活动
			5181	贸易代理	指不拥有货物的所有权,为实现供求双方达成交易,按协议收取佣金的贸易代理
			5182	拍卖	
			5189	其他贸易经纪与代理	
		519		其他批发业	指上述未包括的批发和进出口活动
			5191	再生物资回收与批发	指将可再生的废旧物资回收,并批发给制造企业作初级原料的活动
			5199	其他未列明批发业	

				批发和零售业	本门类包括51和52大类,指商品在流通环节中的批发活动和零售活动
F 52	52			零售业	指百货商店、超级市场、专门零售商店、品牌专卖店、售货摊等主要面向最终消费者(如居民等)的销售活动,以互联网、邮政、电话、售货机等方式的销售活动,还包括在同一地点,后面加工生产,前面销售的店铺(如面包房);谷物、种子、饲料、牲畜、矿产品、生产用原料、化工原料、农用化工产品、机械设备(乘用车、计算机及通信设备除外)等生产资料的销售不作为零售活动;多数零售商对其销售的货物拥有所有权,但有些则是充当委托人的代理人,进行委托销售或以收取佣金的方式进行销售
		521		综合零售	
			5211	百货零售	指经营的商品品种较齐全,经营规模较大的综合零售活动
			5212	超级市场零售	指经营食品、日用品等的超级市场的综合零售活动
			5219	其他综合零售	指日用杂品综合零售活动;在街道、社区、乡镇、农村、工矿区、校区、交通要道口、车站、码头、机场等人口稠密地区开办的小型综合零售店的活动;以小超市形式开办的便利店活动;农村供销社的零售活动
		522		食品、饮料及烟草制品专门零售	指专门经营粮油、食品、饮料及烟草制品的店铺零售活动
			5221	粮油零售	
			5222	糕点、面包零售	
			5223	果品、蔬菜零售	
			5224	肉、禽、蛋、奶及水产品零售	
			5225	营养和保健品零售	
			5226	酒、饮料及茶叶零售	指专门经营酒、茶叶及各种饮料的店铺零售活动
			5227	烟草制品零售	

续　表

F	52			批发和零售业	本门类包括 51 和 52 大类,指商品在流通环节中的批发活动和零售活动
		522	5229	其他食品零售	指上述未列明的店铺食品零售活动
		523		纺织、服装及日用品专门零售	指专门经营纺织面料、纺织品、服装、鞋、帽及各种生活日用品的店铺零售活动
			5231	纺织品及针织品零售	
			5232	服装零售	
			5233	鞋帽零售	
			5234	化妆品及卫生用品零售	
			5235	钟表、眼镜零售	
			5236	箱、包零售	
			5237	厨房用具及日用杂品零售	指专门经营炊具、厨具、餐具、日用陶瓷、日用玻璃器皿、塑料器皿、清洁用具和用品的店铺零售活动,以及各种材质其他日用杂品的零售活动
			5238	自行车零售	指专门经营小饰物、礼品花卉及其他未列明日用品的店铺零售活动
			5239	其他日用品零售	
		524		文化、体育用品及器材专门零售	指专门经营文具、体育用品、图书、报刊、音像制品、首饰、工艺美术品、收藏品、照相器材及其他文化用品的店铺零售活动
			5241	文具用品零售	
			5242	体育用品及器材零售	
			5243	图书、报刊零售	
			5244	音像制品及电子出版物零售	
			5245	珠宝首饰零售	
			5246	工艺美术品及收藏品零售	指专门经营具有收藏价值和艺术价值的工艺品、艺术品、古玩、字画、邮品等的店铺零售活动
			5247	乐器零售	
			5248	照相器材零售	
			5249	其他文化用品零售	指专门经营游艺用品及其他未列明文化用品的店铺零售活动

			批发和零售业	本门类包括 51 和 52 大类，指商品在流通环节中的批发活动和零售活动
F	52	525		医药及医疗器材专门零售	指专门经营各种化学药品、生物药品、中药、医疗用品及器材的店铺零售活动
			5251	药品零售	
			5252	医疗用品及器材零售	
		526		汽车、摩托车、燃料及零配件专门零售	指专门经营汽车、摩托车、汽车零配件及燃料的店铺零售活动
			5261	汽车零售	指乘用车的零售
			5262	汽车零配件零售	
			5263	摩托车及零配件零售	
			5264	机动车燃料零售	指专门经营机动车燃料及相关产品（润滑油）的店铺零售活动
		527		家用电器及电子产品专门零售	指专门经营家用电器和计算机、软件及辅助设备、电子通信设备、电子元器件及办公设备的店铺零售活动
			5271	家用视听设备零售	指专门经营电视、音响设备、摄录像设备等的店铺零售活动
			5272	日用家电设备零售	指专门经营冰箱、洗衣机、空调、吸尘器及其他家用电器设备的店铺零售活动
			5273	计算机、软件及辅助设备零售	
			5274	通信设备零售	不包括专业通信设备的销售
			5279	其他电子产品零售	
		528		五金、家具及室内装饰材料专门零售	指专门经营五金用品、家具和装修材料的店铺零售活动，以及在家具、家居装饰、建材城（中心）及展销会上设摊位的销售活动
			5281	五金零售	
			5282	灯具零售	
			5283	家具零售	
			5284	涂料零售	
			5285	卫生洁具零售	

续　表

			批发和零售业	本门类包括51和52大类,指商品在流通环节中的批发活动和零售活动
F	52	528	5286 木质装饰材料零售	指专门经营木质地板、门、窗等店铺零售活动,不包括板材销售活动
			5287 陶瓷、石材装饰材料零售	指专门经营陶瓷、石材制地板砖、壁砖等店铺零售活动
			5289 其他室内装饰材料零售	
		529	货摊、无店铺及其他零售业	
			5291 货摊食品零售	指流动货摊的食品零售活动
			5292 货摊纺织、服装及鞋零售	指流动货摊的纺织、服装及鞋的零售活动
			5293 货摊日用品零售	指流动货摊的日用品零售活动
			5294 互联网零售	不包括在网络销售中,仅提供网络支付的活动,以及仅建立或提供网络交易平台和接入的活动
			5295 邮购及电视、电话零售	指通过邮政及电视、电话等通讯工具进行销售,并送货上门的零售活动
			5296 旧货零售	
			5297 生活用燃料零售	指从事生活用煤、煤油、酒精、薪柴、木炭以及罐装液化石油气等专门零售活动
			5299 其他未列明零售业	

三、交通运输、仓储和邮政业

			交通运输、仓储和邮政业	本门类包括53～60大类
G	53		铁路运输业	指铁路客运、货运及相关的调度、信号、机车、车辆、检修、工务等活动;不包括铁路系统所属的机车、车辆及信号通信设备的制造厂(公司)、建筑工程公司、商店、学校、科研所、医院等活动
		531	5310 铁路旅客运输	
		532	5320 铁路货物运输	

G	交通运输、仓储和邮政业			本门类包括53～60大类
	53	533		铁路运输辅助活动	
			5331	客运火车站	
			5332	货运火车站	
			5339	其他铁路运输辅助活动	指除铁路旅客、货物运输及为其服务的客、货运火车站以外的运输网、信号、调度及铁路设施的管理和养护等活动
	54			道路运输业	
		541		城市公共交通运输	指城市旅客运输活动
			5411	公共电汽车客运	
			5412	城市轨道交通	指城市地铁、轻轨、有轨电车等活动
			5413	出租车客运	
			5419	其他城市公共交通运输	指其他未列明的城市旅客运输活动
		542	5420	公路旅客运输	指城市以外道路的旅客运输活动
		543	5430	道路货物运输	指所有道路的货物运输活动
		544		道路运输辅助活动	指与道路运输相关的运输辅助活动
			5441	客运汽车站	指长途旅客运输汽车站的服务
			5442	公路管理与养护	
			5449	其他道路运输辅助活动	
	55			水上运输业	
		551		水上旅客运输	
			5511	海洋旅客运输	
			5512	内河旅客运输	指江、河、湖泊、水库的水上旅客运输活动
			5513	客运轮渡运输	指城市及其他水域旅客轮渡运输活动
		552		水上货物运输	
			5521	远洋货物运输	
			5522	沿海货物运输	
			5523	内河货物运输	指江、河、湖泊、水库的水上货物运输活动
		553		水上运输辅助活动	
			5531	客运港口	
			5532	货运港口	
			5539	其他水上运输辅助活动	指其他未列明的水上运输辅助活动

续　表

G			交通运输、仓储和邮政业	本门类包括53～60大类
56	561		航空运输业	
			航空客货运输	
		5611	航空旅客运输	指以旅客运输为主的航空运输活动
		5612	航空货物运输	指以货物或邮件为主的航空运输活动
	562	5620	通用航空服务	指使用民用航空器从事除公共航空运输以外的民用航空活动
	563		航空运输辅助活动	
		5631	机场	
		5632	空中交通管理	
		5639	其他航空运输辅助活动	指其他未列明的航空运输辅助活动
57	570	5700	管道运输业	
			管道运输业	指通过管道对气体、液体等的运输活动
58	581	5810	装卸搬运和运输代理业	
			装卸搬运	
	582		运输代理业	指与运输有关的代理及服务活动
		5821	货物运输代理	
		5822	旅客票务代理	
		5829	其他运输代理业	
59	591		仓储业	指专门从事货物仓储、货物运输中转仓储，以及以仓储为主的货物送配活动，还包括以仓储为目的的收购活动
			谷物、棉花等农产品仓储	
		5911	谷物仓储	指国家储备及其他谷物仓储活动
		5912	棉花仓储	指棉花加工厂仓储、中转仓储、棉花专业仓储、棉花物流配送活动，还包括在棉花仓储、物流配送过程中的棉花信息化管理活动
		5919	其他农产品仓储	指未列明的其他农产品仓储活动
	599	5990		其他仓储业

			交通运输、仓储和邮政业	本门类包括 53～60 大类
G	60		邮政业	
		601	6010 邮政基本服务	指邮政企业提供的信件、印刷品、包裹、汇兑等邮政服务,以及国家规定的其他邮政服务;不包括邮政快递服务
		602	6020 快递服务	指在承诺的时限内快速完成的寄递服务

四、居民服务、修理和其他服务业

			居民服务、修理和其他服务业	本门类包括 79～81 大类
O	79		居民服务业	
		791	7910 家庭服务	指雇佣家庭雇工的家庭住户和家庭户的自营活动,以及在雇主家庭从事有报酬的家庭雇工的活动,包括钟点工和居住在雇主家里的家政劳动者的活动
		792	7920 托儿所服务	指社会、街道、个人办的面向不足三岁幼儿的看护活动,可分为全托、日托、半托,或计时的服务
		793	7930 洗染服务	指专营的洗染店以及在宾馆、饭店内常设的独立(或相对独立)洗染服务
		794	7940 理发及美容服务	指专业理发、美容保健服务,以及在宾馆、饭店或娱乐场所常设的独立(或相对独立)理发、美容保健服务
		795	7950 洗浴服务	指专业洗浴室以及在宾馆、饭店或娱乐场所常设的独立(或相对独立)洗浴、温泉、SPA 等服务
		796	7960 保健服务	指专业保健场所以及在宾馆、饭店或娱乐场所开设的独立(或相对独立)保健按摩、足疗等服务
		797	7970 婚姻服务	指婚姻介绍、婚庆典礼等服务
		798	7980 殡葬服务	指与殡葬有关的各类服务
		799	7990 其他居民服务业	指上述未包括的居民服务
	80		机动车、电子产品和日用产品修理业	

续　表

		居民服务、修理和其他服务业	本门类包括79～81大类
O	80		汽车、摩托车修理与维护	
		801	8011 汽车修理与维护	指汽车修理厂及路边门店的专业修理服务,包括为汽车提供上油、充气、打蜡、抛光、喷漆、清洗、换零配件、出售零部件等服务,不包括汽车回厂拆卸、改装、大修的活动
			8012 摩托车修理与维护	
		802	计算机和办公设备维修	指对计算机硬件及系统环境的维护和修理活动
			8021 计算机和辅助设备修理	
			8022 通讯设备修理	
			8029 其他办公设备维修	指其他未列明的各种办公设备的修理公司(中心)、修理门市部和修理网点的修理活动
		803	家用电器修理	
			8031 家用电子产品修理	指电视、音响等家用视频、音频产品的修理活动
			8032 日用电器修理	指洗衣机、电冰箱、空调等日用电器维修门市部,以及生产企业驻各地的维修网点和维修公司(中心)的修理活动
		809	其他日用产品修理业	
			8091 自行车修理	
			8092 鞋和皮革修理	
			8093 家具和相关物品修理	
			8099 其他未列明日用产品修理业	指其他日用产品维修门市部、修理摊点的活动,以及生产企业驻各地的维修网点和维修中心的修理活动
	81		其他服务业	
		811	清洁服务	指对建筑物、办公用品、家庭用品的清洗和消毒服务;包括专业公司和个人提供的清洗服务

O	81	居民服务、修理和其他服务业			本门类包括79～81大类
		811	8111	建筑物清洁服务	指对建筑物内外墙、玻璃幕墙、地面、天花板及烟囱的清洗活动
			8119	其他清洁服务	指专业清洗人员为企业的机器、办公设备的清洗活动，以及为居民的日用品、器具及设备的清洗活动，包括清扫、消毒等服务
		819	8190	其他未列明服务业	